ADHD와 사회성 기술들

-교사와 부모를 위한 단계별 안내-

Esta M. Rapoport 지음

이 재 욱 옮김

교육과학사

ADHD AND SOCIAL-SKILLS

추천의 글

주의력결핍 과잉행동장애(Attention-Deficit/Hyperactivity Disorder, ADHD)는 우리들의 아이에게 영향을 주는 상태를 가리키고 혼란을 주는 용어이기도 하다. 이 ADHD를 가진 아동들은 혼란스럽고, 산만하고, 화를 내고, 무례하고, 높은 에너지를 가지고 끊임없이 말을 하는, 이러한 면들은 그들 자신들에게나 그들의 가족, 그들을 다루는 학교에게 있어 다루기 쉬운 것이 아니다. 그러나 우리는 이 책을 쓴 Esta Rapoport의 덕분으로 이 장애에 대한 대처법을 알게 되었다. 이 책은 학교와 가정에서 ADHD를 다루기 위한 것이다.

이 책에 제시된 식견과 방법들은 주로 이러한 아동과 상호작용하는 성인에게 도움이 되며 아동들이 자신에게 적용할 수도 있다. 이 장애를 가진 아동과 생활하며 지도하다 보면 교사와 부모는 자신의 최악의 면을 드러내게 된다. Rapoport 박사가 설명했듯이 교사나 부모들이 화가 나서, "앉아 조용히 있어!"라고 고함을 지르거나, 흔히 절망 속에서 아동을 방치하게 만들기도 한다. 반대로, 이러한 아동들에게 다가가 더 좋은 행동을 강화하고 부정적 행동을 개선시킴으로써 놀라운 결과를 만들 수도 있는데, 이것을 Rapoport 박사는 이 책에서 명료하게 보여주고 설명하고 있다. 이러한 내용이야말로 지금 절실하게 필요한(much-needed book) 것이라 할 수 있다.

만약에 ADHD를 가진 아동들이 자신과 자신의 행동을 어떻게 관리하는지 배우지 않는다면, 그들은 남아있는 인생을 혼자서, 외롭게, 결혼하지 않고, 취업되지 않은 채로, 취업할 수 없는 상태로 살아야 한다. 따라서 우리가 배워야 할 내용의 중요성은 아무리 강조해도 지나침이 없다. 만약 상대방이 조용히 앉아서 말을 듣고 반응하지 않는다면 어떻게 우리가 아동을 지도하고, 함께 살고 도와줄 수 있을까? 그리고 말한 것을 이해하지 못하고 책임을 지려고 하지 않는다면 어떻게 상대방을 지도할 수 있겠는가? Rapoport 박사는 이러한 상황에 자신을 던져 넣는 것을 두려워하지 않고, 이러한 아동(Timmy가 좋은 예)을 어떻게 지도했는지, 학교장과 교사들과 어떻게 만나는지, 학교에 대한 아동의 반응에 어떻게 대처했는지에 관해 말해주고 있다. 그녀는 자신의 과거 연구에서 언급했던 이러한 장애를 가진 학생들의 예를 제시하고 있는데, 예("정신없는 상태", "멈추지 않고 말함", "눈 맞춤을 피하고 통제할 수 없음")를 제시하고 있다. 이 책에서는 ADHD를 가진 아동들에 관한 연구 중에서 나왔던 예(examples)를 제시하고 있다. 우리는 이러한 상황들을 느낄 수 있고, 아동을 더 잘 이해할 수 있고 아동과 실제적인 측면에서 그들을 돕기 위해 무엇을 해야 하는지에 대해 더 잘 알 수 있다.

이 책의 각 장은 1부터 52까지 번호가 매겨진 사회성 기술 세트를 다루고 있다. 예를 들면, (1) 일상생활(가정과 학교)에서 이러한 상황이 어떻게 나타나는지, (2) 이러한 문제를 이해하는 방법, (3) 대처 전략이다. 바람직하게도 이 책에서는 이러한 기술들을 가장 가까이 있고 감지하기 힘든 것(예를 들면, 사회성 기술 1 눈 맞춤 유지)을 첫 번째로 하고, 더 행동적인 기술들로 옮겨 가며(예를 들면, 사회성 기술 15 칭찬에 반응하기), 그 다음으로 가장 공공적이고 일반적인 것까지 다룬다(예를 들면, 사회성 기술 52 공공장소에서 적절히 행동하기).

예를 들어 「사회성 22 비난 잘 받기」를 보자. 다른 사람들은 ADHD를 가진 아동들에게 소리를 지르고 비난하고, 하루에 수십 번씩이나 무시를 한다(예를 들면, "조용해", "그만 때려", "물면 안 돼", "내가 너 방 청소하라고 세 번 말했어"와 같은 말).

이 책은 문제를 다루는 방법, 이야기를 사용하는 방법, CD를 이용하는 방법, 아동의 말을 듣는 방법, 그리고 아동을 도와 아동의 자신감을 높여 아동이 타인의 말을 듣고, 타인에게 반응하고, "비난을 받아들이기"를 배울 수 있도록 하는 방법을 성인(교사나 부모)들에게 제안한다. 그리고 아동이 더 잘 행동함에 따라 아동은 비난을 덜 받고 충고를 더 잘 받아들이게 된다(사회성 기술 22). 이 책에 소개된 대부분의 방법들이나 전략들을 보면, 하나의 테크닉은 또 다른 테크닉의 발달을 이끌고, 이는 다음 상황에서 상황을 더 잘 받아들이도록 이끈다. 그래서 아동이 대처하는 법을 배우게 되면, 성인(교사나 부모)들은 더 인내력을 가지게 되고, 더 능숙해지고, 그리고 이 장애로 인해 생긴 상황에서 더 잘 행동하게 된다.

이 책의 각 장은 교사들과 부모들에게 분명하고, 직접적이고, 현실적인 조언을 제공한다: 행동의 변화에서 행동이 나타날 조짐을 잘 알아라. 아동을 알고 "전형적인 행동(typical behavior)"의 변화를 알고 나서 빠르고 직접적으로 행동하라: 아동과 조용히 일대일로 대화하라. 이 책은 괴롭힘을 당하는 아동들에게 줄 수 있고 그 아동 및 가족과 공유할 수 있다. 아동에게 다가가 학생에 대해 알고, 추후 지도를 하고, 아동이 괴롭힘과 놀림을 당할 때 그 사실을 성인에게 알리도록 하며 다른 아동들이 ADHD를 가진 아동을 괴롭히는 것을 멈추도록 하는 조치가 취해져야 한다.

가장 중요한 것은 ADHD를 가진 아동들은 자신도 자신의 상태를 원하지 않고 달갑게 여기지 않으며, 그들 역시 어쩔 수 없다고 인정한다는 사실을 모든 사람이 깨달아야 한다. 그 깨달음에서 출발해서 성인은 ADHD를 가진 아동들에게 친구를 만들고 친구 관계를 유지하도록 촉구하면서 ADHD를 가진 아동들이 자신들의 정서와 행동을 통제하도록 도와주어야 한다. 그래서 이 책은 ADHD를 가진 아동/학생들의 성격과 그들에 대한 교사(부모) 혹은 다른 친구의 반응들을 이해하도록 도와주고, 그들이 자신의 상황을 스스로 다룰 수 있도록 지도하는 데 사용할, 단계별로 정리된 52가지 사회성 기술들을 우리에게 제시한다. 이 책은 아동들을 위해 중요한 기술들을 나누어서 성인이 아동/학생들에게 긍정적으로 대하고, 함께 일하고, 관찰을 잘하고, 그리고 가정을 세우고 검증하기에 필요한 조언을 제공하고, 집과 학교에서 아동/학생의 환경을 바꿈으로써, 성인을 도울 수 있는 유용한 조언을 제공한다.

이보다 더욱 요긴할 수는 없을 것이다. 이 책은 알기 쉽게 쓰였고, 실제 예와 방법을 사례를 통해 제시하고, ADHD를 가진 아동들의 환경, 즉 가정, 학교, 그 외 장소에서 그들을 도움으로써 그들을 지원할 수 있다. 그리고 이러한 ADHD를 위한 테크닉과 기술들은

ADHD가 아닌 아동들을 다루는 데 사용할 수 있고, 모든 아이들이 책임감 있는 사회적 존재가 되는 데 도움을 주고, 가정, 학교, 직장, 그리고 지역사회에서 살아가는 것을 배우는 데 도움을 준다. 이 과정은 평생 동안 진행되며, 이 책에서 언급한 조언과 방법은 아동의 세계에서 사용할 수 있다. ADHD를 가진 아동의 상태는 ADHD가 없는 아동들보다 더욱 과장되어 있고 심각하기 때문에 우리는 더 조심스럽고 철저하게 지도해야 한다. 모든 아동들은 자신들을 이해해 주는 성인, 체계, 일관성 그리고 그들의 말을 들어 주고 도와줄 사람들을 필요로 하는데, 이 책에서 보여주듯이 ADHD를 가진 아동들은 이러한 것들을 더욱 절실히 필요로 한다.

Bruce S. Cooper, Ph. D.
Fordham 대학교 교육대학원

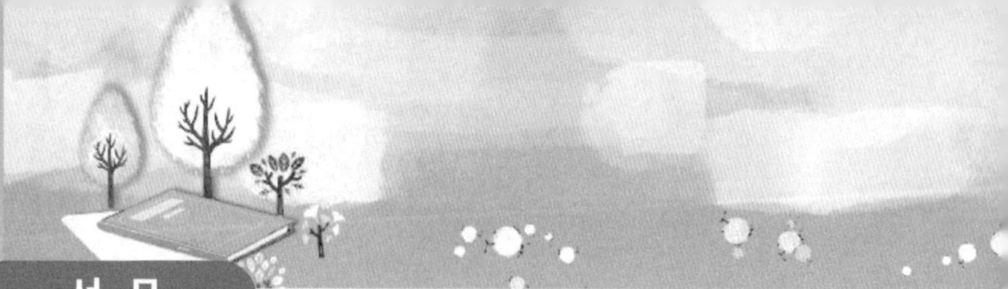

서 문

다가오는 한 해 동안 근무할 학교에 걸어 들어갔을 때 나는 교장실 밖에 앉아 있는 Timmy라는 학생을 보고 깜짝 놀랐다. Timmy는 8세이며, 곱슬에 바가지 머리를 한 개구쟁이였다. 그는 머리를 숙이고 누구에게도 말을 걸지 않았다. 내가 그의 옆에 앉고 나서 몇 분이 지난 후에, 그의 뺨에 눈물이 주르륵 흐르기 시작했다. Timmy는 자신이 끼지 못하는 체육수업에 참여하러 가는 다른 아이들이 그를 보지 못하도록 스스로를 투명인간으로 만들려고 하고 있다고 말했다. 왜 다른 아이들은 체육시간에 참여하고 있는데, 왜 그는 함께 참여 하지 못하는가?

그의 선생님은 그가 끊임없이 말을 하며, 선생님의 설명에 주의를 기울이지 않고, 말을 하고 있는 사람이 누구든 관계없이 끼어들어 말하는 것을 방해하고, 다른 사람을 계속 만지기 때문에 체육, 미술, 음악수업 혹은 쉬는 시간에 다른 아이들과 어울릴 준비가 되어 있지 않다고 말했다. 이 어린 소년의 행동이 얼마나 심각했기에 그가 재미있게 느낄 법한 수업이나 활동에 참여하는 것을 막았을까?

선생님을 원망할 수만은 없었다. Timmy가 마지막으로 체육관에 들어갔을 때 그는 모든 장비와 도구를 모아 놓은 벽장을 향해 뛰어가 그 안에 들어 있던 모든 것들을 하나씩 체육관 바닥으로 던져 내팽겨쳤다. 심지어 몇 개의 공은 다른 아이들을 향해 겨냥하기도 했다. 그의 행동은 분명히 방해가 되는 행동이다. 그렇지만 그 장소에서 Timmy에게 어떻게 적절하게 행동해야 하는지 가르쳐줄 수 있는 교사는 한 명도 없었던 것일까? 그 질문에 대한 답은 Timmy의 선생님이 재빨리 말했다. "Timmy는 그냥 말을 듣지 않아요"라며 "한 아동만을 지도할 시간이 없다"고 나에게 말했다. Timmy는 여덟 명밖에 없는 반의 한 학생이었는데도 불구하고 말이다. 그녀의 대답은 Timmy의 행동에 대해 그녀가 어떻게 느끼는지에 대한 분명한 그림을 나에게 주었다.

아마 이 글을 읽고 있는 독자들은 자신에게 이런 질문을 하고 있을 것이다. 왜 Timmy가 그러한 사회적으로 부적절한 행동을 하는가? 왜 그는 사회성 기술들(social skills)을 잘 사용하지 못할까? Timmy는 영재아로 진단받았을 뿐만 아니라 주의력결핍 과잉행동장애(ADHD)로 진단받았다. 그는 미국정신장애 진단 및 통계 요람(DSM-IV-TR)의 ADHD 진단 기준에 전형적으로 들어맞는 증상을 보이고 있다.

(b) 흔히 과제나 놀이 활동에서 주의를 유지하는 데 어려움을 보인다.

(c) 흔히 자신에게 직접 말을 할 때 듣지 않는 것 같다.

(h) 흔히 필요 없는 자극에 의해 쉽게 산만해진다.

(e) 흔히 끊임없이 움직이고 모터가 작동하는 것처럼 움직인다.

(f) 흔히 말을 과도하게 많이 한다(APA 2000, p.66).

실제로 ADHD를 가진 아동들이 어떻게 이러한 증상을 줄이거나 자기 조절하는지를 배우지 않으면, 그들은 자라나서 외롭고 배우자도 없으며 직장을 얻고 유지하는 데 어려움을 느끼면서 살게 된다.

인정하기는 어렵지만, Timmy와 같은 아이가 다른 아이들에게 성가실 수도 있다는 사실은 이해할 수 있다. 다른 아이들이 자신에게 호감을 느끼고 친구가 되도록 만드는 것이 Timmy에게는 거의 불가능했다. 내가 교실에 들어갈 때마다 Timmy는 행복해 보였다.

그러나 몇 분도 지나지 않아, 그의 얼굴은 점점 슬퍼 보이고 상처 입은 것처럼 보였다. 그가 같은 반 친구에게 말을 걸려고 노력할 때마다, 그 친구는 그를 무시하거나 모욕적인 말을 그에게 하였다. 그러면 그는 갑자기 부적절한 행동을 했다. 이것이 Timmy 행동의 순환이었다. 반 친구에게 말을 걸면, 그 친구는 그를 무시하거나 모욕적인 말을 하고, 그러면 그는 반 친구들을 화나게 하는 사회적으로 부적절한 행동을 하였다. 이 순환은 점심시간뿐만 아니라 수업시간에도 계속 되었다.

내가 Timmy를 지도하려고 학교에 왔을 때, 점심시간에 아무도 그의 옆에 앉기를 원하지 않았다. 흔히 생기는 일을 소개한다. Timmy가 점심을 먹을 때, 반 친구가 일어나 즉시 그를 보러 오지 않으면 그는 걸어가서 앉은 후, 그 친구에게 말을 건다. 반 친구들은 그에게 "오, 여기 그가 다시 왔네, 수다 괴물(taking monster)" 또는 "「몸속에 용수철 달린 아이」가 여기에 앉았어"라는 모욕적인 말을 한다. 그는 일부러 입을 벌린 채로 음식 씹기 같은 부적절한 행동을 보여준다.

그 후 다른 반 아이는 나에게 "Timmy가 징그럽다"고 말했다. Timmy는 자신의 행동에 대해 그의 동료들이 왜 자신에게 부정적으로 반응하게 하는지 확실히 이해하지 못하기 때문에 행동을 바꾸려고 하지 않았다. 나는 정확히 왜 동료들이 Timmy를 거절하는지 Timmy가 이해할 수 있도록 도와주려고 말을 했지만, 그는 이해하지 못했다. 그는 나에게 거절당하고 아무도 자신을 원하지 않는 것 같은 감정에 대해 이야기했지만 자신의 부적절한 사회적 행동의 근원은 이해하지 못했다. 그래서 나는 다른 접근법을 시도했다.

나는 부모, 다른 아동 부모, 학교에 부탁해서 허락을 받아 수업시간, 점심시간, 쉬는 시간, 체육수업을 비디오로 촬영했다. 나는 이 비디오테이프는 오직 나만 사용한다는 규정을 만들어 넣었다. 다른 아동들은 내가 Timmy뿐만 아니라 그들도 촬영하고 있다고 생각했기 때문에 불만이 없었다. 나는 그의 행동이 반 친구들을 괴롭히는 요소가 있음을 Timmy가 깨닫지 못했을 때 Timmy에게 몇 분간 이 비디오테이프를 보여주었을 뿐이다. 이 비디오테이프는 내가 그를 지도한 몇 년 동안 나에게는 매우 유용한 지도 도구였으나, 상세한 비디오 내용에 대해서는 여기에서 말하지 않으려 한다.

그 해에 Timmy를 지도하고 난 후, 나는 ADHD를 가진 아동에게 사회성 기술들을 지도할 교사와 부모를 도울 길을 찾았다는 것을 알았고, 그래서 이러한 아동들이 자신의 부적절한 사회적 행동으로 인해 고립되고, 괴롭힘을 당하고, 거절당함을 경험하지 않도록 하고자 한다. 나는 다른 ADHD를 가진 아동들이 그들의 아동기를 Timmy가 살았던 세상처럼 슬프고 외로운 환경에서 지내지 않도록 무언가를 해야 한다는 것을 느꼈다. 만약 ADHD를 가진 아동들이 긍정적인 사회성 기술들을 배운다면, 그들은 자연스럽게 자신감이 향상될 것이다.

만약 그들이 이러한 사회적으로 적절한 기술들을 배우는 데 성공한다면, 그들은 Timmy가 8살 때부터 그랬던 것처럼 자신에 대한 부정적인 생각을 형성할 가능성이 줄어들 것이다.

모든 저자들은 글을 쓰기 전에 글을 써야만 하는 동기부여가 있다. Timmy는 내가 글을 쓰게 하는 동기부여가 되었다. 나는 이 책을 Timmy처럼 ADHD라고 불리는 수수께끼 인물을 지도하는 사람들을 돕기 위해 이 책을 썼다. 나는 또한 이러한 아동들이 어떻게 사회적으로 부적절한 행동을 자기 통제하게 하는지를 ADHD를 가진 아동들을 지도하는 사람들에게 도움을 주기 위해 이 책을 썼는데, 그렇게 되면 ADHD를 가진 아동들이 긍정적인 사회적 상호작용을 하기 쉬워질 것이다. 이 책의 독자가 정확히 말해 교사일지라도 나의 제자가 나에게 알려준 말처럼 "부모는 아동이 가장 먼저 만나는 교사이다(Parents are children's first teachers, personal communication Terri Graunitz, November 2008)." 그래서 나는 이 책을 교사와 부모가 ADHD를 가진 아동들에게 사회성 기술을 지도하는 방법을 배우는 것을 돕기 위해 썼다고 말한다.

가정에서의 부모뿐만 아니라 학교의 교사는 ADHD를 가진 아동들에게 적절한 사회성 기술들을 지도하는 방법을 배울 필요가 있으며, 배운다면 이러한 아동들이 Timmy처럼 학대당하는 것을 피할 수 있고 미국에서 ADHD로 진단받은 다른 많은 아동들도 학대당하는 것을 피할 수 있다. Timmy와 같은 아동들은 전국 곳곳의 교실에서 매일 친구들에게 거절당하고 괴롭힘을 당한다. 그들의 자긍심과 자신감은 그들의 행동에 대한 다른 아동들의 반응 때문에 부정적인 영향을 받게 된다. 이 책 후반에서 당신은 나의 현장 연구에서 다루었던 아동들에 대해 듣게 될 것인데, 그 아동들은 Timmy처럼 그들이 다른 아동들과 다른 방식으로 행동했다는 이유로 괴롭힘을 당하고, 자주 상처받기 쉬운 상황에 놓인다. 사람들이 ADHD를 가진 아동들을 만나면 처음에 무엇을 보는가? 분명히 말하건대 처음에 보이는 것은 ADHD를 가진 아동들의 착한 마음씨(good heart)가 아니라 ADHD를 가진 아동이 하는 부적절한 사회적 행동이다.

나의 멘토 중의 한 사람이 나에게 "ADHD를 가진 아동들의 사회성 기술문제는 누가 돌보아 주어야 하는가?"라고 물었다. 모든 사람이 돌보아 주어야 한다. 그렇게 말하는 이유는 대다수 교육자들의 공통된 의견에 의하면 지금 학교에는 적어도 3,290,000명의 ADHD를 가진 아동들이 있다고 한다. 나는 이것이 ADHD를 가진 아동들을 돌보아야 하는 충분한 이유라고 말한다. 이것은 내가 이 책을 쓰게 한 충분한 이유였다.

이러한 아동들이 *당신의 자녀*일 수 있다
이러한 아동들이 *당신의 자매 또는 형제의 자녀*일 수 있다
이러한 아동들이 *당신 친구의 자녀*일 수 있다.

만약 당신이 교사, 행정가, 부모, 심리학자, 소아과 의사, 소아 신경학자, 또는 사회복지사, 또는 실제로 ADHD를 가진 아동들과 자주

접촉하는 사람이라면 사회적으로 부적절한 행동을 하는 아동의 어려운 처지를 무시할 수 없다. 이러한 아동들의 행동 방식은 자신의 자유의사가 아니며 ADHD라는 수수께끼로 인한 것이다. 이러한 아동들은 사회성 기술에 있어 어려움을 겪기 때문에 사회적으로 부적절한 행동을 한다. 다른 말로 하면, 다른 아동들과 또는 성인들과 상호작용하는 데 필요한 사회성 기술을 아직 발전시키지 못했다는 말이다.

Timmy의 이야기로 돌아가자. 당신은 내가 Timmy의 선생님이 Timmy에 대해 어떻게 느꼈는지 그가 말한 것을 기억하는가? 다른 사람의 반응 중에서 반 친구들의 반응의 일부를 언급하고자 한다. 내가 교실에 들어갈 때마다, 아이들이 다가와서 Timmy가 한 불쾌한 일을 나에게 말한다. 그리고 나서 그들은 나에게 "제발 Timmy에게서 떨어져 있게 해 줄 수 없을까요?"라고 말한다.

나는 그 아동들에게 그런 말들을 내가 받아들일 수 없고 상처를 준다고 말했다. 그러나 비록 Timmy에게 부정적인 말을 그만하도록 지시했지만 그들은 그렇게 하지 않았다. 이러한 상처 주는 말들을 모두 들었던 Timmy는 내 앞에서 바로 눈물을 흘렸다. 그는 그 말을 한 친구에게 즉시 화를 냈고, 그 화로 인해 부정적인 말을 한 친구뿐만 아니라 다른 친구들에게도 행패를 부렸다.

Timmy에 대해 더 많이 알기 위해, 나는 Timmy의 어머니와 대화를 하였다. 그의 어머니에 따르면, Timmy가 유치원 때부터 아이들이 Timmy에게 부정적인 말을 했다고 한다. 그의 어머니는 또한 나에게 Timmy가 너무나도 과잉활동을 하고 있어 그가 끊임없이 움직이고 있는 것처럼 보였다고 말했다. 수업 시간에 그를 관찰한 결과, 그는 무엇이든지 집착적으로 말했다. 예를 들면, 그는 그의 선생님이 왜 머리를 올려 묶었는지를 적어도 30번은 물어보았다.

또한 그가 말할 때는 항상 주어진 수업 주제 밖의 내용이 대부분이었다. 아무도 자신의 말을 듣고 있지 않다는 사실을 깨달은 후 그는 말을 하고 있는 상대방 아이나 어른에게 더욱 가까이 다가가기 시작했다. 그리고 그는 사람을 만지려고 하기까지 했다. 만약 사인펠드(드라마) 에피소드 중에 "가까이에서 말하는 자(Close Talker)"를 잘 안다면, 그것이 Timmy의 상호작용 스타일이었다. Timmy가 한 아이를 더 괴롭힐수록 그 아이는 더 Timmy를 괴롭혔다. 자연스럽게 아이들 중 아무도 그의 옆에 앉거나 그 근처에 있기를 원하지 않았다. 친구들과 선생님을 비롯한 그 누구도 자신 곁에 있고 싶지 않아 한다면 8살의 아동이 무엇을 느낄지를 상상해보라. 이 상냥하고 통찰력이 있는 아동이 모든 사람에게서 거절을 당하고 있었다. 그는 매우 똑똑한 어린 소년이었는데도 말이다. 왜 그는 수업 중이나 쉬는 시간의 대화에 통찰력 있는 말로 표현할 수 없는가?

안타깝게도, 그에게는 체육, 미술, 또는 쉬는 시간 중에 대화에 끼어들 기회가 주어지지 않았다. 내가 앞에서 말한 것처럼 선생님이 생각하기에 다른 학생들에게 방해를 할 것으로 예상되는 수업활동에 참여하는 것을 선생님이 허락하지 않았기 때문이다. Timmy의 선생님은 수업시간의 과제나 활동에서 지시하는 내용의 대부분을 Timmy가 잘못 이해하고 있다고 느꼈다. 그러나 내가 Timmy와 함께 한 1년 동안, 그의 선생님은 Timmy가 알아들을 수 있게끔 지도하려는 노력을 전혀 하지 않았다.

실제로, Timmy는 다른 아동들보다 지적으로는 앞서 있기는 했지만(Timmy는 영재아로 진단받았다), Timmy의 선생님이 나에게 말했듯이, 공간 전체를 뛰어다니지 않고서는 장시간 Timmy의 선생님들이나 친구들에게 집중할 수 없었다. Timmy의 사회적으로 부적절한 행동 때문에, 그의 선생님들은 그에게 불친절하게 반응했고, 그의 친구들은 그를 놀리고 따돌렸다. Timmy는 확실히 더 사회적으로 적절하게 행동하는 방법을 배울 필요가 있어, 나는 그를 지도할 의지를 굳혔다.

나는 뉴욕시 공립학교의 순회교사로 고용되었다. 나의 일은 일 년 동안 주 4일 하루 6시간 학급에서 8세 Timmy를 감독하는 것이었다.

내가 고용된 실제적인 이유는 내가 Timmy를 교사뿐만 아니라 다른 아동에게서 분리시키기를 그들이 원했기 때문이라고 믿었다. 교장은 내가 Timmy를 책임지고 있으면 Timmy가 사람들을 괴롭히지 않을 것으로 생각했고, 이것이 그들이 Timmy에 대해 가졌던 유일한 생각이었다.

일 년 동안 나는 Timmy를 잘 알게 되었다. Timmy는 나에게 다른 친구가 자기를 따돌릴 때 얼마나 속상한지, 또한 얼마나 절실히 친구를 원하는지 이야기해 주었다. 내가 그의 부적절한 행동을 지도하기 위해 어떤 중재법을 사용했는지는 아직 자세히 거론하지 않겠으나, 앞에서 말했던 첫째 날부터 Timmy가 다른 아동들에게서 따돌림을 당하고 있으며, 그것이 얼마나 그의 자긍심에 영향을 미쳤는지를 관찰할 수 있었다. 이 귀여운 어린 소년은 조금씩 불안정해지고 그 누구도 자신을 좋아하지 않는다고 느꼈다.

Timmy는 아무도 그의 면전에 대놓고 좋지 않는 말을 할 수 없도록 하기 위해 고개를 숙이고 걷곤 했다. 내가 그 사실을 어떻게 알았을까? Timmy가 나에게 그렇게 말해 주었다. 또한 나는 그러한 식의 신체언어(body language)를 보여주는 Timmy를 관찰했고, 신체언어(body language)의 의미를 그가 나에게 말한 것을 통해 확인할 수 있었다. 내가 그와 눈 맞춤을 계속하려고 할 때마다 작은 그의 얼굴에서 눈물이 흘러내리는 것을 보곤 했다. 나는 그와 눈을 맞출 필요가 있었는데, 물론 이는 내가 사회성 기술들을 지도할 때 그가 주의를 기울이고 있음을 확인하기 위해서였다.

Timmy와 같은 아동들이 사회성 기술들을 배운다면 희망이 있다. 비록 Timmy가 자신의 행동을 통제하는 것을 배우도록 내가 도와주는 데 일 년이 걸렸지만 연말에 가서는 나와 함께 체육수업에 참가할 수도 있었다. 그 해에는 축구 코치로서의 나의 녹슨 기술(rusty skill)이 반짝이게 되어서 좋았다.

다른 아이들이 축구를 배우고 있을 때 나는 Timmy에게도 축구를 가르쳐주었다. 나는 그의 오른쪽 옆에서 뛰며 그가 축구 기술을 따라하도록 도와주었다. 학교에서의 마지막 날, Timmy의 학급은 축구를 할 예정이어서 나는 Timmy가 팀의 일원으로서 축구를 할 수 있게 하도록 체육 선생님을 설득했다. 스코어는 2:2로 동점이었다. 나는 반 친구들에게 Timmy에게 공을 패스하라는 사인을 보냈고, Timmy는 골대 앞 오른쪽에서 공을 기다리고 있었다.

같은 편인 아이가 공을 드리블해서 Timmy에게 패스했다. Timmy는 짧은 거리를 드리블해서 멋있게 공을 "차서" 골인이 되었고, 그 골은 결승골이 되었다. 나는 이 이야기를 생각하면 지금도 흥분이 된다. Timmy가 골을 넣은 후, 그의 "팀"은 그를 향해 뛰어와 Timmy의 이름을 연호했다. 나는 아동들이 Timmy와 하이파이브를 하는 것을 보면서, Timmy가 얼마나 많은 진전을 했는지를 보고 큰 감동을 받았다.

나는 Timmy가 자기 자신을 매우 자랑스러워하는 것을 보았다. 또한 우리가 작년 동안 했었던 힘든 수고가 가치가 있었음을 알 수 있었다. 이것이 물론 Timmy의 사회적으로 부적절한 행동의 끝이었다는 것은 아니다. 하지만 축구시합 이후 Timmy는 사회적으로 부적절한 행동을 자신이 통제할 수 있음을 스스로가 알게 되었으며, 사회적으로 적절한 행동 역시 스스로가 제어할 수 있음을 깨달아갔다. 지금까지 서툰 사회성 기술이 ADHD를 가진 아동과 주변 사람에게 어떤 영향을 미치는지에 대한 실제 예를 당신에게 제시했고, 이제 ADHD를 가진 아동에게 사회성 기술을 가르치는 긴 여행에 데려가고자 한다. 자, 이제 그 여정을 시작해 보자.

독자에게 알림

명료성을 위해 ADHD를 가진 소녀가 매우 많지만 ADHD를 가진 아동을 이 책에서는 "그녀"라고 표기하지 않고 "그"라고 표기한다. 또한 개인의 프라이버시 보호를 위해 이 책에 등장한 사람 이름은 가명을 사용했다.

> 우리는 이 세상에서 혼자서 무언가를 해내지 못한다. …
> 그리고 생기는 모든 것은 개인 인생의 태피스트리(tapestry)의 결과이며 개인의 실로 짠 직물은 다른 모양이 되어 무언가를 만들어낸다.
>
> – 산드라 데이 오코너

> We don't accomplish anything in this world alone…
> And whatever happens is the result of the whole tapestry
> of one's life and all the weavings of individual threads
> form one to another that creates something.
>
> – Sandra Day O'Connor

저자의 글

나의 멘토이자 친구에게, Fordham 대학교 교육 리더십과 정책학과 교수인 Bruce S. Cooper에게, 그가 없었다면 이 여행은 시작되지도 않았고 열매를 맺지도 못했을 것이다.

Lowen & Littlefield의 부사장이자 편집국장인 Thomas F. Koerner에게, 그는 나를 늘 웃게 해 주었다.

내가 알아 왔고 지도했던 ADHD를 가진 아동들에게, 그들은 나에게 영감을 주었고 인내를 가르쳐 주었다.

New Rochelle 대학 출신 학생들에게, 그들은 나의 이야기를 들어주고 그들의 이야기를 듣고 나는 많은 것을 알게 되었다.

나의 남편 Fred에게, 끊임없는 영감, 서포트, 사랑스런 안내, 그리고 프라이드에게 감사한다.

나의 자녀 Mimi, Ian, Jake 그리고 며느리 Leah에게, 그들의 끊임없는 흥미, 질문, 제안, 격려, 서포트 그리고 내 책에 대한 흥겨움(excitement)에 감사한다.

나의 인척에게, Blanche와 Murray Rapport, 그들의 호기심과 격려에 감사한다.

나의 놀라운 친구들에게, 열성과 지지에 대해, 특별히 나의 단짝, Ellen Freiman은 내가 이 책을 끝낼 수 있다며 꾸준히 확신을 주었다.

그리고 마지막으로 Daisy에게, 컴퓨터 작업 중에 일어나 휴식할 수 있도록 해 준 것에 대해, 그리고 Ruby에게, 이 책을 쓸 때 밤늦게까지 포옹과 관심 그리고 사랑을 준 것에 대해 감사한다.

머리말

주의력결핍 과잉행동장애(Attention-Deficit/Hyperactivity Disorder: ADHD)를 가진 아동을 지도하는 교사나 함께 살고 있는 부모는 사회성 기술의 부족이 아동의 삶에 얼마나 큰 영향을 주는지를 잘 안다. 더 큰 문제는 사회성 기술이 부족한 성인으로 성장하게 된다는 점이다. 이런 ADHD를 가진 아동이 성인이 되면 친구를 사귀고 우정을 유지하기, 배우자 찾기, 그리고 직업 가지기와 직업 유지하기가 어렵다.

ADHD를 가진 아동의 사회성 기술문제는 아동의 삶에 있어 여러 측면에서 폭넓게 영향을 준다. 학교에서는 교사가, 집에서는 부모가 긍정적 사회적 기술들을 배울 수 있는 역할 모델이 되어 ADHD를 가진 아동에게 긍정적 사회적 기술들을 가르치는가? 답은 '아니다'이다. 잘 알겠지만 집에서나 학교에서나 긍정적 사회성 기술을 보이지 않는다.

ADHD를 가진 아동은 일반아동처럼 사회성 기술을 배우기가 어렵다. 일반아동과 ADHD를 가진 아동이 같은 집에서 함께 생활할 경우, 일반아동은 긍정적 사회성 기술을 습득하지만 ADHD를 가진 아동은 그렇지 못하다. 그럼 ADHD를 가진 아동이 사회성 기술을 배우는 것이 일반아동에 비해 왜 어려운 것일까?

ADHD를 가진 아동에게 긍정적 사회성 기술을 가르치기 어려운 이유는 그러한 기술을 배울 수가 있는 기회에 정신이 산만해지는 것이다. 긍정적 사회성 기술에 대한 집중이 차단되는 것이다: 적절한 행동을 배우지 못하도록 방해하는 무엇인가가 있는 것이다. 예를 들어,

짜증으로 인해 집중을 하지 못해 중단될 수도 있다. 아동이 사회성 기술을 지도하는 부모 아닌 다른 것에 주의를 기울일 수 있다. 이외에도 불안 등이 있을 수 있다. 쉽게 산만해지는 ADHD를 가진 아동은 긍정적 사회성 기술을 배울 수는 있지만 그렇게 하기가 쉽지 않다. 그들이 긍정적 사회성 기술을 배우지 못할 것이라는 비관적인 그림을 그리는 것만은 아니다. 도움을 받을 수 있다면 긍정적인 기술을 배울 수 있고 배우게 될 것이 분명하다. 다만 ADHD를 가진 아동이 일부러 부적절한 사회성 행동을 하는 것이 아님을 이해하는 교사나 부모로부터의 도움이 필요할 뿐이다. 따라서 사회성 기술들을 지도하는 교사는 ADHD와 사회성 기술훈련에 대한 전문지식을 습득해야만 한다.

그러나 현재의 교육 시스템은 ADHD를 가진 아동의 사회성 기술지도에 중점을 두지 않고 학업 성취와 기술 전문 지식의 범위를 넓히는 것에 중점을 두고 있다. 학교 교육의 중점이 이러하다면 또래와의 상호작용 문제는 한쪽으로 밀려나게 된다.

아동이 열심히 공부하고 성적이 좋다면 자신감과 자긍심도 함께 가지게 된다. 그러나 사회성을 함양시키지 못했고 친구를 사귈 수 없다면, 그 아동의 자신감은 저하될 수밖에 없다. 아동의 사회성 목표는 교사들이 생각하고 추구하는 중요 목표와는 다르게 설정되어 왔다.

다시 말해서 연방정부는 오늘날 학생들의 목표를 어떻게 설정하고 있는가? 학업적 성취이다. 아동낙오방지법(No Child Left Behind)을 보면 자세히 알 수 있다. 오래전에 스푸트니크(Sputnik) 시대 때 그랬던 것처럼 정부관점에서 세계와 경쟁하기 위해서 과학기술과 학문은 매우 중요할지도 모른다. 그렇지만 ADHD를 가진 아동들을 비롯한 학생들에게는 긍정적 사회성 기술을 배우는 것 또한 그에 못지않게 중요한 목표일 수 있다.

교사는 우선적으로 ADHD를 가진 아동이 쉽게 배울 수 있는 방법으로 사회성 기술을 가르치는 것이 시급하다. 왜 그런가? 사회성이 없으면 학업 지도는 효과가 없기 때문이다. ADHD를 가진 아동의 부적절한 질문, 과잉행동, 충동행동 등으로 인해 수업이 중단되기 쉽다. 부적절한 질문을 하거나 이미 답변한 질문을 또 질문한다면 교사는 쉽게 언짢게 된다.

이들은 아동낙오방지법에서 요구하는 시험결과에 대한 부담 때문에 사회성 기술지도가 불가능하다고 말했던 바로 그 교사들이다. 절대 불가능하지 않다! ADHD를 가진 아동에게 사회성 기술들을 가르치면 방해를 거의 받지 않고 이러한 시험에 준비하는 수업을 할 수 있을 것이다.

교사들은 사회성 기술을 지도할 시간이 없다는 강한 믿음을 가지고 있다. 그 이유는 시험 준비에 너무 많은 시간이 들어가기 때문이라고 하지만 어떻게든 시간을 만들어 ADHD를 가진 아동들에게 사회성 기술을 꼭 가르쳐야만 한다. 이것은 ADHD를 가진 아동을 위해서뿐만 아니라 교사들 자신을 위한 것이고 나아가 교실에 있는 다른 아동들을 위한 것이다. 그러면 어떻게 제한된 교육과정 내에서 사회성 기술을 가르칠 것인가?

교사는 학습지도 과정 안에 사회성 기술을 자연스럽게 포함시켜 가르칠 수 있다. 아동낙오방지법에 명시된, 교육을 성공적으로 이끌기 위한 방법을 활용한다면 좋은 연구 사례가 만들어질 수 있다. 예를 들어, 수업 활동 중에 사회성 기술 지도를 하는 것은 좋은 연구 사례이다. 교사는 사회성 기술을 간단히 본인들의 학습지도과정에 끼워 넣거나 통합(incorporate)시킬 수 있다. 이 책은 수업이나 쉬는 시간을 포함한 다른 자연스러운 환경들에서 사회성 기술을 지도하는 방법을 제시할 것이다.

이 책에서 독자들은 ADHD와 사회성 기술 등의 문제에 대해서 알게 된다:

- ADHD의 정의에 대해 배우게 된다.
- 우리 사회에 사는 사람들이 ADHD에 대해 가지는 일반적인 오해에 대해 배우게 된다.
  이 일반적인 오해는 ADHD가 정말로 장애인지 또는 자신들의 자녀를 위해 불공정한 혜택을 얻으려고 하는 부모들이 만든 것인지에 관한 것이다(믿던 믿지 않던, 농담이 아니다. 일부 사람들은 그렇게 생각한다!).
- ADHD를 가진 아동들이 사회성 기술문제를 가지고 있는 이유를 배우게 된다.
- 여러 유형의 사회성 기술결핍에 대해 배우게 된다.

- 사회성 기술결핍이 ADHD를 가진 아동의 행동에 미치는 영향에 대해 배우게 된다.
- 일반아동들에 비해 ADHD를 가진 아동이 적절한 사회성 기술을 익히는 것이 쉽지 않은 이유에 대해 배우게 된다.
- 유명한 연구자들이 만든 사회성 기술의 명칭과 나의 연구에서 제시한 사회성 기술의 명칭을 알게 된다.
- 사회성 기술을 가르치기 위한 토대를 마련할 수 있는 방법에 대해 배우게 된다.
- 학업 성적에 중점이 두어진 교육 체계에서 사회성 기술을 지도하는 방법에 대해 배우게 된다.
- 사회성 기술훈련 중재법의 사용 예를 보게 될 것이다.

이 책에 다양한 사회성 기술훈련 중재법을 포함시켰다. 이것들은 이미 많은 연구가 이루어진 사회성 기술 중재법, 또한 저자가 직접 연구한 것을 바탕으로 만든 기법 두 가지를 토대로 한다. 교사와 부모에게 제시할 많은 중재법도 이 책에 담았다(지금 바로 보길 원한다면 해당 장으로 이동!).

오늘날 교사들은 다른 사람들과 협력해서 ADHD를 가진 아동의 부적절한 사회성 행동을 줄이려고 한다. 그래서 긍정적 행동지원을 설명하는 장(chapter)과 학교에서 부적절한 사회성 행동을 관리하기 위해 교실에서 ADHD를 가진 아동을 지도하는 방법을 설명하는 장(chapter)을 포함시켰다. 마지막으로 자료목록을 쉽게 찾을 수 있도록 했다. 희망하는 것은 이 자료가 ADHD를 가진 아동에게 사회성 기술을 가르치기 시작할 때 도움이 되길 바란다. 자료목록을 보기 전에 이 책을 활용할 수 있는 다양한 방법에 대해 알아보자.

이 책을 읽을 때 요리책을 읽는 것처럼 읽기를 제안한다. 우선 목록을 보고 가장 흥미로운 장(chapter)을 확인한다. 특정 장(chapter)만 읽기로 결정했다 해도 일단 모든 장을 대충이라도 훑어보기 바란다. 장들을 훑어보라는 이유는 혹시라도 한 장이라도 누락되지 않을까하는 우려 때문이다. 이는 각 장이 지도 대상 아동에게 매우 중요할 수 있기 때문이다.

ADHD를 처음 접한다면 서문부터 시작하여 순서대로 각 장을 읽어야 이 책을 제대로 이해할 수 있을 것이다. 만약 ADHD의 정의와 역사에 대해 안다면, 예를 들어, 사회성 기술결핍의 유래를 논의한 2장을 건너뛸 수 있다(물론 마음 같아서는 모든 문장을 빠짐없이 읽기를 바라지만 그것은 현실적이지 않을 수 있다).

어느 정도 ADHD에 대해 알고 있다면 제3장은 생략해도 된다. 다양한 사회성 기술에 대한 목록은 ADHD를 가진 아동을 가르칠 때 활용할 수 있다. 또 훌쩍 건너뛰어 사회성 기술의 훈련법으로 바로 갈 수도 있다. 사회성 기술 중재를 사용하거나 독자가 관계하는 특정 아동에게 개별적으로 필요한 부분만 찾아 활용할 수도 있다. 또 사회성 기술 중재 부분도 대충 읽을 수도 있겠다.

대충 읽어보는 장(chapter)일지라도 참고문헌과 교사와 부모를 위한 추천 자료는 잊지 말자. 아동이 방금 지도한 사회성 기술을 사용한 후에 예를 들어, 이 사회성 기술의 사용에 대해 강화를 해 주고 싶을 것이다. 그러면 자료목록 가운데 방금 가르쳐 준 사회성 기술중재에 관련된 비슷한 주제의 책을 읽을 수도 있다.

사회성 기술과 함께 어떻게 ADHD를 가진 아동과 함께 일을 하게 되었는지 등의 유래를 독자들이 알고 싶을 것 같아 저자의 논문도 포함했다. 제안된 자료와 관련하여 사회성 기술 중재의 특정 부분에 대해 질문이 있을 때 erapoport@cnr.edu로 이메일을 보내면 빠른 시일 내에 답변을 하도록 하겠다. 그럼 여행을 시작해 보자.

역자 서문

2000년도에 나는 현재 몸담고 있는 대학에 임용되고 나서 ADHD에 대해 학생들에게 강의를 하게 되었다.

ADHD에 대해 공부하고 강의할수록 느끼는 것은 ADHD에 대한 친근감이었다. 나 자신뿐만 아니라 주위 사람들에게도 ADHD의 일부 증상이 보였고 나의 수업을 듣는 대학원 원생들에게서 그런 학생들이 많다는 이야기를 자주 들었다. 그리하여 점점 ADHD에 대해 관심을 가지고 공부를 하던 중 에디슨이 ADHD이었다는 사실을 알고서는 에디슨에 관한 책을 구입해서 몇 권 읽었다. 책들을 통해 에디슨이 ADHD 증상을 긍정적으로 활용하여, 정확하게 말하자면 에디슨의 어머니가 아들의 증상을 긍정적으로 살렸는데, 이것이 지금의 GE 그룹의 시초를 만들었다는 사실을 알게 되었다.

그 후 공부를 통해 짐 케리, 펠프스 등 여러 사람이 ADHD로 진단받았음에도 불구하고 ADHD의 단점을 극복하고 장점을 살려 큰 성공을 거두었음을 알았다. 수업 시간에 이런 이야기를 하면 '미국이니까 가능한 이야기다', '먼 나라 이야기다', '좋은 이야기네요!' 등의 반응이 돌아온다. 우리나라 교육 상황에서 보면 ADHD를 가진 학생은 지도하기 힘든 대상으로 깊이 인식되어 있기에 이런 반응들은 충분히 이해된다.

ADHD를 가진 학생들이 많이 있고 그 학생들이 교육 기관에서 교육을 받고 있고 그 학생들은 누군가의 아들딸이자 친구요, 또래이다. ADHD 지도는 현실적으로 피할 수 없는 도전 과제이다. 피할 수 없다면 잘 대처하여 좋은 결과를 낳도록 해야 할 것이다. 만약 잘 대처한다면 우리나라에서도 제2의 에디슨, 제3의 에디슨이 나와 우리나라 경제력을 높이고 우리나라를 더욱 잘 살 수 있는 나라로 만들 수 있을 것이다. 삼성 기업이 우리나라 경제의 20~30%를 차지한다고 하는데, 에디슨 같은 사람이 많이 나온다면 삼성과 같은 규모의 기업을 여러 개 만들 수 있지 않을까!

이런 이유로 ADHD에 대한 관심이 더욱 강해져 우리나라에서 발행된 ADHD 관련 책들을 조사해보았다. ADHD 개론서, ADHD 부모 교육/가족 지원, ADHD 진단, 학교에서 ADHD 지도에 관한 책들이 많았고 ADHD 사회성 지도에 관한 책은 거의 찾기 힘들었다. ADHD를 가진 학생이 아무리 공부를 잘 하고 특기적성을 살려도 일반 사람들과 어울리지 못하고 사람들 사이에서 잘 살아가지 못한다면 무슨 의미가 있을까? 이러한 고민 끝에 ADHD를 가진 학생들의 사회성 지도에 관한 책을 번역하기로 결심하였고, 각고의 노력으로 이 책을 번역하여 세상에 내놓게 되었다. 부디 이 책이 ADHD의 사회성 지도에 대한 관심을 높이고 ADHD 지도에 큰 도움이 되기를 바란다.

역자 **이 재 욱**

Contents

Contents

Chapter 6 사회성 기술들과 지도하는 방법 _ 125

Contents

Chapter 7 기술발달을 지지하기 _ 295

Chapter 8 결 론 _ 307

Chapter

1 ADHD란 무엇인가?

Chapter

1 ADHD란 무엇인가?

주의력결핍 과잉행동장애(ADHD)에 대한 의학과 교육적인 정의를 말하기 전에 Stacey가 ADHD가 있는 그녀의 아들 Bobby를 위해 홈 스쿨을 결정한 얘기를 들어보자. Stacey는 전형적인 ADHD인 Bobby가 오랜 시간 동안 한 장소에 머물 수 없기 때문에 교실이라는 제한된 공간에서 무엇인가 배울 수 있을 것이라고 기대하지 않았다.

Bobby가 4살이었을 때, 아이가 ADHD라는 것을 알았고 굳게 확신했다. 약물치료는 원하지 않았다. 수업에 만약 참여한다면…… 4세 반밖에 안 되는데…… 어떻게 유치원에 곧 갈 수가 있을까? 아이는 절대로 하루 종일 교실에 앉아 있기는커녕 반나절도 앉아있을 수 없을 것이라고 생각했다. '이건 아니야, 결코 좋은 방법이 아니야'라고 생각하기 시작했다. 학교 교실에서 무엇인가 배운다는 것은 우리 아이에게 맞지 않다는 것을 알았다. 가장 큰 이유는 학교 교실은 앉아서 무언가 배우기에 그다지 좋은 장소가 아니라는 것을 알았기 때문이다.

8살 Timmy의 사례는 이미 머리말에서 소개한 바 있는데, 다음 내용은 주로 교실에서 나타나는 Timmy와 같은 아동의 특징을 언급한 코너스 적응척도(Conners Rating Scale)이다:

- 꼼지락거리면서 가만히 있지 못한다.
- 흥분하고 충동적이다.
- 세밀한 부분에 관심을 갖기 어렵고 학교공부, 작업, 또는 그 외의 활동에서 사소한 실수를 한다.
- 감정적이다.
- 가만히 있지 않거나 지나치게 활동적이다.
- 자신에게 얘기하는 것을 듣지 않는다.
- 지정된 좌석이나 앉아 있어야 할 상황에서도 자리를 이탈한다.
- 부주의하고 쉽게 산만해진다.
- 자기 순서를 기다리는 것이 어렵다.
- 어떻게 친구를 사귀는지 모른다.
- 안절부절못한다.
- 다른 아동들을 방해한다.
- 지나치게 말을 한다.
- 뛰어서는 안 될 장소에서 뛰어다닌다.
- 사회적 기술이 부족하다.
- 손 혹은 발을 꼼지락거린다.
- 요구는 바로 충족되어야 한다. – 그렇지 않으면 쉽게 좌절한다.
- 질문을 다 하기도 전에 불쑥 질문에 대한 답을 한다.
- 다른 사람을 방해하거나 끼어든다.
- 관계없는 자극에 의해 쉽게 산만해진다.
- 차분하지 못하고 항상 쉴 새 없이 움직인다.

혹시 지도하는 아동에게서 이와 비슷한 증상을 보았는가? 인정된 ADHD의 정의에 대해 더 알아보자. 모든 유형의 ADHD는 점차

보편적인 용어가 되고 있다. ADHD가 어떠한 의미인지 분명하게 하기 위해 여기서의 정의는 정신장애 진단 및 통계편람(Diagnostic and Statistical Manual of Mental Disorders: DSM-IV-TR)에 의한 것이다.

ADHD의 핵심 특징은 자주 나타나고 또래의 정상아동보다 더 심각한 부주의 및/또는 충동적인 과잉행동의 영구적인 패턴이다(Criterion A). 장애를 일으키는 몇몇 충동적 과잉행동 또는 부주의 증후는 7세 이전에 나타나지만 가끔 PIT(Predominantly Inattentive Type)처럼 수년간 증후를 가졌지만 늦게 진단받은 경우도 있다(Criterion B)(APA, 2000, p.85).

DSM-IV-TR에서는 ADHD를 4가지 유형으로 분류하였다:

- 주의력결핍 과잉행동장애, 결합된 유형(Combined Type)
- 주의력결핍 과잉행동장애, 주로 부주의형 (Predominantly Inattentive Type)
- 주의력결핍 과잉행동장애, 주로 과잉행동-충동 유형 (Predominantly Hyperactive-Impulsive Type)
- 주의력결핍 과잉행동장애, 달리 분류되지 않는 유형 (Not Otherwise Specified)(APA, 2000, p.87)

Timmy를 지도하면서 느낀 점은 일관성이 없는 행동이 교사를 좌절에 빠지게 한다는 것이다.

Timmy의 행동에서 가장 힘든 것 중 하나는 현저하게 비일관적이라는 것이다. 학교승낙 하에 Timmy가 체육시간에 참여할 수 있는 첫 해였을 것이다. 작년에 Timmy를 지도한 체육교사는 체육수업을 진행하기가 힘들었다고 했는데, 그 이유는 체육교사가 항상 Timmy의 행동을 관리해야만 했기 때문이었다. 여러 가지 이유 중 한 가지는 체육시간에 Timmy는 교사가 진행하는 많은 게임들을 어떻게 하는지를 몰랐기 때문에 부적절한 사회성 행동을 나타냈던 것으로 생각한다. 따라서 올해 Timmy가 전혀 배우지 않았던 게임을 어떻게 하는지에 대한 게임 방법을 가르쳤다. 예를 들어, 축구나 발야구를 어떻게 하는지를 Timmy에게 가르쳤다.

오늘 체육교사가 진행하는 발야구 시간에 Timmy가 참여할 수 있도록 체육교사를 나는 설득했다. 공을 어떻게 차야 바르게 차는지를 가르친 후, 규칙에 따라 베이스를 달리고, Timmy가 멀리 공을 찼을 때 베이스에 있던 다른 두 아이와 Timmy가 홈으로 들어올 수 있었다. Timmy가 홈을 향해 달리는 동안 다른 상대방 아동은 Timmy를 아웃시키기 위해 공을 던져 홈으로 들어오지 못하도록 했다.

Timmy가 상대방 아이의 얼굴을 향해 던진 공이 그 아이를 다치게 했다. Timmy는 그 아이가 공에 맞아 아파 우는 것을 보고 Timmy 역시 몹시 기분이 상했다. Timmy가 다친 아이에게 미안하다고 사과를 하도록 시켰고, 잘못된 행동으로 Timmy를 잠깐 동안 게임을 하지 못하게 하였다. 이러한 행동에 뚜렷한 이유나 의미가 있는 것은 아니다. Timmy는 결국 운동 면에서 성공을 거두었지만 아직까지도 해가 되는 매너는 고치지 못했다(이미 서문에서 말한 바와 같이 축구를 하면서 사회적 상황에서 성공을 거두었을 때 Timmy는 마침내 자기조절을 배운 것이다).

내가 방금 언급한 사회적으로 부적절한 행동을 한 날, Timmy는 사회적으로 부적절한 행동을 했다. 나는 Timmy의 수수께끼 같은 일관성 없는 행동을 이해할 수가 없었다. 다시 나의 기록을 소개한다:

사회과 담당교사는 수업을 예정보다 일찍 끝내고 아이들에게 휴식시간을 허용했다. Timmy는 히브리어 글자가 쓰인 행맨 게임(Hang-Man game)을 3명의 남자 아이와 한 명의 여자 아이와 함께 영리하게 변형을 잘 해가면서 30분 동안 놀이를 했다. Timmy는 분명히 주도적으로 게임을 진행했고 규칙을 직접 정하기도 했다. Timmy는 행맨 게임을 함께 하고 있는 다른 아이들과 협상도 할 수 있었다. 전에도 이렇게 긍정적으로 상호작용하는 행동을 목격한 적이 있다. 이것은 레고와 같은 병렬놀이는 아니며 상호적 행동인데도 게임을 하면서 Timmy는 웃으며 즐거운 시간을 갖는다. 사회적 상호작용을 한다는 점에서 Timmy는 그룹의 동등한 일원인 것이다.

그날 Timmy는 부적절한 사회적 행동과 적절한 사회적 행동을 동시에 보여주었다. ADHD를 가진 아동의 행동은 흔히 일관성이 없어서 주위 사람들에게서 오해를 받는다. 이렇게 보는 외부인(outsiders)들은 아동의 행동만을 보고 이러한 행동이 아동을 대표하는 것으로 본다. 외부인(outsiders)들은 ADHD를 병으로 본다.

그래서 ADHD로 진단된 아동을 ADHD를 가진 아동, 혹은 ADHD가 있는 아동이라고 표현하고 'ADHD 아동'이라고 표현하지 않는다. 이 아동들, 우리의 아이들은 행동에 영향을 주는 장애(disorder)를 가지고 있다. 이러한 아이들이 행동에 대해 책임지고 해명할 수 있더라도, ADHD를 가진 아동과 그들의 행동은 두 개의 분리된 실체(entities)로 보아야 한다.

ADHD를 가진 아동에 대한 일반적인 오해

일관성이 없는 ADHD를 가진 아동의 행동은 Timmy의 부적절한 사회성 행동에서 보듯이 가끔 사람들에게도 오해를 불러일으킨다. 예를 들어, ADHD가 실제로 장애인지 잘못된 행동에 대한 변명인지에 대해 의문을 제기할 수 있다. 다른 사람들은 ADHD라는 장애가 과잉 진단되고 있다고 생각할 수 있다. ADHD의 이유는 잘못된 양육에서 오는 것이라고 아직도 말하기도 하고 특히 ADHD를 가진 아동의 부모가 훈육을 제대로 충분하게 하지 않았기 때문이라고 믿고 있다. 부모는 자녀의 시험점수를 좀 더 잘 받기 위해서뿐만 아니라 자녀가 받을 수 있는 편의시설의 혜택을 받기 위해, 일부러 부모가 ADHD 진단을 받길 원한다고 생각하는 사람도 있다.

ADHD를 가진 아동을 실제로 집이나 교실에서 데리고 있다면 당신의 견해는 아마도 달라질 것이다. ADHD는 실제로 장애 또는 증후군이다. 무엇이라고 부르든 간에 이것은 실제로 존재한다는 것이다. 또한 교사와 부모 모두는 이러한 아동들이 똑똑하다는 것을 안다. ADHD를 가진 아동이 부적절한 사회적 기술문제를 가지든 주의산만 문제를 가지든 혹은 둘 다를 가지든, ADHD를 가진 아동의 학습능력이 사회적으로 부적절한 행동에 의해 얼마만큼 방해를 받느냐에 따라 다르다. ADHD라는 용어는 어떻게 변화되어 왔는가?

ADHD의 역사는 있는가?

ADHD라는 용어의 어원을 살펴보면, 정의와 마찬가지로 과거에서부터 언급되어 왔다. Still(1902)은 행동증상 중 과잉행동을 보이는 아동을 집중적으로 관찰했다. 그가 본 아이들의 증상은 오늘날 교사와 부모가 보고 있는 ADHD를 가진 아동과 유사했다.

Still(1902)은 아동행동의 도덕적 통제에 대해 언급했다. 아동이 오늘날 과잉행동 및 충동행동이라고 불리는 행동을 통제할 수 없다는 점을 언급했다. 도덕적 통제결손은 세 가지 장애기능이 복합적으로 작용하여 발생한다고 보았다: (1) 환경과 연관된 인식 결함, (2) 도덕의식의 결함, (3) 억제 의지의 결함(p.1011).

1917년부터 1918년까지 뇌염이 퍼졌는데, 이로 인해 사람들에게 뇌손상이 나타났다. 이 뇌염의 갑작스런 출현은 연구자들에게 ADHD의 원인조사의 원동력이 되었다.

Werner와 Strauss(1941)와 Strauss와 Lehtinen(1947)은 뇌 손상 아동(brain-injured child)의 개념을 만들었고 당시에 많이 확산되었다. 이 뇌 손상은 출생 전 또는 출생 후의 원인에 의해 유아기에 발생한다는 것을 발견했다. 뇌 손상 아동의 행동은 과잉행동, 주의산만, 충동적이고 정서적으로 불안감과 비정상적인 반복운동 등의 특성을 보인다(Meyen, Vergason, & Whelan, 1993a, b, p.246). 뇌 손상 아동이라는 용어는 ADHD를 가진 아동과 행동특성이 유사한 특성을 가진 아이들에게 적용되었다.

모순적인 것은, 산만하고 과잉행동을 하며 충동적인 아동에게서 뇌 손상의 증거 사실이 보이지 않는 점이다. 연구자들이 언급한 바와 같이, 과연 이러한 아동들을 잡음(noise)이 흔히 있고 반복적인 수업방법을 사용하는 일반적인 교실에서 효과적으로 가르친다는 것이 가능한가?

연구자들은 이 아동들을 작은 규모와 계획된 수업 그리고 주의산만하지 않은 환경에 투입할 것을 제안했다(Barkley, 1998, p.7).

내가 처음으로 ADHD를 가진 아동을 가르쳤던 뉴욕시 한 학교의 교장은 다른 모든 교사들에게 교실에 모든 벽을 하얀 상태로 할 것과 절대 그림 같은 것을 벽에 걸지 말라고 요구했다. 또한 교사들은 지도 학생들에게 가급적 아무것도 방해되지 않게 하기 위해, 예를 들어, 베이지나 회색 톤의 단조로운 색의 옷을 입으라고 했다.

신입 교사들은 아동 스스로가 산만한 일을 만든다는 것을 곧 알게 되었다. 아동들은 펄쩍펄쩍 뛰고, 머리카락을 가지고 만지작거리며 빙글빙글 돌리고, 손가락으로 책상을 톡톡 치고, 원 모양대로 돌아다녔다! 그렇지만 뇌 손상 아동이라는 용어는 그 후 곧 바뀌게 되었다.

1950년대 뇌 손상 아동이라는 용어는 미세뇌 손상(minimal brain damage)으로 바뀌었다. '이는 진짜 뇌 손상과 차이가 있는데 학자들의 의견은 미세뇌 손상이라는 의미는 뇌의 손상이 경미하다는 것을 지적한 것이다'라고 했다(Meyen et al., 1993a, b, p.247). 이후 용어는 국립건강연구소(National Institutes of Health: NIH)의 제안으로 미세뇌기능장애(Minimal Brain Dysfuntion: MBD)로 바뀌었다(Clements, 1966, p.9). 혹시 그 당시 사용된 미세뇌기능장애(MBD)에 대한 정의가 궁금하다면 그 정의를 다음과 같이 제시한다:

> 평균에 가깝거나, 평균 혹은 평균보다 높은 지능의 아동 중에 학습이나 행동에 어려움 있는 아동은 경증에서 중증의 중추신경계 기능 이상과 관련되어 있다. 이 이상은 지각, 개념화, 언어, 기억력, 주의, 자극, 혹은 운동기능의 손상이 복합적으로 나타날 수 있다(Clements, 1966, p.9).

Laufer와 Denhoff(19757)와 같은 연구자들도 아동의 중추신경계(CNS) 결함(특히 시상부)이 있다는 것을 믿었고 따라서 용어는 발전되고 개념이 바뀌어 1957년에는 과잉운동성 충동장애(hyperkinetic impulse disorder)로 다시 바뀌었다. 이러한 용어의 정의와 관련하여 개인적으로는 정확하게 내 동생에게 완벽하게 적합하다고 생각했다. 내 동생은 초등학생 때 다른 학생들의 책상 위를 개구리가 점프하듯 뛰어다녔다. 진단평가를 받은 적은 한 번도 없지만, 내가 믿는 것처럼 내 동생의 경우라면 현재 여기서 언급하고 있는 과잉행동-충동성 타입의 ADHD일 것이다.

불행히도 당시에는 동생을 위해 어느 누구도 무엇을 어떻게 하거나 과잉행동을 줄여 효과적으로 집중할 수 있게 만들지는 못했다. 동생의 과잉행동은 다른 아이들로 하여금 싫어하게 했고 동생의 자존감도 해쳤다. 낮은 자존감은 나이를 먹으면서 험한 십대들과 어울리게 만들었고 결국 위험한 상황에 빠지게 만들었다.

동생이 이렇게 된 것에 대한 이유 중 확실한 하나는 사회성에 대한 어려움이 있어도 어느 누구도 도와주거나 과잉행동을 줄이겠다는 시도를 하지 않았다는 것이다. 사람들은 항상 "나쁜 아이"로만 바라보았다. 대부분의 학교생활은 교장실에 불려가 있거나 방과 후 교실에 남아있거나 학교에서 정학을 받는 것이었다. 이야기를 돌려, ADHD 용어의 변화로 되돌아가자.

Chess(1960) 외의 다른 사람들은 과잉행동 아동증후군과 함께 미세뇌기능 장애(MBD)라는 용어를 사용했다. 그는 "과잉행동 아동의 활동을 보았을 때 일반아동보다 빠르게 움직이거나 계속 움직이거나 또는 양쪽 모두인 경우이다."(p.239) 이 정의는 정확히 Timmy를 설명한 것이었다.

Timmy에게 약을 먹이면 행동이 비교적 안정적으로 되기 때문에 계속 약을 먹이고 있다. 하지만 그럴 때도 그는 말을 멈출 줄을 몰랐다. 약을 먹지 않으면 그의 행동은 실수투성이였고 말은 멈출 줄 몰랐다. 그는 마치 회오리바람 속에 있는 것처럼 항상 움직였고, 주위를 뛰어다녔다. 그는 방을 앞뒤로 가로질러 뛰어다녔고 끊임없이 말을 했다. 자기 반에 부적절한 사회성 행동을 보이는 아동이 있는 것을 원하는 교사는 없다. ADHD 용어의 변화로 돌아가 보자.

다른 변화를 받아들일 준비가 되었는가? 1950년대와 1960년대 연구자들은 과잉행동 아동증후군이라는 통합된 용어에 대해 의문을 제기했다. 이 변화는 다음과 같은 이유 때문에 중요했다:

1. 동시대의 다른 과학자들이 했던 것처럼 질병을 정의하는 특징으로서의 활동패턴에 초점을 두었다.
2. 부모나 교사의 주관적인 보고서보다 증후군에 관한 객관적인 증거를 고려할 필요성에 중점을 두었다.
3. 부모를 질책하지 않았다.
4. 과잉행동 증후군을 뇌-손상 개념과 분리해서 생각했다(Barkely, 1998, p.8).

당시에는 이 증후군을 하나의 개념 이상인 것으로 받아들였는데, 실제로 1966년 국립연구소의 신경질환과 실명(National Institute of Neurological Diseases and Blindness)에는 이 장애와 관련된 증후가 99개나 되는 것으로 설명하고 있다(Barkley, 1998, p.8).

1970년대 초반 과잉운동증이나 과잉행동 증후군의 기본 특성은 연구자들이 과거에 관련 특성이라고만 여겼던 것들을 포함하여 확대

되었다. 이것에는 무표정, 짧은 집중시간, 낮은 욕구불만 내성, 주의산만, 그리고 공격성이 포함되었다(Barkley, 1998, p.10). 이는 오늘날의 개념과 유사했다. 사실 나의 현장 연구 대상이었던 ADHD를 가진 아동이 있는 Bess 부부는 자기 아들인 Aaron의 짧은 집중시간에 대해 "애런은 정말 똑똑합니다. 그런데 한 가지에 관심을 갖고 빠지게 되면 다른 어떤 것으로 전환하기 정말 어렵습니다."라고 말하였다.

Wender(1971)와 Douglas(1972)는 두 가지 모델의 ADHD를 주장했다. Wender의 설명에 의하면 미세뇌기능 장애는 6개의 증후군을 가진다고 했다. 이것들은 다음과 같다:

- 운동행동
- 주의지각인지기능
- 학습장애
- 충동조절
- 대인관계
- 감정(Barkley, 1998, p.11)

이 증후군의 근본원인은 무엇인가? Wender는 세 가지 주요 결손이 그 원인이라고 했다. 이 결손은 기쁨이나 슬픔에 대한 감정 저하, 활성(activation) 수준이 일반적으로 아주 높거나 아주 나쁘게 조절되며 외향적이다(Barkley, 1998, p.11). 이러한 사실은 기쁨이나 슬픔의 감정이 저하되는 것을 볼 때 상과 벌에 대해 반응이 적을지도 모른다. 다시 말하자면 교사나 부모가 행동관리(management)를 할 때 잘 반응하지 않는다는 것을 의미하기도 한다.

두 번째 모델은 1972년 Douglas가 발견했다. 그는 지속적인 집중력과 충동 통제의 결손은 단지 과잉행동에 의한 것이 아니고 아동의 문제로 설명할 수 있음을 발견했다. 다시 말해서, 이 아동들은 집중을 지속할 수 없고 또 충동성도 조절하지 못한다. 다른 예로는 다른 아이를 때리거나 발로 차기도 한다는 것이다. Douglas는 과잉행동 아동이라고 해서 반드시 읽기나 학습장애가 있다든지, 학습과제에 대해 비정상적으로 오랜 시간이 걸린다든지, 청력문제가 있거나, 좌우판별을 못하거나, 단기기억의 어려움이 있는 것이 아니라는 점도 발견했다(Barkley, 1998, p.13).

Douglas(1980)는 최초 모델과 4개의 결손모델을 발전시켜 ADHD의 원인 설명을 할 수 있었다. 그것들은 투자(investment), 조직, 관심과 노력과 유지 충동 반응의 억제 상황에 맞는 각성수준의 조절, 즉각적인 강화를 찾으려는 비정상적으로 강한 경향(Barkley, 1998, p.13)이었다. 그로 인해 새로운 용어에 대한 전개가 빨리 진행되고 있었다.

주의력 결핍장애(attention-deficit disorder)는 Douglas의 연구(1972)로 인해 1980년에 미국정신의학협회의 정신장애 진단 및 통계편람(American Psychiatric Association in the Diagnostic and Statistical Manual of Mental Disorders: DSM-III)에 새로운 용어로 추가되었다. 아동의 주요 문제를 언급할 때 과잉행동이라는 용어보다는 집중력 결핍, 또는 집중력 저하를 언급하는 것이 유용하다. 왜냐하면 이러한 증후가 단지 과잉행동에게만 있는 장애가 아니라는 것을 말할 수 있기 때문이다(Barkely, 1998, p.20).

정신장애 진단 및 통계편람(DSM-III)은 과잉행동보다 부주의나 충동성에 더 중점을 두고 있다. 증후 목록에는 아동기 정신증상을 제외한 연령별 발병 지침이 포함되어 있다(Barkely, 1998, p.21). 여기서 잠시 치료에 대해 논의해보면 효과 있는 약물, 특히 리탈린의 경우,

1939년부터 1941년까지 Bradley(1937) 등의 연구에 의하면, 리탈린 복용으로 ADHD 증후가 감소되었다고 보고하였다. 유사 약물치료는 1970년까지 계속되었다.

사실 후속연구에서 과잉행동 아동들이 긍정적 약물 반응을 한다는 것을 재확인했다. 과잉행동을 줄이기 위해 1970년대 다양한 약물들을 학령기 아동들에게 복용시켰으며 그중 아직까지 사용되는 약물들도 있다. 같은 시기에 Feingold(1975)는 환경적 이유로 인해 과잉행동을 보일 수 있다는 가능성을 지적했다. 예를 들어 음식물로 인한 알레르기가 일어났을 경우이다. 새로운 용어가 곧 등장할 것이다.

1987년 정신장애의 진단 및 통계편람(DSM-III)이 개정되면서 새로운 정신장애의 진단 및 통계편람(DSM-IV)이 나왔다. 여기에서 주의력 결핍장애(Attention-Deficit Disorder: ADD)가 오늘날의 주의력 결핍 과잉행동장애(ADHD)로 바뀌었다. 새로운 개정에서는 부주의(inattention), 충동성(impulsivity), 과잉행동(hyperactivity)에 대한 단일구분 점수를 포함한 단일 증후 목록이 담겨 있다. 이 목록은 아동 행동의 여러 측면을 경험을 바탕으로 해서 만들어졌는데, 정신연령에 못 미치고 비정상적인 발달을 보이는 아동들의 증후를 통해 만들어진 것이다. 그러나 더 많은 연구들이 계속되었다.

1990년대에 신경영상화 연구에서 구체적으로 ADHD를 가진 아동의 두뇌활동부위인 전두엽을 검증했다. 실제로 연구팀은 비 ADHD아동에 비해 ADHD를 가진 아동의 두뇌의 후두 부분(posterior sections)이 현저히 작다는 것을 발견했다(Barkley, 1998, p.35; Semud-Clikman et al., 1994).

이 시기 동안 정신장애의 진단 및 통계편람(DSM-IV)에서도 ADHD, 부주의 우세(Predominantly Inattentive)형 ADHD, ADHD-I

라는 용어를 다시 소개했고, 이는 특정상황에서 알려진 증후 증거와 생활의 주요 공간(집, 학교, 직장)에서 손상이 나타나는 것을 요구했다(Barkley, 1998, p.38). 그러면 어떤 기준으로 ADHD를 가진 아동인지 아닌지를 판단하는가?

1990년대의 주요 관점은 신경영상화 요인보다는 사회성과 환경 요인으로 ADHD 여부를 판단하였다. 게다가 행동억제 혹은 자율조절 부족이 확실하게 결손으로 나타난다고 생각했다(Barkley, 1998, p.39).

많은 연구자들 가운데 Barkley 등(1992)은 "충동적-과잉행동장애 없이 주로 부주의만 있는 ADHD는 충동-과잉행동 장애아동과는 질적으로 다른 장애"라고 생각했다((Barkley, 1998, p.39). ADHD에 대한 한 모델이 제시되었는데 이는 다음 세대에까지 이어졌다.

Brown(2007)은 ADHD를 가진 아동의 내면작용을 다음 4개 기능으로 설명하였다:

- **활성(Activation)**: 조직, 우선순위, 일(work)을 위한 활성화
- **집중(Focus)**: 초점, 유지, 과제로 관심이동
- **노력(Effort)**: 관심 조절과 노력지속 그리고 속도조절
- **감정(Emotion)**: 욕구불만 관리과 정서조절(pp.13-17)

ADHD에 관한 많은 설명과 모델을 소개했다. 어떤 ADHD 정의는 비슷하지만 어떤 ADHD 정의는 설명이 달랐다. ADHD를 가진 아동을 가르친 오랜 경험과 연구에서 발견한 것은 ADHD를 가진 아동은 어떤 특정 진단범주에 속하지 않는다는 것이다. 그러므로 교사들은 한 명 한 명의 ADHD를 가진 아동마다 그들의 독특한 행동 특징

을 자세히 탐구해야 한다.

대부분의 ADHD를 가진 아동들이 산만하다 하더라도 모두 충동적이지는 않다. 첨언하면, 아동들 모두 사회성에 문제가 있는 것은 아니다. 어쨌든 몇몇 아동은 조직화가 어려울 수 있다.

아동이 나타내는 증후들에 익숙해지는 정도는 교사의 배경이나 아동의 실제 생활에 관한 사전 지식에 따라 달라진다. 교사가 지식을 갖추고 있다면 ADHD를 가진 아동이 어떻게 행동을 조절하는지를 배우도록 도와줄 수 있고, 또 더 효과적으로 교사의 지도에 따르게 할 수 있을 것이다.

사전지식의 하나로, 교사는 아동이 다른 사람과의 대화를 방해한다는 것을 안다. 이런 경우에 다른 아동들이 ADHD를 가진 아동을 거부하거나 절교할 가능성이 있다는 것도 안다. 또래로부터 정말 거절을 당한다면 그 아동은 다른 친구를 사귀기가 매우 어렵게 될 것이다. 친구를 사귀는 것이 어렵게 되면 아동의 자긍심은 부정적인 영향을 받는다. 짐작하건대 성인들과 상호 교류하는 데 있어서도 역시 어려움을 갖게 되고 직장을 가지기도 매우 어렵다.

ADHD 원인과 유래를 소개하면서 흥미롭고 새로운 연구 결과에 대한 언급 없이는 마무리하기 어렵다. 그것은 "ADHD가 학령기 아동의 3~7%로 추정되는데 대략 3,290,000명 정도 있다"는 것이다(APA, 3000, p.90; Raport 인용, 2007a, p.225). 연구자들은 ADHD를 가진 아동들이 뇌 성숙(brain maturation)에 지체가 나타나는지 또는 일반적인 뇌 발달과 큰 차이를 보이는지에 대해 궁금증이 있었다.

"초기 설명 이후 계속 논란이 되어온 것은 장애가 두뇌 성숙의 지체의 부분적인 결과인지 또는 정상에서 벗어난 정도 때문인지에 대한 것이다(Shaw et al., 2007, p.19649)". NIH의 후원을 받은 Shaw

등(2007)은 "ADHD 유소년의 뇌는 정상적인 패턴이었지만 비 ADHD 유소년과 비교했을 때 어떤 지역에서는 평균 3년이나 지체되었다"고 보고하였다.

ADHD 장애를 반영하는 뇌는 사고, 주의력, 자기 조절의 통제를 하는 영역이다. 그러므로 뇌 성숙 과정은 정상이지만 약간의 지체가 있을 뿐이니 어느 시점에서 아동이 정상 뇌를 가지게 될 것임을 교사나 부모가 확신할 수 있다. 이런 새로운 정보는 ADHD를 가진 아동의 부모와 교사들에게 그 아동들의 미래 학업에 대해 아주 낙관적인 관점을 선사할 것이다.

ADHD 증후 자체는 변해왔는가? 절대 그렇지 않다. 그러나 우리는 ADHD에 관한 더욱 더 확실한 이해를 하기 시작했고 이러한 이해는 교사가 ADHD를 가진 아동을 효과적으로 지도하도록 해 줄 것이다. 교사와 부모가 ADHD를 가진 아동이 자신의 부적절한 사회성 증후들 특히, 적절한 사회성 기술면에서 개선되도록 어떻게 도와줄 것인가? 사회성 기술은 무엇인가? ADHD를 가진 아동들은 사회적 기술이 결핍되어 있는가? 다른 아이들도 그런가? 이 질문에 대해 다음 장에서 좀 더 구체적으로 알아보자.

Chapter 2

ADHD를 가진 아동의 사회성 기술결핍

Chapter

2 ADHD를 가진 아동의 사회성 기술결핍

이 아이의 행동은 다른 사람들을 매우 화나게 한다. 어떤 주의력결핍이나 주의력결핍 과잉행동장애는 관리하기 쉽거나 매력적이기도 하고 때로는 아무렇지 않게 지나가기도 한다. 하지만 우리에게 그렇지 못한 한 명이 있다. 그의 성격은 매우 당혹스럽게 만든다. 이 문제는 일찍부터 분명히 나타났다.

들어 본 이야기 같지 않은가? Chris와 같은 아동을 가르친 적은 있는가? Valerie가 Chris의 성격을 말했을 때 나는 그 자리에서 당황했다. 내가 방문했던 홈 스쿨 부모들이 자신들의 자녀에 대해 그들은 친구 사귀기가 어려우며 거부당한다고 말했다. Valerie의 Chris의 성격에 대한 설명은 말로 하기에 너무나 슬픈 것이었다. 아이도 엄마도 세상 살기 참 힘들다는 생각이 들었다.

인정한다 – 이 아이는 정말 성가시다!

사회성 결핍이 있는 아동들의 행동은 또래나 성인을 매우 성가시게 한다. 아동 본인은 그렇게 하고 있는지도 모른 채 계속 말을 하거나 말을 너무 적게 해서 방에 아동들이 있는지도 사람들이 모를 정도다. 그들의 부모와 교사들조차 그들을 좋아하지 않는 것으로 보인다. 다른 아동들도 마찬가지이다. 한 어머니가 자신의 아이에 대해 부정적인 용어를 쓰면서 말하는 것을 듣고 난 너무 슬펐다. 아무리 현실이라고 해도 그 어머니는 너무 심했다고 생각했다.

ADHD를 가진 아동들에 대해 특히 과잉행동이 있는 아동들에 대해 교사는 어떻게 반응하는가? Michael은 복합형 ADHD(ADHD-combined)아동이다. Belinda는 나에게 Micheal의 학교생활에서의 어려운 점을 이야기했다. 특히 Micheal의 교사들, 특정한 교사의 태도에 대해서:

> *이것은 전쟁이었다. 나는 Michael이 4개월 간 어떤 선생님의 수업을 참석했지만 4개월 동안 Michael이 잘 알아듣지 못해도 어떤 조치도 취하지 않았다고 생각했다. 음, 그래서 반을 바꿔주었다. 교장 선생님과 면담도 했다. 학기 중에 내게 아주 속상한 일이 몇 번 벌어졌다. 우울했다. 교장 선생님에게 현재의 반에 있을 필요가 없다고 말씀드렸다. 그는 다른 반으로 옮길 필요가 있다고 나를 설득해 결국 옮기게 되었고 Micheal은 적응을 잘하는 듯했다. 여전히 Micheal은 옛날처럼 쓰기를 싫어하고, 과제가 어려우면 당신이 알다시피 머리를 긁는다든지 물을 마셔야 한다거나 화장실에 가야한다고 한다. 악순환의 반복이었다. 어느 누구도 시간을 내서 도와주려고 하지 않았다. 아무도 해결점을 찾으려 하지 않았다. 아무도 달라지는 것을 원하지 않았다. 모두 한결같이 "Michael은 말을 안 들어요. 그것이 문제입니다"라고 말했다.*

Mary Ann이 나에게 이와 비슷한 예로 자기 아들인 Billy와 체육교사에게서 경험한 이야기를 했다:

하여튼 수업은 다소 혼란스러웠다. 체육관 안은 시끄러운 소리가 많이 들리고 다소 혼란스럽게 느껴질 수 있는 공간이다. Billy에게는 마치 모든 아이들이 미친 듯이 뛰어다니는 것으로 보이자, Billy는 그의 초점을 찾기 어려웠다. 체육관에 있는 교사들은 안정적으로 수업을 하고 있다고 생각했지만 Billy의 입장에서 보면, 움직이는 아이들의 모습은 Billy에게는 마치 아이들이 미친 듯이 뛰어다니는 것으로 보였고, Billy는 자신이 느낀 그대로 미친 듯이 뛰어다녔다. 체육시간에 이러한 행동 때문에 Billy는 방과 후에 남게 되었다. Billy는 목요일 수업을 엉망으로 만들었고 그것 때문에 다음 주 수요일 방과 후에 남아 벌을 섰다. Mary Ann은 체육시간에 보여준 이러한 Billy의 행동으로 인해 정학을 받을 수 있다고까지 말했다. 이런 좋지 않는 이야기는 심적으로 나를 몹시 힘들게 했다. 매일 Billy의 체육시간이 걱정되었다.

Bess는 많은 경험 중에서 체육시간에 부정적인 경험을 한 Aaron의 이야기를 들려주었다:

그간 체육시간이 항상 문제였던 것 같아요. 한두 번 참가했던 다른 활동도 마찬가지였어요(어머니는 웃었고 힘들어 보였다). Aaron은 수업 흐름을 따라가지 어렵기 때문이죠. 산만해져 쉬운 것도 하지 못했고 산만으로 문제행동이 생기고, 선생님이 알다시피 다른 아이들에게서 떨어져 나와 빈둥거리게 되죠. 무언가를 할 때 하나에만 집중하다 보니 때때로 사회성 단서를 잘못 해석하죠.

Micheal, Billy, 그리고 Aaron과 같은 아동들은 다른 사람들과의 상호작용에 문제를 가지고 있다. ADHD를 가진 아동과 친근한 사람들에게는 뻔한 부분이 아니겠는가? Bess는 어느 때인가 Aaron이 자기 할아버지에게 무례한 행동을 했던 것도 기억한다:

Aaron이 4살 때쯤 할아버지에게 말대꾸 한 것을 기억해요. 할아버지와의 사이에서 벌어진 일이었기 때문에 그렇게 하는 것이 좋을 것 같아서 아무런 얘기를 하지 않았어요. 하지만 Aaron이 할아버지에 대한 태도나 말투 그리고 행동은 대드는 투였어요. 태도는 잘못된 것이라고 말해주었어요. Aaron에게 너가 잘못했다고 말했어요. 비록 어른으로서 나도 비슷한 행동을 했겠지만 어린아이는 그런 행동을 해서는 안 된다는 생각이었습니다. 항상 잘못된 부분을 얘기할 때 힘들어요. 나는 그 점을 그에게 말했죠. Aaron, 너가 알다시피 잘못을 했으니, 너는 사과를 해야 돼. 그건 잘못된 행동이라는 걸 Aaron에게 알려주었지만, 동시에 Aaron이 말한 내용은 어떤 어른이라도 같은 상황에서 충분히 말할 수 있는 것이었어요. 그러나 문제는 Aaron이 성인이 아니라는 거죠. 그는 아이예요. Aaron은 그렇게 말하면 안 된다는 것을 미처 알지 못하고 느낀 그대로 행동을 한 것이죠.

교사와 부모는 이러한 아동들의 행동에 대해서 잘 알고 이 행동 다음 내용을 보면 이러한 아동들의 특징인 사회성 기술문제에 대해 잘 알고 있다. 한 부모는 다음과 같이 말하고 있다:

ADHD를 가진 아이들에게 있어 사회성 기술은 중요한 사안이다. 때때로 사실 자신들의 행동이 비일상적이거나 부적절한지도 모르는 것 같다. 그래서 통제하려는 노력도 하지 않는다. 지적을 해도 흔히 이상하고 부적절한 행동을 통제하기 어렵다.

모든 교사가 Michael처럼 고집 세고 다루기 어려운 학생을 만나게 된다고 나는 확신한다. Michael 어머니는 이렇게 설명한다:

Michael이 저에게 집중하게 되었을 때, 저는 Michael에게 말해요. "Michael, 잘 봐둬. 이 사람은 너의 선생님이란다. 대들지 마. 곤란한 상황에 처하지 않도록 해." 그러면 많은 경우 교사는 "괜찮아요, Michael이 질문해서 기뻐요. Michael이 대답해서 기뻐요" 그리고 나면 나는 "그렇지요"라고 짧게 대답은 하지만 어느 시점에서는 계속 실랑이를 벌이기보다는 적당히 넘어가는 것이 필요하잖아요.

무엇 때문에 문제가 생기나?

이제부터 아동들의 사회성 기술의 어려움에 대해 자세히 알아보자. ADHD를 가진 아동들의 행동은 아동에 따라 다르지만 ADHD를 가진 아동들은 사회성 기술에 어려움을 가지고 있다. 왜? 그들은 사회성 기술이 결핍되었다. 이 결핍은 일반적으로 "하지 못 한다"와 "하지 않는다"로 나뉜다(Gresham et al., 2001, p.33). 적절한 사회성 매너를 모르는 경우 또는 적절한 사회성 매너를 알지만 하지 않는 경우 둘 다 해당된다.

ADHD를 가진 아동의 사회성 기술결핍을 예방하기 위해서는 긍정적 사회성 기술을 키워야 한다. 이 아동들은 사회성 기술들을 일반적으로 익히려고 하지 않고 일반아동들이 배우는 방식처럼 부모들이 모델이 되어 제시한 긍정적 사회성 기술들을 내면화시키지 못한다. 몇 년 동안 ADHD를 가진 아동의 사회성 기술문제에 대해 연구해 왔는데, 1980년 이후로 Frank Gresham과 Steve Elliott는 사회성 기술들에 대해 가장 많이 기여한 연구자들임에 틀림없다.

그들의 중재법들은 표준이라고 여겨지는 것들이다. 나의 연구에서는 부모들이 Elliott와 Gresham(1991)이 개발한 사회성 기술 중재법들을 사용하지 않았지만. 이 연구자들은 다음과 같은 5가지의 이유로 아동들이 긍정적 사회성 기술을 배우지 못한다고 했다:

- 지식의 부족
- 피드백에 대한 연습 부족
- 단서 또는 기회 부족
- 강화 부족
- 간섭하는 문제행동의 존재(pp. 28-29)

ADHD를 가진 아동은 왜 긍정적 사회성 기술을 배우지 못하는가?

지식의 부족

긍정적 사회성 기술에 대한 관련 지식의 부족은 ADHD를 가진 아동에게서 흔히 볼 수 있다. 예를 들어, 사회적 상호작용의 목표에 대해 이해를 잘 못할 수도 있다. Sam은 다른 아동과 함께 놀이를 하는 것의 목표를 이해하지 못해 경쟁에 집착했다. 다른 아동과 놀이를 하는 것의 목표는 무엇인가? Sam의 어머니는 친구들과 같이 게임을 하며 협동하는 것을 배우기를 원했다. 문제는 Sam의 친구들이 경쟁적인 요소가 많은 네 개 줄 세우기 게임(Connect Four)을 하고 싶어 했다는 것이다.

Sam은 친구들과 함께 하는 다양한 형태의 게임을 하는 것을 배운 적이 없고 경쟁 게임에 대해서도 몰랐다. 게임을 같이 하면서 지고 있다는 것을 안 Sam은 부적절한 행동을 했다. 네 개 줄 세우기 게임

(Connect Four)의 보드를 집어던지고 뛰어나갔다. 어쩌면 Sam은 자신이 잘 모르는 게임에 진 것을 매우 당황하게 생각했을 것이고 놀이하는 동안 친구들과의 협동을 배울 수 있는 기회를 막았다. 또한 어머니가 Sam에게 친구들과 놀이를 하는 목표는 협동을 배우는 것이지 경쟁에서 이기는 것이 아니라고 말을 할 때도 Sam은 아마 집중을 하지 않았을 것이다.

무슨 일이 일어났는가? Sam의 어머니는 친구들과 놀이시간을 가지게 함으로써 아이가 배울 수 있고 또래와의 협동과 긍정적 상호작용을 할 수 있는 기회를 주려는 시도를 했다. 안타깝게도 Sam은 게임에서 이기려고 했고 이기는 것을 좋아했지만, 게임에 졌을 때는 매우 당황해 하며 자신의 어머니가 그에게 가르치려고 노력했던 협력이라는 긍정적 사회성 기술을 배우지 못했다. 또한 게임을 시키는 이유는 협동심을 배우고 이기려고 하는 것이 아니라는 것을 가르치기 위해서였지만 Sam은 집중하지 않았다.

이 경우, Sam은 아이들이 함께 놀도록 부모들이 정한 날(play date)에 다른 아이들과 잘 놀기 위한 행동전략을 알지 못하거나 이해하지 못했다. Sam과 같은 ADHD를 가진 아동은 왜 이러한 전략들을 내면화시키지 못하는가? 그들은 지식이 부족할 뿐만 아니라, 긍정적 사회성 기술들을 연습해보지 않았다. 긍정적 사회성 기술의 연습은 긍정적 사회적 기술을 연마할 수 있게 해 준다. 나의 연구에서 만난 모든 아동들은 친구를 만들고 싶다고 말은 하지만 어떻게 사귀어야 할지 모른다. 그리고 이러한 아동들은 친구를 사귀기 위해서 구체적인 사회성 기술들을 연습해야 한다는 것도 모른다.

피드백에 대한 연습부족

오래된 농담 중에 '카네기 홀에 어떻게 가지?'가 있다. 그 답은 연습, 연습, 연습, 또 연습이다. ADHD를 가진 아동은 어쩌면 사회적으로 통용되는 적절한 방식으로 행동하는 충분한 연습을 하지 못했을 가능성이 크다. 사실 연습을 어느 누가 좋아하겠는가. 나는 어릴 때 첼로를 배웠는데 교향악단과 함께 연주하는 것을 좋아했다. 연주를 함께 하다보면 놀랄만한 것이 만들어지고 악기의 일치된 소리들을 좋아했다. 하지만 난 연습이 너무 싫었다. 엄마는 나를 한 시간 동안 방에 가두어놓고 연습하라고 했다. 한 시간 동안의 첼로 연습은 어린 아이에게는 고통이었다. 이제 겨우 배우기 시작한 노래의 멜로디의 연습을! 받아들이기는 쉽지 않았다. 하지만 내가 연주한 오디오 테이프를 만들었고, 연습 대신(어쩌다 가끔씩!) 이 테이프를 틀어놓기도 했다. 지금 생각해보면 당시 조금만 더 연습을 했더라면 아마 훌륭한 첼리스트가 되었을 것이다. 사실 나는 일반학교가 아닌 예능학교에서 음악을 전공했다. 성인이 되어서는 세미프로 교향악단과 함께 연주를 했다. 다만 원래 원했던 것은 아니다. 나는 내 자신을 속였다. - 모든 게 추억이지만.

ADHD를 가진 아동과 사회성 기술에 대한 연습으로 돌아가자. 적절한 사회성 기술들을 가르치는 방법은 매우 다양하다. 많은 연구결과처럼 아동에게 사회성 기술들을 가르치는 더욱 효과적인 방법은 부모가 개입되었을 때이다. ADHD를 가진 아동의 부모와 많은 시간을 함께 하다 보니, 부모들이 매일 같이 쏟는 노력은 보통 이상의 인내심을 요구한다는 것을 알게 되었다. 부모들은 항상 지친 상태라는 것도 알고 있다. 일반적으로 요즈음에는 양쪽 부모가 직장에 다니고, 게다가 집에 도착하여 부모들이 밤늦게까지 ADHD 증상을 보이는 아이를 관리하기 위해서는 더 많은 노력을 기울어야 함을 알고 있다. 혹시 ADHD를 가진 아동이 사회성 기술문제가 있는지 없는지 의문이 드는가? 사회성 기술들 결핍/문제들에 대한 예를 보면 도움이 될 수 있을 것이다. 사회성 기술결핍이 의심되는 아동이 교실 또는 가정에서 다음에 제시된 행동들을 하는지 살펴보라. 사회성 기술들 결핍의 몇 가지 예를 다음에 제시했는데, 사회성 기술들 결핍으로 인해 어떤 행동들이 나타난다. 계속 읽어주길 바란다:

- 타인과 상호작용할 수 있는 학생의 능력을 억제하는 사회적 인식과 사회적 인지의 결여
- 생길 결과에 대한 생각의 부족
- 감정표현의 어려움
- 타인에 대한 공감의 어려움
- 욕구충족 지연의 어려움(충동)
- 부적절한 미용과 위생
- 청자(listener) 역할을 이해하지 못하고 수행하지 못함
- 타인 관점을 수용할 능력 없음
- 대화 상대를 보고 웃는 것이 적음
- 결과에 영향을 미칠 사회적 상황에서 행동을 꺼림
- 분명치 않거나 불완전한 정보에 대해 분명하게 해 줄 것을 요청할 가능성이 적음
- 말을 많이 하거나 적게 하는 경향
- 교사에게 더 많이 접근해서 부적절한 질문들을 할 가능성
- 대인관계 문제해결에 있어 덜 능숙함

(Vaughn, Bos, & Schumm, 2007, p.255).

아동이 사회성 기술들에 결핍이 있는지에 대해 확인하기 전에 이러한 결핍이 어떤 구체적인 행동들에서 찾을 수 있는지에 대해 설명하려 한다.

- **사회인식의 어려움**: 서로 다투고 있는 두 아동에게 다가가 "나랑 같이 놀래?"라고 묻는다. 아동들이 분명히 말다툼을 하고 있음을 보지만 그것 때문에 자신과 함께 놀고 싶어 하지 않을 수도 있다는 사실을 인식하지 못한다. 게다가 그 아동이 중재하기 위해 두 아동 사이에 끼어들면 두 아동들은 그 아동에게 화낼지도 모른다.
- **생길 결과에 대한 생각부족**: 어떤 아동은 다른 아동에게 다가가서 다른 아동이 앉은 의자를 뺀다. 의자를 빼낸 아동은 다른 아동이 바닥에 넘어진다는 사실을 모른다. 어쩌면 다치게 할 수 있다는 것도.
- **감정 표현의 어려움**: 어떤 아동이 다른 아동을 넘어뜨린다. 그리고 미안하다는 말을 하지 않는다.
- **욕구충족 지연의 어려움**: 어떤 아동이 모래 식탁에서 삽을 가지고 노는 아동에게 다가간다. 그 아동은 상대 아동에게 같이 삽을 쓸 수 있겠냐고 묻는 대신 삽을 가지고 놀고 있던 아동을 잡아 넘어뜨린다. 그 아동은 다른 아동이 삽을 가지고 노는 것이 끝날 때까지 기다리지 못했다. 충동적으로 행동했다.
- **부적절한 미용과 위생**: 어떤 아동이 더러운 손과 전날 입었던 더렵혀진 옷을 입고 학교에 등교했다. 그 아동은 다른 사람들이 어떻게 자신의 외모를 보는지에 대해 관심이 없는 듯했다.

- **청자(listener) 역할을 이해하지 못하고 수행하지 못함:** 또래나 다른 성인과의 대화에서 어떤 아동은 끊임없이 말하고 대화를 방해한다. 그 아동은 한 명이 얘기할 때 또 다른 사람은 듣는 입장이라는 것을 이해하지 못한다.
- **타인 관점을 수용할 능력 없음:** 어떤 아동이 화가 났다. 다른 아동이 허락 없이 놀이에 끼어들었기 때문이다. ADHD를 가진 아동은 왜 그 아동이 화가 났는지를 이해하지 못한다.
- **대화 상대를 보고 웃는 것이 적음:** 어떤 아동이 다른 아동과 놀이를 할 때 ADHD를 가진 아동의 경우 상대방을 자주 쳐다보거나 웃지 않는다.
- **결과에 영향을 미칠 사회적 상황에서 행동을 꺼림:** 어떤 아동이 혼자 놀이터에서 놀면서 다른 아동들이 함께 노는 것을 바라본다. 그 아동은 다른 아동들이 노는 곳에 가서 "함께 놀자"라는 말을 하고 싶어 하지 않는다.
- **분명치 않거나 불완전한 정보에 대해 분명하게 해 줄 것을 요청할 가능성이 적음:** 교사가 어떤 아동에게 승낙 확인서 용지를 주면서 부모님에게 승낙을 받아오라고 한다. 교사는 언제까지 가지고 오라는 말은 하지 않았다. 사회적 기술결핍이 있는 아동은 교사가 언제 승낙 확인서를 제출하라고 하는지에 대해 물어보지 않는다. 교사에게 제출하는 것도 잊어버린다.
- **말을 많이 하거나 적게 하는 경향:** 어떤 아동은 지나치게 또래나 성인들에게 말을 너무 많이 하거나 너무 적게 한다.
- **교사에게 더 많이 접근해서 부적절한 질문들을 할 가능성:** 교사는 수업시간에 큰 소리로 말하라고 지시하고 중요하게 물어볼 질문이 있을 경우에는 손을 들고 말하라고 한다. ADHD를

가진 아동의 경우에는 손을 들고 "자리에서 일어서서 큰 소리로 질문해도 돼요?"라고 말한다.

- **대인관계 문제 해결에 있어 덜 능숙함**: 어떤 아동은 다른 아동들로부터 거부당한다는 것을 느낀다. 그 아동은 실제 거부당한 적은 없지만 친구를 어떻게 사귀어야 하는지를 모른다.

부적절한 사회적 행동에 대한 몇 가지 사례

부적절한 사회적 행동의 예는 어떤 것일까 또는 어설픈 사회성 기술이란 무엇인가? "2004년 11월 말경인가 처음으로 방문 관찰을 했다. New Hampshire에 있는 농장주택에 들어섰다. Bess가 홈 스쿨로 지도하고 있는 Aaron을 관찰하기 시작했다. 수업의 첫 부분에서 Bess는 8살의 Aaron에게 역사, 과학, 문법을 지도하고 있었고 수학을 시작하기 전까지 Aaron은 조용히 듣고 있었다. 수학을 시작하고부터 갑자기 Aaron은 욕구불만을 나타내면서 노래를 하기 시작했고 손가락으로 책상을 툭툭 치기도 하고 로프벨트(rope-belt)를 휘두르며 주위를 돌아다니다가 결국 문 쪽까지 가게 되었다. Bess가 Aaron을 달래서 자리도 돌아오게 하고 다시 수업을 할 수 있도록 노력하는 것을 보았다. Aaron은 적어도 이 순간만큼은 Bess의 말을 들었다. 하지만 Aaron의 부적절한 사회적 행동과 Bess의 Aaron의 부적절한 사회적 행동을 통제하려는 노력은 계속되었다. Bess가 할 수 있는 것은 단지 Aaron의 행동에 반응하는 것이었다. 6개월간 현장 연구를 하면서 이 같은 시나리오는 자주 반복되는 것이라는 것을 알았다."(Repoport, 2007a. p.148)

Aaron의 행동은 왜 사회적으로 받아들일 수 없는 것인가? Aaron의 이상한 행동은 자신의 능력에도 불구하고 교실에서는 용납되지 않는 것이다. Aaron이 이 행동을 교실에서 했다면 교사가 어떤 반응을 보일지 짐작이 가는가? Aaron은 바로 이 행동으로 인해 징계를 받거나 "나쁜" 아이가 될 것이다.

사회성 기술로 문제가 있는 아동이나 학생이 있는가? ADHD를 가진 아동의 사회성 기술문제에는 여러 가지가 있지만 그중에서 몇 가지만 소개한다:

- 친구를 사귀는 것이 어렵거나 친구가 없다.
- 다른 아동들의 신체언어(body language)를 이해하지 못한다.
- 책임을 지는데 문제가 있다; 어떻게 책임지는 행동을 하는지 모른다.
- 상대방의 말을 방해하지 않고 듣는 것이 어렵다.
- 취약해 보이며 자주 괴롭힘을 받거나 스스로를 괴롭힌다.
- 자기 통제가 어렵다.
- 또래와의 협력과 타협에 문제가 있다.

아동이 사회성 기술결핍이나 문제가 있다면 그것을 어떻게 알 수 있는가? 제3장에 있는 아이들의 행동 레퍼토리 내에서 긍정적인 사회성 기술에 대한 체크리스트로 확인할 수 있다. 또 "왜 이 아이는 다른 아이들과 같이 사회성에 있어 적절한 행동을 하지 않는가?"에 대해 스스로에게 질문을 해야 한다. 교실 주위를 둘러보거나 아동이 참여하고 있는 활동과 다른 일반적인 아동들과 어떤 상호작용이 있는 것을 지켜보기도 하고 그들을 관찰하기도 해야 한다.

사회성 기술결핍 문제로 다시 돌아가 보자. 교사나 부모들은 만약

ADHD를 가진 아동이 다른 아동들과 상호작용한다면 그들로부터 거부당하거나 마음에 상처를 받게 되거나 눈물을 흘린다는 것을 충분히 알 것이며, 또래 아동들과 상호작용이 어렵다는 것도 충분히 인식하고 있을 것이다. 이 상호작용의 결과가 사회성 기술결핍의 신호라고 할 수 있다. 같은 교사와 부모가 적절하게 행동하는 방법을 이해하는 다른 아동들도 볼 수 있다. 도대체 그 아동들은 어떻게 사회성 기술을 배우고 터득하였는지에 대해 의아해 한다.

사회성 기술결핍을 달리 말하면 ADHD를 가진 아동의 행동이 타인을 신경질나게 하고 성가시게 하는 것으로 설명할 수 있다. 아동의 부적절한 사회성 행동으로 인해 또래로부터 무시당하거나 거부당하는 학대를 받게 된다. 교사는 ADHD를 가진 아동을 향한 다른 아동들의 행동을 충분히 인지하고 있다. ADHD를 가진 아동은 좀 더 허용될 수 있는 상호작용에 대해 배워야 한다. 모든 사회적 경험은 초기 상호작용에서 시작된다.

ADHD를 가진 아동은 처음 사람을 만날 때 신체언어(body language)를 사용해야 한다는 것을 모른다. 예를 들어, 복도를 걸어갈 때 Johnny가 Sam 옆으로 지나간다. 하지만 Johnny는 눈을 맞추며 지나가는 대신 바닥을 보며 지나간다. 이럴 경우 Sam은 Johnny가 친구로 사귀고 싶어 하는 것을 어떻게 알겠는가? 눈을 마주친다는 것은 최초로 상호작용하는 것으로 이것은 곧 "난 네 친구가 되고 싶어"라는 신호인 것이다. 지속적으로 눈 맞춤을 못하는 아동의 경우는 "나는 친구를 사귀는 것을 원하지 않아"라는 메시지인 것이다. ADHD를 가진 아동은 이런 것을 스스로 배우지 못하기 때문에 어떻게 하는 것이 적절한 행동으로서의 사회성 매너라는 것을 가르쳐 주어야만 한다. ADHD를 가진 아동의 경우 종종 처음 수업은 다른 아동과 대화를 시작하는 방법의 지도로 시작한다.

다른 아동을 어떻게 대해야 하는지를 알지 못한다는 것은 여러 이유 중에서도 ADHD를 가진 아동이 친구를 사귀는 것이 얼마나 어려운 것인지를 말해준다. 관찰한 아동들의 공통적인 어려운 문제는 친구 만들기와 유지하기였다. Valerie의 말에 의하면 Chris의 충동성은 친구를 만드는 것을 힘들게 한다고 했다.

그래 맞아, 그래서 친구들이 어려워한 것이야. 왜냐하면 Chris가 충동성이기 때문이고 결정적으로는 과잉행동을 한다는 것이야. 아동들은 과잉행동의 흐름을 따라갈 수 있어. 산만성, 그들은 산만하기도 하지. 하지만 충동성은 다루기가 어려워. 그것 때문에 사람들은, 아이들은 그를 무서워하지. 왜냐하면 때리기도 하고, 공격하기도 하고 찌르기도 하기 때문이지. 갑자기 화를 내기도 하고, 마구 뛰어다니기도 하고, 그리고 갑자기 다른 아이의 눈을 다치게도 할 수 있지, 그래서 아동들은 싫어하지. 그래서 친구를 사귀는 것이 힘들어.

다른 아동과 처음 접촉하는 법을 잘 모르는 것과 더불어 ADHD를 가진 아동의 행동은 흔히 충동적이다. 충동성은 다른 사람에게 "얘는 참 짜증난다"라는 신호를 보낸다. 당신은 Robert라는 아들을 둔 Mary Ann이 경험한 것과 유사한 경험이 한 적이 있는가?

이 아이는 ADHD … 아이는 매우 충동적이에요. 다른 사람들 머리에 부딪치고 싶으면 머리 위에 부딪쳐요. 다른 사람의 머리에 부딪치는 것은 무슨 뜻이 있어 하는 게 아니라 자기가 하는 짓이 마냥 재미있어서 하는 것이니까. 또는 어떤 사람이 곱슬머리를 하고 있으면 만지고 싶으니까. 그는 자기 줄 앞에 있는 다른 사람을 밀면서 일어나는 도미노 효과와 같은 그 모습을 보는 것을 재미있

다고 생각하는지 모르겠어요. 이런 식으로 문제를 일으켜요.

이러한 충동적인 행동은 과잉행동이 있는 아동에게서만 터져 나오는 것이 아니다. Robert는 주의력결핍 과잉행동장애－부주의 유형으로 아이의 내면에서 무엇인가 충동을 일으키기 전까지는 비교적 조용한 편이다. 언제인가 어머니가 아이에게 공부를 가르치고 있는데 은근히 사회적으로 부적절한 행동을 했다. 어느 한순간 조용히 공부를 하고 있었다가도 일부러 연필을 떨어뜨리기도 하고 책상 밑에서 공부하고 있는 동생을 발로 차기도 했다. 그 순간 "무언가"가 아이를 점령한 것 같은 느낌, 불가사의 한 힘이 작용하기라도 한 것일까? 그럴 수도 있지만 시작하자마자 중단하는 듯한 충동적 행동을 설명하기란 너무 어려웠다. 이러한 아동들은 자기통제를 하지 못한다.

학교 적응의 성공에 중요한 사회성 기술에 대한 교사평가

교사들은 ADHD를 가진 아동이 자기통제를 잘 하게끔 지도하는 것이 필요한데, 이는 나머지 학급 구성원뿐만 아니라 ADHD를 가진 아동들에게 공부를 가르치기 위해서이다. 교사는 학교적응의 성공을 위해 다음과 같은 사회적 기술들을 평가한다: 또래와의 갈등 상황에서 화를 조절하기, 또래 집단의 압력에 적절하게 대응하기, 성인과의 갈등상황에서 화를 조절하기, 밀리거나 맞았을 때 반응하기 물리적 공격에 반응하기 등이다(Lane et al., 2006). 실제 부모 경험을 들으면 자기통제를 어려워한다는 것이 무엇을 의미하는지 당신은 잘 이해하게 될 것이다.

사회성 기술문제를 가진 ADHD를 가진 아동의 사례

자기통제의 부족

자신의 충동행동을 아이들 자신은 알고 있는가? Valerie가 말하기를 Chris가 어렸을 때부터 사회성 기술문제 또는 사회성 기술에 어려움을 보이기 시작했다고 한다. "왜냐하면 아이가 3~5살 때 너무나 다루기 힘든 시기였기 때문에 혼자 둘 수 없었어요. 놀이를 할 수도 없었고 사람들을 때리기도 하고 싸우려고 달려들기도 하고, 물기도 하니 놀이를 할 수 없지요."

자기통제의 부족은 내가 관찰한 아이들이 가지고 있는 공통적인 문제인 것 같다. 충동성은 사회성 기술결핍을 나타내는 지표이다. 사회성 기술결핍은 여러 형태로 나타난다. 부모들은 아이들이 전환(transitions)에서 어려움을 보이는 경우 사회성 기술결핍이 있다는 것을 눈치채게 되기도 한다.

전환의 어려움

Bess는 Aaron이 전환하는 데 어려움이 있다고 말했다. *"Aaron이 어렸을 때부터 감정적인 부분 때문에 전환을 할 때 많은 어려움을 가졌어요. 처음에 나는 그것의 의미를 알 수가 없었어요. 아이 머릿속이 어떻게 된 것인지. 나의 신체 조건으로는 Aaron의 자동차 안전벨트를 매줄 수 없을 만큼 Aaron이 성장하고 나서는, Aaron의 협조 없이는 자동차 안전벨트를 매줄 수 없었어요. 왜냐하면 실랑이가 벌어지니까. Aaron은 무난한 아이가 아니었어요. Aaron은 다른 사람들도 한다는 이유로 모든 사람들이 하는 것을 그냥 따라하는 아이가 아니었어요."*

자신의 행동에 대한 아동의 인식

좋은 일일 수도 있고 나쁜 일일 수도 있지만 충동성과 과잉행동을 보이는 아동들 중 몇몇은 자신의 그러한 경향들을 정확하게 인지하고 있었다. 예를 들면, Daniel과 같은 아동은 자신에 대해 아래와 같이 적나라하게 말한다:

나는 정말 내 자신을 스스로 관리할 수 없다. 난 ADHD다. ADD라고도 한다. 나는 나 자신을 관리하는 방법을 배워야 한다. 매일 같이 약을 챙겨서 먹어야 하는데… 가끔 잃어버리고, 약을 먹지 않아 이로 인해 문제가 생기기도 한다. 내 스스로 기분을 진정시키고 가급적 극도로 흥분하지 않도록 노력한다. 극도로 흥분하거나 시끄럽게 하기도 한다. 이런 행동은 나 자신도 그렇지만 다른 사람들을 당황하게 한다(웃음). 어떤 사람이 말하고 있는데 갑자기 내가(내게 매우 흥분했을 때의 행동을 보여줌) "어떻게 지내세요?" (다시 흥분된 모습을 보여줌) 이렇게 행동한다면 당신도 싫어할 것이다. 그리고 난 너무 많이 웃는다. 다른 사람이 웃기는 이야기에 대해 웃고 있으면 나도 같이 웃을 수밖에 없다. 왜 그러는 건지 나도 모른다. 나도 내가 이상하다는 것을 안다. 때때로 이런 생각도 한다. 이건 바보 같은 농담인데 내가 왜 웃고 있는 거지? 그들은 좋아한다. 왜 나는 웃는 걸까? 그녀가 웃는다, 나도 웃는다. 나는 전염성 웃음을 가지고 있다.

아동이 자신의 행동을 인식할 수 있다는 것은 자기 조절을 배울 수 있다는 뜻일 수도 있으니 이러한 경우는 최상이라고 할 수 있다. 최악은 이런 행동이 뼛속까지 베어든 경우이다. 특히 13살 Daniel의 경우는 문제행동이 줄어들기 어려울 수 있다. Daniel은 호감이 가는 아동이다. 하지만 장난치기를 좋아하고 지속적으로 부적절한 농담을 해서 어머니인 Kathleen의 인내를 시험하고 장난을 그만두지 않는다. 가끔 성인과 대화 중에 부적절하게 말한다: Daniel은 "농담을 했어"라고 말했지만 때로는 농담을 그만두어야 한다는 것을 알지 못한다. Daniel의 어머니는 Daniel이 이집트에 대해 쓴 짧은 문장을 읽어주고, 어머니는 "네가 좀 더 자세히 써 줄 것이라고 생각했는데"라고 말했다. 그러면 Daniel이 웃으며 말하기를 "너무 많은 걸 바라는 거 아냐"하며 웃었다. 그러나 Daniel이 어머니에게 부적절하게 대답했다는 사실에 대해서 Daniel이 알고 있는지는 모르겠다. Daniel의 어머니는 내가 연구한 전형적인 홈 스쿨 부모로서 헌신 파에 속했다.

아동의 부적절한 사회적 행동에 대한 홈 스쿨 부모의 반응

나의 연구에서 홈 스쿨 부모들은 아이들을 가르치려고 노력하지만, 기진맥진하고 좌절하기도 했다. 사실 나도 같은 상태가 되었다. 아동의 부적절한 사회적 행동과 홈 스쿨 부모들의 아동의 이러한 행동을 조절하려는 헛된 노력을 관찰하다 보면 나는 너무나 감정적으로 지쳐버려 퇴근하며 짐을 챙겨서 차가 있는 곳까지 가까스로 간 일도 많다. 부모가 아동들에게 학업을 가르치려고 해도 아동의 부적절한 사회성은 학업에 방해가 된다. 이런 일들은 교사나 부모나 모두 확실히 경험했을 것으로 확신한다. 이러한 대단한 부모들을 칭찬하면서도 부모들에게 아쉬움을 느끼기도 한다. 또 다른 어떤 성가신 행동들을 보았는가? 불필요하고 부적절한 질문을 하는 것 역시 성가신 행동 중 하나다.

당신이 ADHD를 가진 아동을 가르친다면, 공부를 가르치는 동안 부적절한 질문, 주의산만, 이러한 아동들의 특징이라고 할 수 있는 그 외 수많은 다른 행동들에 직면할 것이라고 확신한다. 교사는 아동들이 조회시간에 조용히 있도록 노력하고 부모는 아이들이 가만히 앉아 저녁식사를 할 수 있도록 노력한다. 부모들은 다양한 방법으로 아이들에게 사회적 기술들을 가르치는 데 그 중 하나가 "황금률(golden rule)"이다.

부모들 중 일부 부모들, 특히 기독교를 믿는 부모들은 "황금률(golden rule)"을 따르도록 지속적으로 노력하고 성경의 가르침에 따른다. 하지만 이러한 기준들의 효과는 몇 분 가지 않는다. 그들은 상처가 난 곳에 밴드를 붙인다. 밴드가 떨어지면 피는 계속난다. 잘못된 행동을 하면 알아내고 즉시 그 행동에 대응하는 것 역시 도움이 되지 않는다. Donna가 자기 딸 Kristen의 행동에 대해 말한다:

뭐라고 할까, 일단 난 Kristen을 불러 지적을 바로 했어요. 그것은 적절한 것이 아니라고 말했어요. 가끔 Kristen은 잘못된 행동을 합니다. 그냥 할 수 있으니까 하는 것이죠. Kristen이 계속 부적절한 행동을 하면, 우리는 그 행동에 대해 말을 해요. 'Kristen, 제발 그만 둬'라고 말하던지 아니면 'Kristen 제발'이라고만 말을 해요. 그리고 보통, 이 말을 듣고 10분에서 20분 정도, 대략 20분 정도 이 말에 순응하는 편이거나 아니면 다른 것을 하거나 잊어버리기도 하죠.

아동의 실제 행동

Kristen의 행동은 정말 특이하다. Kristen은 짓궂게 행동하는 것이 특징이며, 유머 감각이 뛰어난 듯했다. Kristen은 변장 파티(costume)하는 것 같은 옷을 입었는데, 그러한 옷을 입는 이유는 그녀의 특성 때문이다. 홈 스쿨을 하는 Kristen과 다른 아이들에게 Kristen의 어머니가 가르치는 도서관에서의 영어수업에 Kristen은 변장 파티 의상을 입고 심지어 교회에 갈 때도 입는다. Kristen은 약간 "자신의 세계"에서 즐거운 시간을 보내는데, New England의 추운 날씨에도 부적절한 의상을 입고 나타날 때도 그런 때이다.

예를 들어, Kristen은 보통 녹색 미니스커트에 에어로포스테일스웨트 바지(Aeropostale sweat pants), 짧은 소매 에어로포스탈 셔츠(Aeropostale shirts) 아래에 어두운 보라색 긴소매 셔츠(Kristen이 말하기를 이게 "요즘 유행이에요"라고 했다), 목에는 스카프, 노란 모자는 옆으로 착용하고 오래되고 찢어진 낡은 흰색이나 회색의 슬리퍼를 신었다. 이런 옷차림으로 집에서나 밖에서 활동했다. Kristen이 입는 옷이 왜 나는 그렇게 중요하다고 생각했을까? 분명히 교사는 Kristen의 옷 스타일은 교실에서는 맞지 않다고 생각했을 것이다. 더 중요한 것은 또래 아동들이 Kristen을 이상하게 본다는 것이었다.

Kristen은 Robert와 유사하게 ADHD－부주의 유형이다. 하지만 Robert는 Kristen처럼 수업시간을 망치는 행동을 하지 않는다. 사람들은 그녀를 보고 놀라워한다. Kristen의 친구는 그녀의 "복장"에 익숙해져 그리 문제로 보지 않지만 지나가는 사람이나 도서실에서 일하는 사람은 Kristen을 뚫어지게 쳐다본다. 기본적으로 같은 연령대의 다른 아동들처럼 보이는 것이 ADHD를 가진 아동에게는 매우 중요하다. 그들의 행동이 매우 거칠 수 있어 외모가 튀지 않아도 다른 또래들보다 두드러지게 된다. 분명히 같은 또래의 다른 아동들과 차이가 나거나 현저히 다르게 옷을 입어서는 안 된다. 특히 ADHD를 가진 아동과 같이 그들이 하는 행동들이 스스로 주목받게 만드는 아동들은 그렇다.

Kristen은 스스로를 산만하게 하기 위해 주위에 있는 아무거나 가지고 논다. 막대사탕을 휘두르는 것을 포함해 종이와 펜을 던지기도 했다. 그녀를 비디오 녹화를 하고 있을 때 그녀가 어떻게 자리에서 벗어나서 저렇게 까불며 많이 돌아다닐 수가 있을까하고 내가 궁금해 할 정도였다. 그녀의 어머니는 Kristen이 하는 산만한 행동을 막으려고 애썼다. Kristen의 어머니가 말하기를 그중 Kristen에게 더욱 중요한 것은 교과목을 배우게 하는 것이고 활동 수준에 맞추어 Kristen이 배우게 하는 것이라고 했다. 이것에 관해서는 뒷장에서 논의될 것이다.

사회성 기술결핍이 있는 아동이 어떤 사람인지, 지금쯤 어느 정도 이해되기 시작했는지 모르겠다. Daniel과 같은 아동들은 자신의 문제를 스스로 인지한다. 어떤 아동들은 알지 못한다. 어떻게 해야 자신의 부적절한 사회적 행동을 줄일 수 있는 가능성이 있을까? 아동들이 설명하는 것을 전혀 알아듣지 못한다면, 특히 사회성 기술결핍으로 인해 다른 사람들의 사회성 단서를 잘못 해석한다면 매우 어려울 것이다. 사회적 기술훈련을 받고 있다면 아직은 가능하다.

타인의 사회적 단서에 대한 오해

아동이 다른 아동의 사회적 단서를 오해(misunderstanding)하거나 오역(misinterpreting)했다는 것은 무엇을 의미하는가? 여기에 예가 있다. 세 명의 아동들이 운동장에서 술래잡기 게임을 하고 있다. Jimmy도 그들과 같이 놀고 싶어 한다. 다른 아동들이 같이 놀까라고 물어보기도 전에 아동들과 함께 놀려고 한다. 놀이는 이미 다른 아동들끼리 시작되었다. 그런데 숨어 있는 아동에게 가서 "찾았다"라는 말을 한다.

아동들은 Jimmy를 못마땅한 얼굴을 계속해서 보고 같이 노는 것을 거절한다. Jimmy는 같이 놀고 싶지 않다고 보내는 신호의 의미를 알아차리지 못한다. 학교에서 사회적 단서를 잘못 해석하는 많은 이유 중 하나는 ADHD를 가진 아동이 주의 깊게 다른 아동들의 행동이나 말을 듣지 않는다는 것이다.

Bess는 Aaron이 다른 아동의 사회적 단서들을 잘못 해석한다고 말했다. 다음은 Bess의 이야기이다:

> *그 아이는 그냥 가져가 버린다. 난 어떻게 해야 할 줄 몰랐고, 그 후로 난 그것을 다시 제자리에 가져다 놓았다. 그러자 그 아이는 나를 때린다. 가여운 이 아이는 이러한 사례가 많은데 그 이유는 이러한 일들이 일상적으로 벌어지는데도 상황을 잘못 해석하고 있기 때문이다. 그러다 어떤 아이가 Aaron의 행동에 반응을 하면 Aaron은 왜 다른 애가 자기에게 그렇게 못되게 하는지 이해하지 못하고 아무것도 모르는 것처럼 행동한다. 그리고 Aaron은 다른 아이의 반응에 좋지 않은 방식으로 반응한다.*

Belinda 역시 나에게 Max는 "사람 마음읽기"가 참 어렵다고 설명했다. "Max가 살면서 가장 힘든 것은 아마도 마음을 알고 읽는 것일 것이고, 걔가 그것을 모르니 배울 필요가 있어요. Max는 다른 사람이 화를 내는 것을 그다지 신경을 쓰지 않는데, 그 이유는 맥스가 다른 사람보다 더 많이 화를 내기 때문이에요"라고 말했다.

ADHD를 가진 아동의 부모는 자신의 아이들에게 사회적 상호작용에서 다른 아이가 말을 거는 의미를 포함한 사회적 기술들을 가르치지 않는가? 물론 가르친다. 그렇지만 ADHD를 가진 아동은 반응 단서를 찾지 못한다.

일반아동은 사회성 기술들을 부모로부터 배운다. ADHD를 가진 아동은 부모나 다른 사람들이 가르쳐주는 사회성 기술들에 주의를 기울이지 못해서 적절한 사회성 기술들을 배우지 못한다. 또한 주의 산만은 사회성 기술들이나 행동들을 배우는 것을 방해한다. 예컨대 부모들은 사회성 기술들을 가르치려고 노력하겠지만 짜증내기(temper tandrum)는 ADHD를 가진 아동들이 사회성 기술들을 배우는 것을 방해한다. Bess가 말하기를:

Aaron이 화를 내는 경우, Aaron 자신이 화를 내는 정확한 이유는 모르고 때로는 반항적으로 변한다. 사회성 기술들을 가르치는 한 가지 방법은 이야기를 통해서 가르치는 것이고, 그러다가 무슨 일이 생기면 바로 처리해야 하는데 이 둘은 별개이다.

다른 사람의 사회적 단서를 잘못 이해했을 경우 무슨 일이 일어나는가? 대개 사회적으로 부적절한 행동을 할 것이다. 다른 사람이 한 말을 정확하게 알아듣지 못한다. 다른 사람의 말에 주의를 기울이지 않으면 아동은 어떻게 행동을 하고 반응해야 하는지 알 수 있을까?

ADHD를 가진 아동이 다른 아동이 말하는 것을 이해하지 못하면, 다른 아동보다 다르거나 다른 아동에 비해 취약해 보일 수 있다. 이런 모습의 ADHD를 가진 아동에 대해 다른 아동은 왜 "(말을) 이해 못 할까?"라고 생각하며 이상한 듯 쳐다본다. 자주 이와 같은 취약한 모습을 약점으로 보고 이용하는 아동들이 있다. 이건 슬픈 일이다. 정말 일어나는 일이다. ADHD를 가진 아동들은 흔히 다른 아동들에게서 놀림을 받는 대상이 되기도 한다.

왕따가 된 아이들: 실화

이것은 실화이다: ADHD를 가진 아동들은 왕따 당하거나 왕따 대상이 되는 일이 많다. 나의 연구에 참여했던 홈 스쿨 부모들은 아이들이 학교에서 받을 수 있는 왕따를 받지 않게 하기 위해 홈 스쿨을 통해 왕따를 예방하려 한다. 하지만 Daniel이 말한 것은 학교에서 왕따를 당한 실례였다:

아, 흠, 여기 그 아이, 나는 Maple 거리의 보도블록 아래에서 자전거를 타고 있었어요. 내가 문이 있는 곳을 나와 나무가 있는 작은 공간을 돌아서려는 순간, 어디서 나타났는지 그 아이가 내게 뛰어들었어요. 음, 어느 날, 난 그 사실을 다 잊어버리고 다시 길을 건넜지요. 그런데 건너편을 보고 나는 급히 방향을 바꿔야만 했어요. 그리고 나는 자전거를 옆 방향으로 돌려 이웃이 있는 쪽으로 연결되는 문을 통해 길 아래로 가려했죠. 어휴, 문 쪽으로 가기도 전에 도로 아래로 가는 길에 이 작은 아이가 있었어요, 마치 그 아이는 스케이트보드를 타고 나를 그냥 지나치는 것처럼 보였지만 이 아이는 가던 길을 멈추고 내가 가지고 있는 것을 빼앗고 아주 천천히 다시 스케이트보드를 타고 갔어요. 그리고 그 후에도 기다기고 있다가 뺏고 또 기다리고 서 있다가 내가 가는 길에 뛰어들기도 했어요. 그래서 난 그 애를 보자마자 바로 방향을 잽싸게 돌려야만 했고 내가 거기서 조금 떨어진 곳까지 급하게 피해갔을 때, 내 바지의 한 부분이 바퀴 속에 들어가 꼼짝을 하지 못했어요. 그래서 난 창피하게도 바지를 확 잡아 뺐어야 했지요. 그리고 다시 피하기 시작했지요. 하지만 어느새 그 아이는 나를 따라 잡았고 같은 방향을 향해 가고 있는 나를 자기가 가는 쪽으로 밀려고 했어요. 그래서 나는 잔디밭 쪽으로 자전거 페달을 빠르게 밟아야만 했어요.

Daniel이 내게 얘기를 해 줄 때 나는 눈물을 참기가 힘들었다. 학교에서 집으로 올 때 무거운 감정이 실린 톤으로 아이들에게 괴롭힘 당한 다른 사건을 이야기해 주었다.

이 아이는 내 자전거를 훔치려고 했어요. 학교에서 집으로 돌아갈 때, 자전거를 묶어놓은 곳에 나타나 자전거를 뺏으려 해요. 자전거를 타고 다니기 때문에 더 많이 조심해야 해요. 자전거를 끌고 걸어갔어요. 왜냐하면 주위 아이들이 많아 자전거를 타지 못하기 때문이지요. 그냥 걸어요. 그러면 그 아이는 어느새 자전거를 묶어놓은 곳에 와 있죠. 자전거를 빼앗기지 않기 위해 자전거의 손잡이를 꼭 잡아요. 그럼 그 아이는 내 손을 확 잡아당기지요. 결국 자전거를 내 가슴으로 안은 채 넘어지죠. 난 숨을 쉴 수가 없어요.

Max의 여러 사건 중 학교에서 왕따를 당한 끔찍한 이야기

사실 남자 아이들은 마치 그것이 우연인 것처럼 만든다. 장난을 쳐서 마치 다른 사람이 교과서를 잊어버린 것처럼 만들어 놀림받게 만들곤 하지 않는가? 보지 않을 때 몰래 다른 아이들이 책을 가져가 다른 곳에 숨겨놓고, 책 걱정을 하며 힘든 시간을 보내고 있을 때 모든 아이들이 대놓고 놀리지 않는가.

한번은 내 친구와 같이 식당을 갔다. 그 곳에 갑자기 나와 Bob을 어떤 한 아이가 붙잡더니 주먹으로 때리려고 했다. 그 순간 왜 그 아이가 나를 잡았는지 왜 나를 주먹으로 때리려고 했는지 전혀 알 수가 없었다. 그리고 나서 나를 때린 후 그날 그 후에 준비물을 가지러 가려는 순간 그 아이가 내게 다시 돌아와 주먹을 휘둘렀다. 난 전혀 무슨 일인지 알 수 없었다. 그냥 그 자리에 서 있었다.

한번은 싸워보려고 했으나 순간 아버지가 생각났다. 그리고 내가 무슨 짓을 하려고 하는 것인지 생각하니 내가 나 자신에게 놀랐다. 확실히 아버지의 분노하신 얼굴을 직면하게 될 것이다. 그래서

바로 그만두었다. 그리고 난 가슴 부위를 맞지 않기 위해 움츠렸지만 끝내 엄청나게 맞았다.

그래, 난 내게 잘 맞는 어딘가에 있고 싶을 뿐이다. 나와 어떤 다른 사람들을 뺀 모든 사람들이 한 울타리 안에 있는 것 같다. 아마 다른 사람들은 그 울타리 속에 들어가 어울리며 즐거운 시간을 보내겠지만 나는 항상 밖에 있을 것이다.

부모들은 자녀가 괴롭힘을 당하고 있다는 것을 알고 있을까? 아마 조금은 알 것이다. Daniel의 엄마는 아들이 왕따를 당하고 있다는 사실도, 놀림 대상으로 주목 받고 있다는 사실도 알고 있었다. 하지만 어떻게 시작을 해야 할지는 모르겠다고 나에게 말했다. Daniel은 항상 자신감과 연약함을 같이 나타냈다. Daniel의 자신감은 유머감각으로 표현되었으며 연약함은 한 번도 우정을 만들지 않았거나 만들었어도 지속되지 않았던 우정에 대해 사람들에게 이야기하는 방식으로 표현되었다. Daniel의 어머니는 자기 남편과 함께 아이에게 왕따를 당할 때 대응할 수 있는 법을 가르쳐 주려 했다고 한다.

Daniel은 중학교를 다닐 때 왕따를 당하는 것이 문제였다. Daniel은 매일 집에 올 때마다 울면서 오기 시작했다. 하루는 Daniel이 천식 발작이 일어난 상태로 집에 왔는데, 그 이유는 한 아이가 자전거를 타고 가는 Daniel에게 뛰어들어 자전거를 넘어뜨리고 뺏어갔기 때문이었다. 나와 내 남편은 Daniel에게 자신을 위해 강하고 스스로 설 것을 권했지만 Daniel의 성격과 맞지 않았다. 그것이 내가 강조하기 시작한 중점이었다.

Debra는 다른 부모들은 자녀가 괴롭힘을 당하고 있다는 사실을 알지 못한다고 확신한다. 나는 많은 부모들이 자신의 자녀가 괴롭힘으로 인해 피해를 입고 있다는 사실을 알지 못한다는 것을 알기 시작했다. 어떻게 이런 일이 있을 수 있을까? 괴롭힘을 당한 아이들의 경우 주로 그 사실을 마음 깊은 곳에 간직하거나, 비밀로 하거나, 괴롭힘을 당한 사실을 누군가 알아버린다면 그 보복을 두려워한다. 흔히 아이들이 이런 화제를 다른 사람들과 토의하지 않는 한, 부모들은 이 화제와 관련된 중요한 질문들을 하지 않는다.

최근 내가 사회성 기술을 가르쳤던 한 아동은 나에게 "다른 아이들이 나를 놀리는 건 괜찮아요. 그냥 웃으려고 하는 건데요 뭐"라고 말했다. 그렇게 반응한다는 아동의 말이 나를 어리벙벙하게 했다. 이 아동은 놀림을 받으며 마음을 다치지 않으려 오히려 다른 아이들을 웃게 만들 뿐이라고 스스로에게 합리화하고 있었다.

다른 아동이 너를 놀린다면 기분을 상하는지에 대해 물었다. 하지만 그 아동은 기분이 상하지 않는다고 말했다. 즐겁고 성공적인 과외활동(extracurricular activities)들을 하려면 어떻게 괴롭힘에 접근해야 하는지, 그리고 괴롭힘의 부정적인 영향을 어떻게 감소시켜야 하는지에 대해 아동들에게 가르치는 것이 필요하다.

교사와 부모는 ADHD를 가진 아이들이 괴롭힘을 당하는지 아닌지에 대해 알려주는 신호들을 잘 찾아보아야 한다. 이전에 매우 활동적인 아이가 갑자기 조용한 곳에 숨어서 많은 시간을 보낸다거나, 또는 식사시간에 말을 잘 하지 않거나 잘 웃지 않는 것은 괴롭힘의 신호이다. 집에서 벗어나는 것을 원하지 않는 것도 괴롭힘의 신호이다.

한 가지 힌트: 모든 교사들이나 부모들은 ADHD를 가진 아동이 하는 전형적인 행동들을 안다. 아동의 행동이 일상적으로 하던 것에서 벗어난다면, 주위에 아무도 없을 때 아동과 대화를 해 보도록 한다.

괴롭힘을 받은 아이에 관한 책을 구입해서 아이가 어떻게 반응하는지를 알아보아야 한다. 왕따에 대해 대응하는 법을 다룬 책 중 6~12세의 ADHD를 가진 아동들에게 교사들과 부모들이 읽어줄 수 있는 좋은 책으로 Catherine de Pino(2004)가 쓴 *Blue Cheese and Stinky feet*(블루치즈와 냄새나는 발)가 있다.

당신의 직감에 따르고 전형적이지 않거나 일상적이지 않은 아동의 행동을 무시하지 않아야 한다. 왕따로 의심을 받고 있는 아동이 의도적으로 지목을 받는다는 기분이 들게 하거나 당황하지 않도록 하기 위해, 교사는 소집단 읽기수업을 통해 모든 아동들이 충분히 읽을 수 있는 시간을 갖게 한다. ADHD를 가진 아동과의 개별시간을 갖거나 괴롭힘의 경험을 대해 토의를 하고 철저히 비밀보장을 할 것을 교사는 제안해야 한다.

부모들이나 교사들이 아이가 왕따를 당하고 있는지를 알고 있는지의 여부와 상관없이, 왕따 자체는 매우 굴욕적이고 아이의 자존감을 손상시킨다. 또 부모들이나 교사들이 아이가 왕따를 당한 것을 안다고 해도, 일반적으로 아이들이 끔직한 경험에서 스스로를 보호할 수 있도록 좋은 방어적 기술을 어떻게 지도해야 할지 모른다.

교사들이나 부모들은 사전 대책을 강구하고 괴롭힘을 당하고 있다는 사실을 즉시 어른들에게 알려야 한다는 것을 ADHD를 가진 아동들에게 꼭 가르쳐야 한다. 또한 교사들이나 부모들은 ADHD를 가진 아동들에게 괴롭히는 아이들에게 접근하고 대화하는 방법을 반드시 가르쳐서 스스로 누군가의 괴롭힘을 중단시킬 수 있도록 해야 한다. 참고자료를 보면 왕따와 관련된 리스트를 찾을 수 있고, 특히 ADHD를 가진 아동에게 새로운 위험으로 떠오르는 사이버 왕따를 다루는 책도 리스트에서 찾을 수 있다.

사회성 기술결핍은 분명히 ADHD를 가진 아동에게 존재한다. 사회성 기술결핍은 아동이 친구를 만들고, 친구 관계를 유지하고 사회적 경험을 성공적으로 할 수 있는 것 모두를 방해한다. 여기서 한 가지 분명히 이해해야 할 것은 ADHD를 가진 아동은 사회적으로 부적절하게 행동하기를 원하지 않는다는 것이다. 단지 그렇게 하지 못할 뿐이다.

ADHD를 가진 아동들에게 아주 오랜 기간 동안 적절한 사회성 기술을 가르쳐야 자신들의 행동을 규제하는 법을 배우며, 그렇게 함으로써 아동들이 친구도 만들 수 있고 사회적 상호작용을 성공적으로 하는 경험도 할 수 있다.

3

Chapter

사회성 기술: 리스트 및 해설

Chapter 3 사회성 기술: 리스트 및 해설

당신의 학생 혹은 아이들은 적절한 사회성 기술을 배워야 한다. 사회성 기술이란 무엇인가? "사회성 기술은 사회적으로 수용될 수 있는 학습된 행동으로 정의되며 사회성 기술은 다른 사람들과의 상호작용에서 긍정적인 반응을 유도하고 부정적인 반응을 피하게 할 수 있다."(Elliott & Gresham, 1993, p.287) 이는 당신이 지도하는 아동과 관련해서 어떤 의미가 있는지 살펴보자.

사회성 기술이 좋고 나쁜 것이 아동에게 무슨 의미가 있는가?

아동이 건전하고 온전한 사회성 기술을 가지고 있다면, 일반아동과 마찬가지로 긍정적으로 다른 아이들과 상호작용을 한다. 친구도 만들고 성인들과도 좋은 관계를 맺을 수 있다. 사회성 기술이 부족하면 아동이 수업에 들어오는 순간 깨닫게 될 것이다. 아동을 관찰하면 지도에 따르는 것, 잊어버림, 존경심 부족, 방해 등을 비롯하여 다른 아동들과는 동떨어진 행동을 하는 것을 보게 될 것이다.

사회성 기술이 부족하면 다른 아동들에게 괴롭힘을 당할 가능성도 높아진다. 상처받기 쉬워지며 상처받기 쉽도록 행동하는 ADHD를 가진 아동의 위험성에 대해서 이 책에서 충분히 다루었다고 말할 수는 없다. 취약함은 다른 아동들과의 부정적인 사회적 경험을 갖게 한다.

그러므로 ADHD를 가진 아동들은 사회성 기술을 향상시켜야만 한다. 그렇지 않으면 학교와 과외활동에서의 상호작용은 ADHD를 가진 아동들에게 위험할 수 있다.

나는 현장 연구 동안 사회성 기술이 얼마나 학업공부에 큰 영향을 주는지를 직접 관찰했다.

ADHD를 가진 아동들이 배워야 하는 (그리고 교사들이 지도해야 하는) 사회성 기술들

다음은 Elliott와 Gresham(1991)이 만든 사회성 기술 중재지침(Social Skills Intervention Guide)에 포함된 사회성 기술목록의 일부이다. 이 사회성 기술들은 ADHD를 가진 아동들의 성공적인 사회적 상호작용을 위해 꼭 필요한 것이다.

사회성 기술목록 1

사회적 기술 1: 눈 맞춤 유지하기

사회적 기술 2: 비구어로 다른 사람들에게 인사하기

사회적 기술 3: 구어로 다른 사람들에게 인사하기

사회적 기술 4: 자기 소개하기

사회적 기술 5: 대화 시작하기

사회적 기술 6: 진행 중인 활동에 참여하기

사회적 기술 7: 자발적으로 친구 돕기

사회적 기술 8: 활동에 참여하도록 다른 사람 초대하기

사회적 기술 9: 성인에게 도움 요청하기

사회적 기술 10: 전화 받기

사회적 기술 11: 타인의 소유물 사용 허락 구하기

사회적 기술 12: 적절한 사람에게 사고를 보고하기

사회적 기술 13: 부당할 수 있는 규칙에 대해 질문하기

사회적 기술 14: 칭찬하기

사회적 기술 15: 칭찬에 반응하기

사회적 기술 16: 성인에게 감사할 일이 있을 때 감사하다고 말하기

사회적 기술 17: 나와 다른 사람을 받아들이기

사회적 기술 18: 동료의 활동 제안 받아들이기

사회적 기술 19: 또래와 협력하기

사회적 기술 20: 합의로 타협에 도달하기

사회적 기술 21: 괴롭힘에 적절하게 대응하기

사회적 기술 22: 비판 잘 받아들이기

사회적 기술 23: 성인과의 갈등 상황에서 성질 통제하기

사회적 기술 24: 밀거나 쳤을 때 적절하게 대응하기

사회적 기술 25: 또래와의 갈등에서 성질 통제하기

사회성 기술목록 2

다음의 사회성 기술목록은 나의 현장 연구에서 ADHD를 가진 아동을 가르치는 부모들을 관찰함으로써 만들어진 것이다. ADHD를 가진 아동이 사회적 경험을 성공적으로 하기 위해 이러한 사회성 기술들이 필요하다.

사회성 기술 26: 누군가 성가시게 할 때 부정적인 행동 줄이기
사회성 기술 27: 허락받고 물건 가져가기
사회성 기술 28: 교육과정을 통해 사회성 기술 지도하기
사회성 기술 29: 아동과의 대화를 통해 사회성 기술 지도하기
사회성 기술 30: 교사 또는 부모가 지도할 때 조용히 앉아있기
사회성 기술 31: 음식을 만들 때 머리 매기
사회성 기술 32: 음식을 만들 때 머리 만지지 않기
사회성 기술 33: 공손하기 또는 교사나 부모에게 필요한 물건을 건네주도록 공손하게 부탁하기
사회성 기술 34: 지시 상황에서 교사나 부모를 방해하지 않고 듣기
사회성 기술 35: 큰 소리로 트림하지 않기
사회성 기술 36: 주의 산만한 행동을 보이지 않기
사회성 기술 37: 다른 사람에게서 사회적으로 적절한 행동 배우기
사회성 기술 38: 형제들과의 상호작용을 통해 사회성 기술 배우기
사회성 기술 39: 짜증을 이용해 사회성 기술 배우기
사회성 기술 40: 학업에서 좌절했을 때 사회성 기술 배우기
사회성 기술 41: 학업에서 좌절했을 때 방을 떠나지 않고 계속 공부하기
사회성 기술 42: 교사나 부모행동을 모델링하여 사회성 기술 배우기
사회성 기술 43: 아동 또는 성인과 대화하기
사회성 기술 44: 윗사람 존경하기
사회성 기술 45: 교사나 부모가 내린 지시 따르기

사회성 기술 46: 예의 바르게 행동하기

사회성 기술 47: 책임감 갖기

사회성 기술 48: 교사 또는 부모 코칭을 통해 상호작용하기

사회성 기술 49: 약속 지키기

사회성 기술 50: 매일 사회성 기술 가르치기

사회성 기술 51: 좋은 품성 가지기

사회성 기술 52: 공공장소에서 적절하게 행동하기

교사가 기대하는 ADHD를 가진 아동의 사회성 기술들

교사들과 부모로서 우리는 학생들과 아이들이 알고 실천해야 할 이상적인 사회성 기술들이 어떤 것인지 알고 있다. 아래의 사회성 기술들은 교사들이 평가한 성공적인 학교생활을 위한 사회성 기술들이다.

- 학교 숙제 잘 하기
- 과제 할 때 주의산만한 것들을 무시하기
- 주어진 시간에 과제 완료하기
- 수업 자료 정리하기
- 부당한 대우를 받았을 때 교사에게 말하기
- 책상을 깨끗하고 깔끔하게 유지하기
- 새로운 사람에게 자기 소개하기(Beebe-Frankenberger et al., 2005, p.14).

여기에서 주목할 것은 ADHD를 가진 아동이 다른 또래들로부터 부정적인 반응을 받을 것이라는 것을 이미 교사가 알고 있다는 것이다.

예를 들어, 교사는 누군가에게 부당하게 취급받았을 때 아이들에게 말하라고 지시했다. ADHD를 가진 아동은 사회적 상호작용을 하는 방법을 배울 뿐 아니라, 자신들의 행동을 조절하는 것을 배울 필요가 있다.

자신을 조절하지 못하는 ADHD를 가진 아동의 실화

다른 아동들에게 충동적이고 공격적으로 대한다면 교사나 또래들은 빠르게 부정적인 태도를 가지게 된다. 아동들은 두려운 아동을 친구로 삼고 싶어 하지 않을 것이다. 교사는 자기통제가 안 되는 아동을 가르치고 싶어 하지 않을 것이다. Valerie가 나에게 말한 자기통제의 부족이 그 예이다:

Chris는 "난 친구가 없어요"하며 잠시 한 번 잠깐 나왔다. 잘 알겠지만 최근 우리가 얘기한 것이다, 그 이유는? Chris의 수업이다. Chris는 매우 충동적이고, 2월을 다른 아이들은 무서워한다. 그래서 2월 달 봄 방학 때 모든 아이들에게 미안하다는 사과의 편지를 쓴다.

그리고 아이들의 어머니들에게도 Chris가 했던 부정적인 행동에 대해 미안하다고 편지를 쓴다. 우리도 노력하고 있다고. 부모들에게 쓰는 편지에 세부적인 얘기는 하지는 않는다. 단, 아이에게 생화학적 문제가 있다고 바로 말한다. Chris는 친구로 잘 지낼 수 있으면 좋겠다고 쓰고 난 후 포켓맨 카드(Pocketman card)나 마술카드(Magic card) 아니면 우노카드(Uno card)를 봉투에 같이 집어넣어 모두에게 보낸다. 그 이유는 Chris가 누구의 기분을 상하게 했는지, 누구에게 덤비거나 때렸는지 알 수 없기 때문이다. 그리고 누구에게 충동적으로 대했는지 모르겠지만 일반적으로 'Chris는 감당하기 힘들다'라고 다들 생각하고 있는 듯하였다.

교사가 학교 적응의 성공요소로 여기는 사회성 기술들

대부분의 교사들은 아래에 있는 자기통제에 대한 사회성 기술목록으로 학교의 적응여부로 평가한다는 것을 연구자들이 알아냈다:

- 또래들과의 갈등상황에서 성질(temper) 통제하기
- 또래 압력에 대해 적절하게 반응하기
- 어른들과의 갈등상황에서 성질(temper) 통제하기
- 밀렸거나 맞았을 때 반응하기; 신체적 공격에 대해 반응하기 (Lane et al., 2006)

요즘 교사는 다양한 수업에서 아동들이 서로 협력하여 공부하기를 원한다. 협동학습이란 오늘날 학교에서 사용하는 것으로 매우 유용한 방법이다. 예를 들어, ADHD를 가진 아동의 경우, 흔히 다양한 배경의 아동들과 협력하기 위해 자신의 생각을 융통성 있게 하는 방법을 모른다. 같은 연구에서 대부분의 교사들은 학교생활 성공 여부를 평가하기 위해 다음과 같은 협동 목록으로 사회적 기술을 평가한다:

- 수용 가능한 방식으로 자유시간(free time) 사용하기
- 지시 따르기: 지시준수
- 수업 중 또래가 제시하는 주위 산만한 것을 무시하기
- 지시 잘 듣기
- 다른 교실 활동으로 쉽게 전환하기
- 나와 다르다고 생각하는 사람들과 잘 지내기
- 학교 숙제를 잘 하기

- 도움을 청하고 기다리는 동안 적절하게 시간 사용하기
- 학급 동료가 의견 발표를 할 때 경청하기

(Lane et al., 2006, p.161).

또한 Beebe-Frankenberger(2006)는 "교사들은 협동에 관한 사회적 기술들을 초등학교와 중학교에서의 학교생활 성공 여부의 기준으로 본다"(p.15)는 것을 알아냈다.

부모는 자녀가 어떤 사회성 기술을 배우기를 원하는가?

Beebe-Frankenberger(2006)는 부모 평가에서 자신의 자녀가 자기통제에 대한 사회성 기술들을 배우기를 가장 간절히 원하는 것을 알아냈다. 또한 부모들은 책임성에 대한 사회성 기술들이 가정 학습의 평가에 중요하다고 했다. 이와는 달리 Lane 등(2006)은 "부모들은 협력에 대한 사회적 기술들의 일부에 대해서 중요하다는 평가도 하지 않았다"(Rapoport, 2007, p.61)고 했다.

이 연구의 배경이 된 아동들은 일반적으로 자기의 형제 그리고 부모와 함께 친밀한 가정환경에서 상호작용을 하였다. 아마 한 번에 가장 가까운 몇 명의 사람들하고만 상호작용을 했을 것이니 부모는 협동성을 자기통제나 책임성만큼 중요하게 여기지 않았을 것이다. ADHD를 가진 아동에게 긍정적 사회적 기술들을 가르칠 기반을 마련할 수 있는 방법은 제4장에서 살펴볼 것이다.

Chapter 4

교사들과 부모들은 ADHD를 가진 아동이 긍정적 사회성 기술을 배우도록 어떻게 도울 것인가?

Chapter 4 교사들과 부모들은 ADHD를 가진 아동이 긍정적 사회성 기술을 배우도록 어떻게 도울 것인가?

기반 마련하기

ADHD를 가진 아동에게 사회성 기술을 가르치기 위해서는 창의성이 필요하다. 예를 들면, 내 생각으로는 이러한 사회성 기술은 한 가지의 환경에서만 지도할 수 없다. 왜 이런 말을 하는가? 만약 사회성 기술이 한 가지의 환경에서만 지도된다면, ADHD를 가진 아동은 그 환경에서만 이러한 새로운 긍정적 사회성 기술을 사용하게 될 것이다. 다른 말로 표현하면, 이러한 기술은 다른 환경으로 일반화되지 않는다. 나는 자주 내가 지도하는 대학원 학생들에게 그들이 지도한 사회성 기술이 다른 장면으로 일반화되지 않으면, 그들은 그러한 기술들을 비효율적으로 지도했다고 말한다.

내 추측에, 사회성 기술을 지도하는 가장 좋은 방법은 아동에게 있어 자연스러운 환경에서 사회성 기술을 지도하는 것이다. 자연스런 환경에서의 지도란 무엇을 의미하는가? 자연스런 환경이란 아동이 이미 활동하고 있는 환경을 말한다. 아마도 휴식시간, 체육수업, 미술수업, 또는 어떤 아동이 상호작용하고 있는 어떤 환경일 수 있다. 예를 들어, 아동이 자연스러운 사회적 상호작용을 하는 공간에서 동떨어진 교실에서 사회성 기술을 지도하는 것은 좋은 생각이 아니다. 아동을 당황하게 하거나 오명을 씌우지 않고 교실 장면에서 교사가 아동에게 사회성 기술을 지도할 수 있을까?

이것은 실제로는 매우 쉬울 수 있다. 사회성 기술을 수업 중간 포함시켜서 지도하거나, 교수이라는 자연스러운 장면에서 지도하는 것이 핵심이다. 예를 들어, 나는 아동의 학습 스타일, 장점, 요구, 흥미에 맞추는 차별화 교수(differentiating instruction)를 해야만 한다고 믿는다. (가장 기본적인 수준으로 차별화(differentiating)는 학급에서의 학습자들 간의 차이에 반응하려는 교사의 노력으로 구성된다. 교사가 개인이나 소집단에게 다가가 그들이 가능한 한 가장 좋은 학습 경험을 하도록 다양하게 지도할 때마다, 교사는 차별화 교수(differentiating instruction)를 하는 것이다[Tomlinson & Allen, 2000, p.2].) 나는 또한 모든 아동이 예를 들어 다른 사람 존중하기, 책임지기, 공유하기, 그리고 자기차례 지키기 같은 사회성 기술들을 배운다면 배운 사회성 기술들을 사용할 수 있다고 믿는다.

ADHD가 아닌 아동들이 학급에서 사회성 기술을 검토하고 배우는 것은 확실히 손해가 되지 않을 것이다! 내가 미국 전역을 돌아다니며 현장 연구를 할 때, 나는 너무나도 많은 일반아동들이 긍정적인 사회성 기술을 가지지도 않았고 적절하게 사회성 기술을 실행할 수 없었던 것을 보고 놀랐다.

나는 당신의 학급에 있는 일반 ADHD를 가진 아동들 역시 사회성 기술을 배워서 그들에게 해가 되지 않을 것을 장담한다.

ADHD를 가진 아동에게 사회성 기술을 지도하는 것으로 돌아가자. 동떨어진 장면에서 사회성 기술을 지도하는 것은 좋은 생각이 아니라고 앞에서 언급했음에도 불구하고, 나는 아동의 집에서 사회성 기술을 지도한다. 왜 이렇게 하는가 하면 학교에서 ADHD를 가진 아동을 지도하는 것을 허락받기 어렵기 때문이다. 그래서 나는 사회성 기술을 지도할 자연스런 장면으로 아동의 집을 사용한다. 이러한 아동들은 보통 사회성 기술을 잘 습득하지 못하였다. 그들이 처음에 몇 가지 사회성 기술들을 배웠다고 내가 생각한 후에 그들에게 새로 배운 사회성 기술들을 사회적 상호작용에서 사용해 보도록 한다.

예를 들어, 내가 ADHD를 가진 아동의 부모에게 사회성 기술훈련을 권할 때 나는 ADHD를 가진 아동의 부모에게 아동과 놀 시간을 가지도록 격려한다. 나는 사람들 사이에서 공유하기, 동료와 협력하기, 타협하기, 타인 존중하기, 책임감 있는 사람 되기와 같은, 아동들이 놀이할 때 자연스럽게 발생하는 사회성 기술들을 지도한다.

당신은 자신에게 놀이를 하는 데 방해가 되지 않느냐고 아마 물을 것이다. 그 질문은 물론 타당한 질문이다. 나는 빨리 가능한 한 눈에 보이지 않으려고 한다. 아동들은 호기심이 많다는 것을 기억하라. 그러나 그들에게 짧게 설명을 해 주면 그들은 대개 만족한다. 예를 들면, 아동들은 내가 누군지 알면 만족하고, 그 다음에는 그들은 그 질문을 다시 하지 않는다. 놀이시간 동안 반드시 내가 지도하고 있는 사회성 기술에 부모가 주의를 기울이도록 한다. 내가 떠난 후에 부모들이 그 사회성 기술을 강화하려고 한다면, 부모들은 내가 그들의 자녀에게 지도한 사회성 기술을 정확하게 알고 이해하는 것이 중요하다.

학급으로 돌아가 보자. 당신이 사회성 기술을 지도할 때 가장 중요한 전제 조건 중의 하나는 부모를 참여시키고 아동에 대한 당신의 지도 목표에 동의하게 하는 것이다. 부모가 교사의 노력을 모르고 사회성 기술지도과정에 관련되지 않으면, 교사는 아동의 사회성 기술의 실제적인 향상을 보지 못할 가능성이 크다. 내가 집에서 ADHD를 가진 아동을 대상으로 지도하는 사회성 기술에 관련해서 앞에서 말했듯이, 교사가 가르치고 있는 사회성 기술을 부모가 강화하는 것이 중요하다. 그렇게 하면, 아동이 다른 장면에서 새로운 사회적인 적절한 기술을 보여줄 가능성이 더 높아지고, 그로 인해 새로운 사회성 기술로 일반화된다.

안타깝게도, 부모들은 스스로 협조(input)하지 않고 교사 혼자 힘으로 사회성 기술을 지도하는 것에 만족하는 일이 흔히 일어난다. 때때로, ADHD를 가진 아동의 부모와 ADHD와 유사한 장애를 가진 아동의 부모는 아동이 끊임없는 하는 실수투성이 행동에 질려서 한 걸음 물러나 그 행동을 줄이기 위해 누군가 다른 사람이 나타나서 중재해주기를 원한다는 부모 입장에서 그 유혹을 확실히 이해한다.

내가 반복해서 말했듯이, 만약 부모가 사회성 기술훈련에 크게 관련하지 않는다면, 성공할 가능성은 매우 낮아진다. 교사가 학급에서 아동으로 하여금 사회성 기술을 사용하도록 촉진한 것처럼, 부모가 집에서 아동으로 하여금 사회성 기술을 사용하도록 촉진하는 것은 교사로서의 일 중에 하나이다.

부모는 교사가 지도하고 있는 사회성 기술을 알아야만 한다. 왜 교사는 아동에게 그 사회성 기술을 가르치는지, 교사는 그 사회성 기술을 아동에게 어떻게 가르치고 있는지, 언제 교사는 아동에게 그 사회성 기술을 가르치는지, 그리고 어디서 교사는 아동에게 그 사회성 기술을 가르치는지 부모는 확실히 알고 있어야 한다.

부모의 관여 없이 사회성 기술을 지도하는 것이 얼마나 어려운지 예를 들겠다. 당신과 교사가 아동의 울화통 터뜨리기(temper tandrum)를 줄이기 위해 지도하고 있다고 하자. 당신은 특정한 어떤 것이 아동을 화나게 하거나 좌절시킬 때마다 울화통을 터뜨리는 행동을 하는 대신에 아동이 사용할 대체행동을 당신을 가르친다. 첫째로, 아동이 울화통을 터뜨릴 때 행동이 자신, 타인, 또는 학교 물건을 손상시키지 않는다면, 아동이 울화통 터뜨리기(temper tandrum) 행동을 할 때 당신은 그 행동을 무시하라. 둘째, 당신은 아동에게 숨쉬기 운동과 그 외 다른 자기 진정방법을 아동에게 가르쳐라. 셋째, 그가 화가 난 이유를 교사에게 말로 설명하기 또는 무엇이 자기를 괴롭히고 자신에게 울화통을 나게 하는지를 그림으로 그리게 하는 것 같은 울화통 터뜨리기 행동의 대체행동을 당신은 가르친다. ADHD를 가진 아동이 학교에서 울화통 터뜨리기(temper tandrum) 행동을 줄이면, 교사는 학습뿐만 아니라 사회성 기술을 지도할 수 있는 시간이 많아지게 된다.

이 상황에서 부모는 교사를 만나지 않았었고, 아동에 대한 사회성 기술지도에 있어 교사가 무엇을 해 왔는지 알지 못하거나 이해하지 못했다고 치자. 아동은 집에서 울화통 터뜨리기 행동을 한다. 아동의 어머니는 방금 아기를 낳았다고 하자. 그녀는 ADHD를 가진 아동이 질투할 것을 걱정한다. 왜냐하면 ADHD를 가진 아동이 충분히 주목을 받지 못한다고 생각하기 때문이다. ADHD를 가진 아동의 어머니는 그를 안거나 무릎에 앉힌다. 그는 화가 나서 엄마를 때린다. 그녀는 "불쌍한 알렉스, 오늘 학교에서 누가 네게 짓궂은 짓을 했니?" 라고 말한다. 그러면 학교에 있는 교사는 울화통을 내는 행동이 학교에서 더 심해지는 것을 보게 된다. 왜? 어머니는 아동에게 부정적인 주의를 주어서 사회적으로 부적절한 행동을 강화했기 때문이다.

당신은 그 어머니를 왜 책망하느냐고 말할 것이다. 아마도 누군가 학교나 스쿨버스에서 정말 이 아동에게 짓궂은 어떤 행동을 했을 수도 있다. 들어보라, 나 역시 어머니이고 같은 실수를 저질러 왔다. 전형적인 ADHD를 가진 아동의 어머니가 했던 것보다 더한 실수도 나는 많이 저질러 왔다고 확신한다. ADHD를 가진 아동을 위한 이상적인 목표는 심지어 어린 나이에서도 자신의 행동을 관리하는 것이다.

ADHD를 가진 아동은 자신의 부적절한 행동을 자기통제(self-regulate)하는 것을 배워야만 한다. 그러면 부적절한 행동을 막을 수 있게 된다. 그러나 부모가 교사가 하는 방식으로 부적절한 행동에 대응하지 않으면? 실제로 사회적으로 부적절한 행동에 비감정적으로 반응하는 교사와는 달리 부모가 아동의 사회적으로 부적절한 행동에 감정적으로 반응한다면, 아동의 행동은 시소(seesaw)처럼 된다. 그 아동의 행동은 올라갔다 내려갔다 한다. 그 아동의 사회적으로 부적절한 행동은 집에서 증가하고 학교에서 감소한다. 이것은 아동을 혼란스럽게 만들어 좌절에 대해 일관성 있는 방식을 취하지 않게 한다.

아동은 자기진정(self-calming)과 사회적으로 적절한 행동을 일관성 있게 하기 위한 방법을 배워야만 한다. 아동이 진정되면 교사나 부모는 왜 그가 화가 났는지 말하도록 격려하는 신호를 제공할 수 있다. 교사나 부모는 또한 ADHD를 가진 아동이 사회적으로 부적절한 행동을 다시 하지 않도록 ADHD를 가진 아동을 도울 수 있다.

> 때때로 답은 간단하다. 예를 들어, ADHD를 가진 아동이 너무 지쳐 있는 상태에서 부모에게 새 장난감을 *지금* 사 달라고 요구한다. 때때로 답은 복잡하다. 예를 들어, ADHD를 가진 아동의 부모가 이혼했다고 하자. 그 아동은 아버지가 그날 자신과 외출한다고 생각했는데, 아버지가 오지 않았다. 실제로 생길 수 있는 일을 생각하자.

그의 아버지가 그를 만나러 올 것이라고 한 날짜를 말했을 때 그는 주의 깊게 듣지 않았다. 그래서 그 아동은 아버지가 만나러 오겠다고 한 날짜를 혼동했다. ADHD를 가진 아동이 생각한 날짜에 아버지가 오지 않으니, 그 아동은 욕구불만 상태에 빠졌다. 어머니에게 맞는 날짜를 물어보는 대신에, 그가 화가 났고 실망감에 휩싸였다. 그 아동은 날짜에 상처받고 날짜에 반응하게 되며, 이는 울화통 터뜨리기 행동을 유발시킨다.

앞에서 말한 것처럼, ADHD를 가진 아동은 마음이 매우 약하다. 정보를 오해한 결과로 사회적으로 부적절한 행동이 분출되는 것을 막기 위해서 부모뿐만 아니라 교사는 아동이 들었던 정보를 확실하고 정확하게 이해시켜 주는 것이 중요하다.

부모 또는 교사로서, 내가 할 것을 당신이 할 수 있다면 어떨까? 아동이 다른 아동과 노는 날이 있으면 나는 상호작용하는 아동을 관찰하고 긍정적으로 상호작용하도록 도울 수 있다. 부모는 내가 한 것과 동일하게 할 수 있다. 교사는 자유시간이나 휴식시간에 학생들을 관찰할 수 있다. 사회성 기술에 문제가 있는 ADHD를 가진 아동은 노는 방법을 배워야만 한다.

이것이 당신에게 놀라운가? 우리 중에 많은 사람은 노는 방법을 배우는 데 추가적으로 노력을 하지 않고 친구들과 놀았던 즐거운 추억을 가지고 성장한다.

그러나 ADHD를 가진 아동들은 다른 아동들이 보내는 신호를 찾아내고 해석하는 데 어려움이 있다. 그래서 ADHD를 가진 아동들이 놀려고 할 때 다른 아동들이 의도했던 것을 잘못 이해하고 잘못 해석한다. 이러한 잘못된 이해는 ADHD를 가진 아동에게 혼란스러운 느낌을 주고 어느 때든 금방 다시 상호작용하려는 시도를 덜 하게 만든다. 다른 아동들과의 상호작용에 대한 부정적 경험은 왜 ADHD를 가진 아동들이 혼자 있기를 좋아하는지를 설명하는 데 도움을 준다.

그들은 흔히 다른 아동들과 놀기 위해 어떻게 접근하는지조차도 모른다. 당신이 만약 유치원 교사라면, 당신의 모든 유치원 원아가 글자를 인식하고 읽을 것이라고는 예상하지 않지만, 놀이법은 알 것이라고 예상할 것이다.

그럼, 교사는 어떻게 ADHD를 가진 아동들에 대한 사회성 기술 지도에 착수할 수 있을까? 기준이 정해진 경직된 교육과정에 따르도록 압력을 받을 때 당신은 아동들에게 놀이법을 지도할 시간이 있는가? 그렇다. 당신은 시간을 만들어야 한다, 그렇지 않으면 책임감이 의문시될 것이다. 교사들은 어떤 교육과정에서든 학생들이 배울 필요가 있다면 학생들을 지도할 수 있어야 한다. 이 말은 내가 교사에게 너무 엄격하다고 생각될 수 있지만, 나 자신도 교사임을 기억하라. ADHD를 가진 아동들이 살아가면서 성공적으로 상호작용하는데 필요한 기술들을 나와 다른 교사들이 지도하지 않았거나 지도해오지 않았다는 것을 잘 알고 있을 뿐이다.

협력 교수

오늘날 초등학교 학급에서 교사의 접근법으로 협력 교수를 할 것을 요구한다. 사회적으로 부적절하게 행동하는 아동이 학급에 있으면 협력 교수는 사용하기 어렵다. 공통의 목적을 위해 아동들이 협력해서 같이 공부하도록 하는 이 교수법이 효과가 있으려면, 아동이 개선해야 할 필요가 있는 가장 중요한 사회성 기술을 교사가 찾아내야만 한다. 그리고 나서 교사는 이 책에 언급된 사회성 기술훈련을 위한 제안들을 참고해야 한다. Vaughn과 Bos(2009)는 사회성 기술 지도를 위한 원칙들을 언급했다. 그들은 모든 교육가들이 사회성 기술을 가르칠 때 고려할 필요가 있는 지도원칙을 말했다. 다음은 어떤 사회성 기술훈련 프로그램의 요소들이다.

협력 학습

수업은 협력 학습을 할 수 있도록 설계해서, 아동들 혼자서, 혹은 짝과 함께, 혹은 집단에서 서로 도와줌으로써 할당된 과제를 수행하도록 해야 한다(Vaughn & Bos, 2009). Johnson과 Johnson(1986)은 협력 학습을 하기 위한 네 가지 요소를 다음과 같이 제시했다.

1. "할당 받은 과제를 모든 구성원이 완료하기 전까지는 그들은 과제를 완료한 것이 아님을 학생은 알아야 한다. 이렇게 하려면 일을 적절히 나누어야 하고 전체 구성원에게 같은 수준(single grade)의 과제를 주어야 한다.
2. 각 구성원의 수행이 평가를 받으며 각 구성원의 수행이 집단 전체의 수행에 중대한 영향을 끼친다는 것을 깨닫고 각 구성원이 책임감을 가지도록 해야 한다.
3. 학생들은 집단에서 효율적으로 기능하기 위해 협력기술을 가져야 한다. 여기에는 위기관리, 적극적 경청, 리더십 기술, 그리고 문제해결이 포함된다.
4. 집단 과정(group processing)에 충분한 시간을 할애해야 하는데, 여기에는 집단이 얼마나 잘 수행했는지 토의하기, 행동 계획을 실천하기, 다음 단계를 알아내기가 포함된다."(p.137)

각각의 아동이 어떤 협력기술을 습득해야 효과적으로 협력할 수 있을까? 아동들은 타인의 이야기를 방해하지 않고 듣는 방법, 리더십 역할을 하는 방법, 문제해결을 잘 하는 방법을 알아야만 한다. 집단에게 성공을 보장하는 절차를 잘 밟아 갈 수 있도록 아동들에게 충분한 시간이 주어져야 한다. 아동들은 지금까지의 집단의 수행에 대해 정직해야만 한다. 아동들은 계획 절차를 설계하는 데 유능해야 하고 집단의 성공을 이루는 데 필요한 작업의 순서를 분명하게 말할 수 있어야 한다(Vaugh & Bos, 2009, p.137).

동료들

낮은 사회적 지위를 가진 학생들을 위한 훈련 프로그램에 동료를 참여시켜라(Vaugh & Bos, 2009, p.137). 사회 구성원들이 ADHD를 가진 아동들을 어떻게 바라보는가에 관계없이, ADHD를 가진 아동들은 낮은 사회적 지위를 가졌다고 생각한다. Elliott와 Gresham(1991)이 제시했듯이, 예를 들면, 모델링을 적용하여 낮은 사회적 지위를 가졌고 거절을 당하는 아동들에게 긍정적 사회성 기술을 배우게 할 수 있게 한다. 인기 있는 동료 학생들을 사회성 기술훈련 프로그램에 넣으면, 인기 있는 동료 학생들이 대상 학생들(사회성 기술을 배워야 할 학생들)의 변화를 관찰할 가능성이 높게 되고, 학급에서 대상 학생에게 적절한 행동을 하도록 자극을 보내고 대상 학생의 적절한 행동을 강화할 가능성이 높아진다(Vaugh & Bos, 2009, p.137).

더 인기가 있는 아동들을 인기가 적은 아동들에게 연관시키는 것의 목표는 ADHD를 가진 아동들에 대한 다른 아동들의 인식을 향상시키는 것이다. 만약 일반아동이 자신의 동료가 ADHD를 가진 아동과 상호작용하는 것을 본다면, 그 아동은 ADHD를 가진 아동에 대한 부정적인 태도를 바꿀 수 있을 것이다. 어떻게 ADHD를 가진 아동에 대한 부정적인 태도가 바뀔 수 있을까?

사회 구성원들이 ADHD를 가진 아동들을 거절하는 것을 막기 위해 사회 구성원들은 ADHD를 가진 아동들이 보이는 증상에 대해 배워야 한다. 첫째로, 교사들은 ADHD를 가진 아동들에 대한 자신들의 부정적인 편견을 알아야만 한다. 둘째로, 교사들은 동료들과 다르게 상호작용하는 아동들을 동료들이 받아들일 수 있도록 동료들을 지도해야 한다. 다른 아동의 다른 점을 동료들이 어떻게 받아들일 것인가를 교사가 동료들에게 말하는 것은 아주 쉽다.

앞에서 말했듯이, 오늘날 교사들이 시험의 압박과 수많은 문서 업무를 가지고 있음을 알고 있다. 그렇다고 하더라도, 일반아동들이 사회적 상호작용 방식, 피부 색깔, 의상, 또는 문화가 다른 아동들을 받아들이는 것을 배우지 않으면 아동들이 오늘날 다양한 사회에서 어떻게 성공적으로 서로 상호작용할 것인가? 나는 ADHD를 가진 아동들이 긍정적 사회성 기술들을 발달시키도록 돕는 것이 이 책의 초점이라는 것을 알지만, 일반아동들도 잊지 말자.

그러면, 교사들은 빽빽한 스케줄에 어떻게 다른 아동들을 넣을 것인가? 이렇게 생각해 보자. 교사는 아동들의 학습을 도울 때 교사라고 할 수 있다. 교사의 목표는 공부를 잘 하는 아동들에게만 해당되는 것은 아니다. 다르게 생각해 보자. 의사는 건강한 사람에게만 관심이 있는 것은 아니다. 그래서 교사는 다른 아동들의 학습 지도와 사회성 기술지도에 일반아동들을 넣어야만 한다.

ADHD를 가진 아동들을 도와서 사회성 기술문제를 줄이기 위해 교사는 무엇을 해야 할까? 교사라면 한 번쯤은 학급에서 이 아동들이 다른 아동들과 긍정적인 방식으로 상호작용하도록 도와주었을 것이다. 그러나 실제로는 어떻게 사회성 기술을 지도했을까? 만약 지도했다면, 사회성 기술에 문제가 있는 아동들을 다른 모든 아동들 사이에 넣어 지도했을까 또는 사회성 기술에 문제를 가진 아동들만을 지도했을까? ADHD를 가진 아동들에게 학업을 지도하면서 좌절감을 느꼈는가? 이 아동들을 지도할 때 이성을 잃었는가?

일부 교사들은 이 아동들을 향해 조용히 하라고 소리를 질렀다고 나는 확신한다. 교사들은 다른 아동들이 ADHD를 가진 아동들을 학대했을 때 눈길을 돌렸는가? 나는 그렇게 하지 않았기를 바란다. ADHD를 가진 아동들이 수업에 지장을 준다면, 교사들은 독립적으로 운영되는(self-contained) 특수교육 학급이나 적어도 일정 시간 리소스 룸에 그들을 보내려고 시도했을 것이다.

ADHD를 가진 아동의 사회적으로 부적절한 행동을 줄이는 데 도움이 되는 개별화 접근법을 사용하여 교과목을 지도할 테크닉이 교사들에게는 필요하다. 아동들은 흔히 학습에서 좌절되었다고 느끼기 때문에 부적절하게 행동한다는 것을 잊지 말라. 아마도 그들은 짧은 시간에 해야 할 과제가 너무 많을 것이다. 또는 아마도 선생님은 특정 수업시간에 다른 과목을 지도하고 있다고 생각할 것이다. 그들은 시간표와 다르게 수업이 진행될 때는 아동들은 수업 변경에 대한 반응으로 부적절한 행동을 할 것이다. ADHD를 가진 아동은 그들이 해야 한다고 예상하는 공부인데 그 공부가 그들에게 어려우면, 그 공부를 할 것을 예상하면서 불안해할 수 있다. 집에서 잠을 적게 자고 학교에 왔으면 아침보다 점심 이후에 정신이 초롱초롱할 수도 있다.

교사들을 위한 전략들

각각 다른 아동들의 학습 스타일에 맞추어서 학업을 지도하는 테크닉은 ADHD를 가진 아동의 사회적으로 부적절한 행동을 줄이는 데 효과가 있다. 그래서 교사는 다음의 사항들을 할 수 있어야 한다.

★ 매일 같은 과목 순서 때문에 아동이 지루해 하는 일을 막기 위해 아동이 배워야 할 과목의 순서를 변경한다.

★ 아동의 기질에 따라, 아동이 배워야 할 특정 과목의 시간을 변경한다. 예를 들면, 어떤 ADHD를 가진 아동은 아침에 특정 과목을 더 쉽게 배운다. 반대로, 어떤 ADHD를 가진 아동은 오후에 보다 효과적으로 배울 수 있다. 실제로 어떤 ADHD를 가진 아동은 주중 특정 요일에 특정 과목을 더 잘 배운다.

★ 산만하게 하는 자극을 제거하여 교수 환경을 수정하라. 예를 들어, 똑딱 소리가 나는 시계가 있으면 그 시계를 치우라. 치우지 않을 이유도 없지 않은가?

★ ADHD를 가진 아동에게 지시를 하는 방법을 바꾸어야 한다. 한번에 많아도 한 가지 또는 두 가지 지시를 주도록 노력해야 한다. 아동에게 가장 맞는 학습 양식(예를 들면, 시각, 청각, 촉각-운동)을 결정하고 그 양식을 활용하여 지시를 하라.

만약 ADHD를 가진 아동이 시각형 학습자라면,

그에게 글자가 지워지는 펜과 보드(dry-erase board)를 주라. 당신이 그 아동에게 내린 지시들을 쓰고 번호를 매겨라. 아동이 특정 지시 내용을 수행한 후에는 그 아동은 그 지시 내용을 지우는 즐거움을 가질 수 있다. 그의 보드가 다시 깨끗해지면 아동은 긍정적인 감정을 가진다.

만약 ADHD를 가진 아동이 청각형 학습자라면,

아동에게 지시 내용을 말로 하고 당신에게 지시 내용을 두 번 반복해서 말하도록 그에게 요구하라. 만약 이렇게 되지 않으면, 지시 내용을 녹음기에 녹음하라. 한 번에 한 문장씩 아동에게 수 분간 지시 내용을 듣게 하라. 그리고 나서 그에게 하나의 문장을 당신에게 크게 반복해서 말하도록 하라. 그가 한 가지 지시 문장을 안 후에는, 다음의 지시 문장을 같은 방법으로 반복하게 하라. 당신이 미처 알기도 전에 그는 모든 지시 문장들을 알게 될 것이다.

만약 ADHD를 가진 아동이 촉각-운동형 학습자라면,

지시 내용을 거품 스티커 글자(bubble sticker letters)를 사용해서 써 내려가라. 거품 스티커 글자(bubble sticker letters)를 사용하면 당신이 지시 문장을 읽을 때 또는 그가 지시 문장을 읽을 때 아동은 그의 손가락으로 지시 내용을 문지를 수 있다. 만약 아동이 읽을 수 없으면, 지시 문장을 거품(bubble)이 있는 그림으로 또는 돌출 표면(raised surface)으로 해서 아동이 지시 문장을 배울 때 단어를 터치할 수 있게 한다.

★ ADHD를 가진 아동이 조작할 수 있는 점토(Play-Doh)를 주어, 공부시간에 아동이 자신에게 자극을 주거나 산만성을 줄이도록 한다. 내가 사회성 기술을 가르치던 중에 어떤 아동은 점토(Play-Doh)의 조각을 둥글게 만들거나 틀에 넣어 모양을 만들었다. 교사로서 당신은 아직도 아동은 선생님에게 주목해야 한다고 확신하겠지만, 왜 그런지 모르겠지만, 아동

에게 점토(Play-Doh) 같은 부드러운 물질 조작하기를 허락하는 것은 산만을 다른 곳으로 돌리고 산만을 줄인다.

★ 그의 활동 수준 내에서 ADHD를 가진 아동을 지도하라.

★ 내가 사회성 기술을 지도하고 있을 때 아동이 교실 안을 배회하는 것이 보이면 계속 배회하는 것을 허락한다. 그러나 예를 들어, 아동들이 질문에 대한 답을 쓰거나 DVD를 볼 때는 아동들에게 앉도록 요구한다. 아동들이 운동을 하여 과잉행동을 줄일 수 있도록 가끔 나는 아동들이 일어나 배회하도록 격려한다.

나의 연구에서 어느 부모는 그의 아들이 그의 활동 수준을 이용해 어떻게 공부하는지와 물체를 조작하는 방식에 대해 설명해 주었다.

Bess: 그는 정말로 똑똑한데도 흥미가 있는 어떤 것에서 다른 것으로 초점을 옮기는 데 어려움이 있어요. 그는 언제나 손에 무언가를 들고 있었고, 언제나 입안에 무언가를 넣고 놀고 있지만, 그것 때문에 산만해지지 않았어요. 오히려 집중하는 데 도움이 되었어요..

연구자: 왜 그렇다고 생각하시나요?

Bess: 모르겠어요, 모르겠어요. 이것은 수학시간에 노래를 부르는 것과 비슷해요. 그는 짧은 시간 동안 의미 없는 노래를 흥얼거려요. 매번은 아니지만 자주 똑같이 해요, 만약 그가 풀어야 할 연습 문제지가 길면 그는 집중하는 데 어려움이 생기고 그는 문제를 푸는 내내 노래를 불러요. 끝날 때까지 듣게 됩니다. 그는 어떤 말을 하고, 어떤 소음을 내고, 그리고 나서 문제를 풀고, 그것을 마칠 때까지 반복합니다. 처음에는 나는 괴로웠죠.(웃음) 이 아이는

왜 이러는 것일까라고 생각했기에. 빨리 마칠 수 있는 걸 왜 이렇게 느리게 해야 하나 생각했습니다. 그러나 마침내 그것이 적응을 위한 거란 걸 깨달았죠. 그의 행동들이 그를 도와주었고 그렇게 할 생각을 혼자 떠올려낸 거잖아요.(웃음) 그래서 방해하지 말아야지 생각했어요.

Bess의 아들이 자신에게 자극을 주기 위해 물건을 찾는 것과 비슷하게, ADHD를 가진 아동들은 그들에게 자극을 줄 무언가를 찾는다. 그래서 그들의 과잉행동을 줄이는 키 포인트는 그들이 열심히 집중할 수 있는 무언가를 발견하는 것이다. 여기서 몇 가지 사용 가능한 것을 제시한다.

★ ADHD를 가진 아동들이 지도 중 휴식시간에 짧은 시간 동안 운동을 하도록 격려하라. 내가 지도했던 아동들 중의 하나는 지도 중 휴식시간에 집 밖으로 나가 트램펄린에서 뛰며 논다. 내 생각에는 운동은 감독 하에 이루어져야 한다. 아동이 방으로 돌아왔을 때는 아주 이완되어 있고, 조용하고, 배울 준비가 되어 있다. 학교에서는 이 운동은 학교나 학급 주위를 산책하는 형태로 할 수 있고, 이렇게 하면 다른 아동의 공부를 방해하지 않게 된다.

★ 아동은 과잉행동의 발산을 위해 휴식시간에 다른 학급의 친구와 같이 수 분간 산책하도록 교사는 허락할 수 있다.

★ ADHD를 가진 아동이 과목이나 과제를 끝내는 데 필요한 시간의 양을 조정하라. ADHD를 가진 아동이 과제를 끝내는 데 수업시간 이외의 시간이 필요하거나 수업시간의 반만 필요하다는 것은 의미가 없다. 만약 아동이 과제를 끝내는 데 다른

아동보다 시간이 짧았다면, 그는 과제를 주의 깊게 그리고 깨끗이 해냈는지 확인하라. ADHD를 가진 아동들은 조직화를 잘 못한다고 알려져 있고, 깨끗이 끝내지 못한 것을 어떻게 잘 했다고 말할 수 있겠는가? 내가 추측하건대 당신은 ADHD를 가진 아동이 과제를 어떻게 하는지 보았을 것이다.

★ ADHD를 가진 아동이 하는 과제를 조정하라. 그가 앉아서부터 일어서기까지 해야 할 과제의 양을 조정하라.

부모들을 위한 기술들

ADHD 자녀의 사회성 기술문제들을 줄이는 데 있어 부모는 무엇을 할 수 있을까? 나의 연구에 등장한 부모들은 자신들의 생애를 보호적인 환경에서 자녀의 교육에 헌신한 놀라운 사람들이었다. 부모들은 자신에게 이러한 질문을 했다. "우리 아이는 일반학급에서 그에게 필요한 도움을 받았을까?" 반응은 항상 그렇지 않다는 것이었다. Bess가 "내 생각에는 학교에서는 선생님이 20명 또는 25명의 아동들에게 필요한 도움을 주는 것은 힘들다고 생각해요. 저는 운동장, 휴식시간, 버스에서, 그 외 학교 장면에서 성인의 많은 감독 없이는 감당할 수 없을 것이고, 필요한 것을 배우기도 힘들 거예요"라고 말한 것처럼 돌아오는 대답은 언제나 아니요(No)이다.

실제로 이 부모들은 처음 ADHD를 가진 자녀에게 홈 스쿨링(home schooling)을 했든 항상 홈 스쿨링을 하던 간에, 학교라는 것이 그들의 자녀들에게 어렵고 끔찍하기까지 할 수 있다는 사실을 알고 있었다. Mary Ahn이 한 말을 기억하라.

그는 ADHD를 가졌다. … 그는 매우 충동적이다, 그는 사람의 머리를 때리고 싶으면 사람의 머리를 때린다. 그가 사람의 머리를 때리고 싶을 때는 그는 심술궂어서가 아니고, 단지 사람 머리를 때리는 것이 재미있게 보이기 때문이다. 또는 그는 도미노 효과를 보는 것이 재미있다고 생각해서 그의 앞에 줄을 서 있는 사람을 민다. 그래서 그러한 일들로 인해 그는 어려움을 당한다. 주로 누군가 아동을 직접 지도하지 않을 때 그러한 일이 발생한다. 전환 장면에서 주로 발생한다.

홈 스쿨을 하는 환경에서, ADHD 자녀를 지도하는 부모를 내가 관찰한 바로는 Stacey가 나에게 말했듯이 집에서 24시간 지도가 가능하므로 부모는 사회성 기술을 지도하는 데 무제한의 시간을 가지고 있었다.

나는 '사회성 기술지도'에 많은 시간이 든다고 생각한다. 만약 당신의 자녀가 하루에 8시간 나가 있다면, 자녀가 집에 돌아온다고 해서 집에서 자녀 주위에 앉아 말을 하면서 5시간을 보낼 수는 없다. 왜냐하면 저녁식사 준비를 해야 하기 때문이다. 자녀는 숙제를 해야 하고, 야구시합을 해야 하고, 이 활동, 저 활동을 해야 한다. 그래서 나는 자녀에게 기초를 마련하기 위해 가르쳐야 할 것을 지도할 시간의 양을 확보하기 어려울 것으로 생각한다.

앞에서 내가 말했듯이, 다른 아동들이 부모나 의미 있는 타인을 통해 사회성 기술을 내면화하듯이 ADHD를 가진 아동들은 적절한 사회성 기술을 내면화하지 못한다. ADHD를 가진 아동들은 그들의 부모 행동을 모델링하지 않고 다른 방법으로 긍정적 사회성 기술들을 배운다고 한다. 사회성 기술훈련은 실시되어야만 하고 ADHD를 가진 아동에게 사회성 기술훈련은 의미가 있어야 한다. 이러한 사회성 기술들이 성공적으로 학습될 환경을 만들기 위해서는, 만약 기능하다면 가정환경 내에서 부모는 이러한 사회성 기술들을 가르쳐야만 한다. 예를 들어, 형제들 사이의 언쟁을 이용해서 협력을 가르칠 수 있다. ADHD 자녀가 사고 싶은 것과 하고 싶은 것을 부모가 수용하지 않아 실망해 있다면 존중을 가르치는 데 많은 시간이 걸릴 것이다. 다음 장에서 당신이 시도할 수 있는 몇 가지 중재법들을 소개한다.

5

Chapter

나는 어디에서 시작할 것인가?

Chapter 5 나는 어디에서 시작할 것인가?

당신은 어떤 사회성 기술들을 ADHD를 가진 아동에게 지도하고 싶은지 확실하게 아는가? 이러한 기술들이 ADHD를 가진 아동이 배우기 원하는 기술들인지 당신은 어떻게 아는가? 이 질문에 답하기 위해서 ADHD를 가진 아동들에게 사회성 기술을 지도할 때 제일 먼저 해야 할 일은 무엇일까? ADHD를 가진 아동들에게 사회성 기술을 지도하려는 사람은 아동이 파악한 사회성 기술의 범위에 대해 알게 해 줄 어떤 형식의 평가를 먼저 해야 한다. ADHD를 가진 아동의 평가는 공식적으로 하지 않아도 무방하나, 정확하게 실시되어야 한다. 교사가 아동에게 사회성 기술을 가르치기 전에, 기능평가를 절대적으로 해야 한다. 내가 7장에서 기능평가를 설명하고 논의했으므로, 여기서 7장으로 가서 7장을 읽어보는 것도 좋은 생각이다.

여기에서는 교사나 부모가 ADHD를 가진 아동에게 사회성 기술을 지도해야 하는 정확한 이유를 상기시키고자 한다. ADHD를 가진 아동들 그리고 이와 비슷한 장애를 가진 아동들은 부적절한 행동을 한다. 그들의 행동으로 인해 다른 사람들이 그들을 괴롭힌다.

아동은 짜증나게 하는 사람이 친구가 되길 원할까? 그렇지 않다. 교사나 부모가 ADHD를 가진 아동의 행동이 다른 사람에게 어떤 영향을 주는지 깨달은 후에, 아동이 배운 적이 없거나 그의 레퍼토리에 있지 않은 사회성 기술을 아동에게 가르쳐야 한다. 참고로, 나는 오직 과잉행동형 ADHD에 대해 말하고 있는 것이 아니다. 부주의형 ADHD를 포함한 모든 유형의 ADHD를 가진 아동들이 비슷하게 사회적으로 부적절한 행동을 한다.

반복해서 말하지만, 당신이 사회성 기술을 지도하기 전에 평가는 반드시 해야 한다. 아동이 사회성 기술을 사용하든 사용하지 않든, 만약 아동이 어떤 사회성 기술을 가지고 있는지, 그 지식을 가지고 있다면 그것을 행동으로 옮기고 있는지 당신이 제대로 알기 위해서 평가는 절대적으로 필요하다.

예를 들어, 어떤 아동이 다른 사람에게 말을 걸기 위해서는 기다려야 한다는 것을 아는 사회성 기술을 가지고 있지만, 말 참견하기를 멈출 수 없다. 앞에서 설명한 것처럼, 그의 레퍼토리에 어떤 사회성 기술이 있다는 것과 그 사회성 기술을 사용한다는 것은 별개의 문제이다.

ADHD를 가진 아동이 이미 잘 알고 있는 사회성 기술을 가르친다는 것은 교사의 시간 낭비이다. 그렇게 하면 아동이 모르는 사회성 기술을 배우려는 흥미와 동기가 감소하게 된다. 우리가 아동의 사회성 기술들을 평가하지 않으면 아동의 사회성 기술들에 관한 정보는 우리에게 없게 된다.

그러면 평가로 되돌아가자. 당신이 아동에 대해 기능평가를 실시한 후, 사회성 기술지도에 착수할지 어떻게 당신은 아는가? 어떤 방법을 사용할지 아는가? ADHD를 가진 모든 아동에게 사회성 기술을 가르치는 데 효과가 있는 지도법은 한 가지만 있는 것이 아니니 안심하라. 어떤 아동에게는 사회성 이야기(social stories)가 효과가 있고, 어떤 아동에게는 역할극이 효과가 있다. 어떤 아동에게는 시각자극 제시가 효과가 있고, 어떤 아동에게는 녹음기로 이야기를 듣게 하는 것이 효과가 있다.

당신이 ADHD를 가진 모든 아동에게 사회성 기술들을 가르치기 전에 해야 할 가장 중요한 것은, 지도하려고 하는 사회성 기술들과 그 사회성 기술들을 지도하려는 이유를 ADHD를 가진 아동이 아는 것이다. 또한 당신이 지도하기 전에는 아동이 그 사회성 기술에 관한 지식도 없고 어떻게 수행하는지도 모른다는 것을 확신해야 한다. 당신은 아동이 이미 알고 있고 수행할 수 있는 사회성 기술을 ADHD를 가진 아동에게 지도하고 싶지 않을 것이다.

아이를 보드로 데리고 가라

당신이 사회성 기술을 가르치려는 이유뿐만 아니라 당신이 지도하려고 계획한 사회성 기술이 무엇인지 아동이 정확하게 이해하는 것은 중요하다. Reif(2005)는 교사나 부모가 "그 기술을 배워야 하는 필요성과 이론적 근거를 설명하고, 그 기술을 분명하게 정의하고, 논의하고, 시각 자극 제시(포스터, 사진)로 강화하는 것"은 중요하다고 말했다(p.58). 당신은 아동이 잘못된 무언가를 하고 있다고 느끼기를 원하지 않을 것이다. 그러나 ADHD를 가진 아동들은 다른 사람과 부정확하게 또는 부적절하게 상호작용하지 않고 다른 사람과 정확하게 또는 적절하게 상호작용하는 방법을 알아야 한다. 자주 그들의 행동에 대한 타인의 관점이나 의견을 알지 못하고 이해하지 못한다.

이러한 아동들의 세계관을 강조하는 데 사용되는 좋은 책으로 Jed Baker(2003)가 쓴 *The Social Skills Picture Book: Teaching Play, Emotion, and Communication to Children*(사회성 기술 그림책: 놀이 지도, 정서, 그리고 자폐아와의 커뮤니케이션)이라는 책이 있다.

이 책은 자폐아를 위해 쓰였지만 긍정적 사회성 기술의 지도 방법은 매우 효과적이다. 내가 이 책을 처음 읽었을 때는 행동하는 바른 방법과 잘못된 방법을 그림으로 알려주는 것이 마음에 들지 않았다. 나는 정적 행동의 강화를 믿었고 사회적으로 부적절한 행동의 감소나 소거를 실시하는 것을 믿고 있었다. 이 책에는 그림이 ADHD를 가진 아동들에게 자신의 행동이 부적절하다는 것을 알리는 데 효과적이라고 쓰여 있다.

방법들

당신은 그의 그림을 컬러 복사해서(복사 정보를 확인하고 Jed Baker에게 글을 보내 학급용 그의 그림 복사 허락을 받으십시오), 그림들을 잘라내서, 특정 행동을 바른 방법으로 하는 그림과 틀린 방법으로 하는 그림을 코팅하라. 아동들에게 그림을 보여주고 그림이 제시하는 특정 사회성 기술에 관련된 그들 자신의 경험을 이야기하도록 격려하라.

나는 아동들에게 개시 사회성 기술들(initial social skills: 사회성 기술들을 사용하기 전에 먼저 하게 되는 행동이나 언어들을 말함, 예를 들어 타인 주목하기, 웃으며 보기, 다가가기 등)의 지도에 활용되는 다양한 것들을 동영상으로 설명하는 Model Me Kids 웹사이트를 방문한다. 이 동영상에는 아동의 실제 생활이 포함되어 있는데, 아동의 실제 생활은 비디오 모델링의 자극으로 사용할 수 있다.

다음 장에서는 개별적 사회성 기술들－아동들의 긍정적 사회성 기술들의 레퍼토리를 늘이는데 도움이 되는 핵심사항－에 대해 논의할 것이다.

6 Chapter

사회성 기술들과 지도하는 방법

Chapter 6

사회성 기술들과 지도하는 방법

사회성 기술 1: 눈 맞춤 유지하기

ADHD를 가진 아동들이 제일 먼저 배워야 할 기술은 내 생각에는 눈 맞춤 상태를 유지하는 것이다. (사회성 기술 1에서 25까지는 Elliott와 Gresham(1991)이 쓴 사회성 기술들 중재 가이드(Social Skills Intervention Guide)에서 인용했음) 당신이 ADHD를 가진 아동들에게 중요한 사회성 기술들을 지도하기 전에 (예를 들면, 방해하지 않고 다른 사람의 이야기 듣기), 그들은 어떻게 눈 맞춤 상태를 유지하는지를 배워야만 한다. 당신이 눈 맞춤을 하지 않는 아동과 이야기할 때 그 아동의 눈을 확실히 보라. 내가 Timmy(이 책 앞에서 소개된 아동)를 지도할 때, 나는 종종 그 아동의 턱을 가볍게 잡고 나를 보도록 지시한다. 물론 Timmy가 내 지시에 따르기까지 여러 차례 이것을 반복해야만 했다.

또한 ADHD를 가진 아동들이 교사나 반 친구와 이야기할 때, 이야기가 시작되고 계속될 때 불필요하게 반 친구를 보지 않도록 해야 한다. 당신이 아동들에게 말을 할 때 아동이 당신 눈을 보면 칭찬을 하라. "Timmy, 나를 보기를 잘 했어" 또는 "내가 말할 때 네가 나를 보는 게 좋아"라고 당신은 말할 수 있다. ADHD를 가진 아동들이 모방해야 할 모델로서 다른 아동들을 활용하여 눈 맞춤을 계속하는 다른 아동들을 칭찬하는 것도 좋은 생각이다. 당신이 ADHD를 가진 아동들에게 줄 보상을 고를 때에는 창의력을 발휘하라. 그러나 일정 시간이 지나면 보상들은 점차 줄여나가야 한다.

당신이 아동에게 눈 맞춤을 유지하는 것을 지도한 후에는, 어떻게 아동에게 비구어(명료한 뜻을 가지지 않는 단순한 소리, 예를 들어, "아", "흐")로 다른 사람에게 인사하는 법을 가르칠 것인가?

사회성 기술 2: 비구어로 다른 사람들에게 인사하기

이것은 설명하기 쉬운 것이다. 아동A가 학교의 복도를 걷고 있을 때 아동B가 다가온다고 상상해보자. 아동A는 운동장 쪽이나 오른쪽이나 또는 왼쪽을 보고 있다. 아동B는 아동A가 아동B와 친하게 지내고 싶지 않다는 신호나 사인을 받는다. 왜? 아동A가 아동B와 친하게 지내고 싶다면, 아동A는 아동B 쪽으로 몸을 돌려 아동B를 볼 뿐만 아니라, 아동B를 향해 웃을 것이다. 운동장이나 옆을 본다는 것은 아동A는 아동B와 상호작용하는 데 흥미가 없다는 인상을 준다.

지금 당신은 아마 이건 말도 안 된다고 말하고 있을 것이다. 친구로 사귀기를 확실히 원해도 사귀고 싶은 사람이 지나갈 때 그 사람을 보는 것이 어려운 수줍음을 많이 타는 두 명의 학생을 알고 있다. 이런 일은 있을 수 있다. 그러나 ADHD를 가진 아동들은 그들의 비구어 신체언어(nonverbal body language)가 정확하게 무엇을 의미하는지, 특히 자신에게 다가오는 다른 아동들에게 무슨 의미가 있는지 배워야만 한다.

신체언어(body language)란 무엇인가? 나의 개인적인 정의로는 사람들이 걷는 방식, 그들이 자세를 취하는 방식(타인에게 가깝게 기대기, 사람에게서 물러서기 등), 그들이 하는 제스처(포인팅, 누군가의 무릎이나 어깨에 손 얹기 등), 얼굴 표정(얼굴 찌푸리기, 머리를 흔들어 좌절을 표현하기, 고개를 숙이는 자세 유지하기, 대화할 때 딴 데 보기), 또는 사람들 사이에서의 눈 맞춤 등과 같은 사람이 보여주는 비구어 행동(nonverbal behavior)이다.

ADHD를 가진 아동은 그들이 음성언어로 한 말(verbiage)뿐만 아니라 신체언어(body language)에 대해서 책임을 져야 한다. 그들은 대체행동을 취하는 방법을 배워야 한다. 보다 적절한 상호작용 방식을 가르치기 위해서는 역할극에서 어떻게 하는지를 먼저 배워야만 한다. 아동들은 역할극을 좋아한다. 특히 역할극을 개별적으로(privately) 하는 것을 특히 좋아한다. 당신은 ADHD를 가진 아동들에게 역할극은 텔레비전이나 영화에서 보는 장면과 비슷한 것이지만, 사람들 앞에서 어떻게 적절하게 행동하는지를 가르치기 위해 개별적인 상황(private context)에서 역할극을 하게 된다고 설명할 수 있다. 교사는 매우 짧은 스크립트(script)에 역할들을 정하고 역할극 하는 것을 보여줄 수 있다.

흔히 ADHD가 없는 아동들도 역할극으로 도움을 받을 수 있다. 실제로 ADHD가 없는 아동을 ADHD를 가진 아동과 짝을 지어서 모델링 효과를 낼 수 있다. 또한 ADHD를 가진 아동에게 다른 아동들이 친구로 사귀고 싶은 어떤 사람과 의사소통할 때 사용하는 신체언어를 보여줄 수 있다. 나아가 ADHD를 가진 아동에게 다른 사람과 음성언어로 인사하기를 가르쳐주는 것도 중요하다.

사회성 기술 3: 구어(음성언어)로 다른 사람들에게 인사하기

당신이 산책이나 조깅을 할 때, 거리에서 다른 사람이 지나가는 것을 틀림없이 경험했을 것이다. 다른 사람은 아무 말도 없이 당신 옆에서 걷거나 조깅을 하는가? 나는 다른 사람이 아무 말도 없이 나의 옆에서 걷거나 조깅을 하는 일을 여러 번 겪었다. 나는 솔직히 다른 사람들이 '안녕하세요'라고 왜 말하지 않는지 이해할 수 없다. 그래서 나는 다른 사람들에게 먼저 '안녕하세요'라고 말한다. 상대방이 먼저 내게 인사를 하지 않은 것에 대해 나는 자주 당황해한다. ADHD를 가진 아동이 어떤 상황에서 누군가의 옆을 지날 때, ADHD를 가진 아동은 누군가에게 고개를 끄덕이거나 인사를 할 것으로 다른 사람들은 예상한다는 것을 가르쳐 주는 것은 중요하다. 만약 아동이 그렇게 한다면 다른 사람은 답례로 정해진 의사소통을 한다. 만약 다른 사람이 답례로 인사를 하지 않더라도, 적어도 자신은 적절하게 행동했다는 것은 알 것이다. ADHD를 가진 아동이 인사를 비구어로 했든 또는 구어(음성언어)로 했든, 그가 자기 소개하기를 배우는 것은 중요하다.

사회성 기술 4: 자기 소개하기

당신은 자기 소개하기는 성인이 가져야 할 기술이라고 생각할 것이다. 성인에게 있어 자기 소개하기처럼 ADHD를 가진 아동에게도 다른 사람에게 자기를 소개하는 방법을 배우는 것은 중요하다. ADHD를 가진 아동에게 있어 자기 소개하기가 그렇게 중요한 이유는 만약 자기 자신을 소개하지 못하면 그는 어떤 상황에서 아는 사람이 없다고 느끼게 되고, 그 상황에서 아는 사람이 없게 될 것이다. 그러니 ADHD를 가진 아동들이 흔히 사회적 상호작용의 변두리에 있다고 느끼게 될 수밖에 없다

ADHD를 가진 아동들이 고립감을 느끼면, 그들은 사회적으로 부적절한 행동을 한다. ADHD를 가진 아동들이 하나의 사회적으로 부적절한 행동을 하면, 그 행동은 자주 다른 사회적으로 부적절한 행동을 유발시킨다. 집단으로부터 고립되었고 떨어져 있다는 느낌은 ADHD를 가진 아동이 사회적으로 부적절한 행동을 하는 이유가 된다. 그러나 그가 자기 소개를 하게 되면 고립감이라는 허무한 느낌을 피할 수 있다. 자기 소개하기라는 사회성 기술은 약간의 불안을 초래할 수도 있다. 그러나 자기 소개하기를 못하여 초래되는 사회적 고립이 더 고통스럽다.

〈예〉 New England에서 지켜본 ADHD를 가진 아동은 많은 불안을 가지고 있었다. 그와 아주 가까이서 상호작용하는 사람들과 친하다고 느끼지 못할 때 그는 특히 불안해졌다. 내가 그를 처음 만났을 때, 그의 어머니와 나는 대화를 하고 있었고 그의 어머니는 아직 그에게 나를 소개하지 않았다. 그의 어머니가 소개하려고 할 때, 그는 이미 우리 주위를 뛰며 맴돌고 있었고, 펄쩍펄쩍 뛰며 그의 어머니의 옷을 잡아당기고 있었다.

그녀와 내가 복잡한 토론에 들어가지 전에 그녀가 할 것은 그녀의 아들에게 "마이클, 이 부인은 Rapoport 박사님이셔. 박사님에게 너의 이름을 말해주렴"이라고 작은 소리로 말하는 것이었다. 만약 그가 너무나도 불안해서 자기 이름을 말할 수 없다면, 그녀는 "박사님에게 안녕하세요라고 말해보렴"이라고 말할 수도 있었다. 인사는

ADHD를 가진 아동이 배워야 할 중요한 기술이다. ADHD를 가진 아동들이나 ADHD와 비슷한 특성을 가진 아동들은 다가오는 사람에게 인사하지 않고, 복도에서 사람의 옆을 지나갈 때, 이는 그 사람의 발을 보는 것 같다.

〈방 법〉 ADHD를 가진 아동이 비구어로 상호작용 시작하기 또는 구어(음성언어)로 상호작용 시작하기를 배운 후에 ADHD를 가진 아동에게 무엇을 지도할 것인가는 중요한데, 지도해야 할 기술은 다른 사람에게 자신을 소개하는 것이다. 앞에서 말한 것처럼, 그의 몸을 다른 사람 쪽으로 돌리고 그의 성과 이름을 말하는 식으로 될 수 있는 한 간단하게 자기 소개하기를 가르쳐라. 예를 들면, "안녕하세요. 저의 이름은 John Smith입니다"라고 ADHD를 가진 아동이 말하게 하는 것이다. 사람들 사이에서 자기 소개하기 기술은 사용되어야만 한다. 인형(puppet)을 사용하면 다른 사람의 역할을 아동에게 하게 하는 데, 그리고 자기 소개하기 사회성 기술을 도입하는 데 효과적이다.

〈예〉 한 인형이 "안녕하세요. 저의 이름은 Ellen Jones입니다"라고 말한다. 그리고 나서, 희망이 넘치는 말투로 다른 인형(puppet)이 "안녕하세요. 저의 이름은 Bill Evans입니다"라고 말한다. 당신은 학급의 모든 학생에게 이 기술을 실시하게 할 수 있다. 그들은 진짜 인형 또는 지대 인형(paper bag puppet)을 사용할 수 있다. 만약 ADHD를 가진 아동이 인형을 사용하여 역할극을 하는 데 어려움이 있으면, 당신은 손가락 인형을 사용할 수 있다. 만약 인형으로 역할극을 하는 데 그가 여전히 불안이 너무 강해 말할 수 없다면, 자기 소개하기에 등장할 두 사람을 그리도록 요구할 수 있다.

교사는 물방울과 그 물방울 안에 글을 쓸 수 있으며, 또는 ADHD를 가진 아동에게 물방울 안에 글을 쓰도록 부탁할 수 있다. 또한 교사는 글을 쓰지 못하는 어린 아동들을 위해서 물방울 안에 그림을 넣을 수 있다. 물론 사용하기 가장 좋은 그림은 컴퓨터에 의한 사진조작 기술을 활용한 아동 자신의 사진이다.(당신은 그에게 사회성 기술을 가르치기 위해 아동의 사진을 사용하기 전에 아동의 부모를 동의를 얻어야 한다.) 만약 아동이 자신의 사진을 이용하기를 원치 않는다면, 잡지에서 오려낸 사진을 풀로 붙여 사용할 수 있다. 다른 사람, 특히 다른 아동에게 자기 소개하기를 지도하기 위해 아동에게 영향을 줄 수 있는 이미지를 아동에게 보여주는 여러 방법이 있다는 것을 믿어라. 그들이 자신을 다른 사람에게 소개하는 방법을 알 때, 그들은 대화 시작하기를 배우기 시작할 수 있다.

사회성 기술 5: 대화 시작하기

아동이 자기 소개하기를 할 수 있게 되고 나서는 그는 대화를 시작하는 방법을 배울 필요가 있다. ADHD를 가진 아동들이 사회적 단서를 포착하지 못하기 때문에 대화 시작하기 기술은 말처럼 쉬운 것이 아니다. 실제로, 다른 아동들이 의사소통할 때 보내는 단서나 신호를 그들은 항상 이해하지 못한다. 당신이 회의에 가면 화자(speaker)는 모두가 반응할 수 있는 여담(ice breakers)을 사용하여 대화를 시작하거나 대화를 하도록 격려한다.

〈방 법〉 나는 ADHD를 가진 아동들이 대화를 시작하도록 돕기 위해 대화 시작물(conversation starter)을 사용해서 지도하기를 좋아한다. 나의 연구에 등장했던 어느 어머니는 자신의 자녀의 대화 시작하기를 하도록 돕기 위해 어떻게 대화 시작물(conversation starter)을 사용했는지 설명해 주었다.

저는 포켓몬(만화 캐릭터)이 유행할 때 저의 아이가 시대에 뒤떨어지지 않기 위해 포켓몬을 실컷 하게 했고, 포켓몬이 그에게는 중요한 사회성 시작물(social starter)이 되었어요. 키즈 파크(kids park)라고 하는 곳이 있었는데, 그는 거기에 있는 작은 주간 보호소 같은 극장에 가곤 했었어요. 그리고 그것은 대화 시작물(conversation starter)과 같았어요. 그는 그의 호주머니에 3장의 카드를 넣어 다녔는데 다른 아동들에게는 대단한 일이었어요. 당신이 알듯이, 어떤 부모는 포켓몬은 좋지 않다고 말해요. 그러나 그에게는 포켓몬이 나쁘지 않았어요. 그는 포켓몬에 관한 이야기를 지어내곤 했어요. 그는 TV에서 포켓몬을 시청한 적이 없어요. 그리고 해리포터 계열의 것: 그것은 사회성 수단(social vehicle)이므로, 저는 캐릭터 관련 용어(lingo)를 잘 알게 되는 것을 꺼려하지 않았고, 캐릭터 관련 용어는 그가 대화에 참여하게 도와주었죠.

만약 ADHD를 가진 아동이 다른 아동이 관심 있어 하는 대상에 흥미가 있고 지식을 가지고 있다면, 그는 대화를 시작하기 쉬워진다. 교사는 ADHD를 가진 아동이 다른 아동에게 자신에 대해 말하도록 지도해야만 한다. 이 정보는 개인적인 것일 필요는 없고, 그보다는 다음과 같은 정보이다.

★ 당신은 무슨 팀을 응원하는가
★ 당신은 무슨 음식을 좋아하는가

★ 재미있게 놀기 위해 당신은 어디로 가는가
★ 재미있게 놀기 위해 당신은 어디를 가지 않는가
★ 당신은 어떤 스포츠 또는 여가 활동을 좋아하는가

ADHD를 가진 아동이 어떻게 성공적으로 대화를 시작할 수 있는지 알아보자.

〈방 법〉

1. 그가 누구와 말하기를 원하는지 결정한다.
2. 그는 두 아동이 특히 좋아하는 어떤 것, 예를 들면, 비디오 게임, 텔레비전 쇼, 책, 음식에 대해 생각해야만 한다.
3. 만약 어떤 사람이 자신과 말을 할 수 있는 시간이 있는지를 신체언어(body language)로 판단하고 찾아낸다. 그는 자신에게 그가 이미 어떤 사람과 이야기하고 있는가?, 그는 컴퓨터 작업을 하고 있는가?, 그는 다른 사람과 일하고 있는가?를 물어보아야 한다.
4. ADHD를 가진 아동은 말을 걸어주기 원하는 아동을 찾는다. ADHD를 가진 아동은 어떤 사람이 대화를 할 수 있을 만큼 여유가 있는지를 신체언어(body language)를 보고 판단한다. ADHD를 가진 아동은 공통 흥밋거리에 대한 말을 할 수 있다. ADHD를 가진 아동은 이러한 기술을 인형(Puppet)을 사용해서 또는 교사와의 역할극으로 실습할 수 있다. 그는 "나는 어제 밤에 가족과 함께 레스토랑에 갔었어. 우리는 맛있는 피자를 먹었어. 너는 피자 좋아해?" 또는 "너 어제 밤에 텔레비에서 야구 중계 봤어? 대단한 시합이었어?"라고 말할 수 있다.

5. 다른 아동이 반응한다면, ADHD를 가진 아동은 입구를 찾았고 입구로 가야 한다. 만약 다른 아동이 반응하지 않으면, 아동은 다른 주제를 말해야 있다. 만약 다른 아동이 여전히 반응하지 않으면, ADHD를 가진 아동은 그 아동과 떨어진 다음 다른 아동에게 말을 걸어야 한다. 학급에는 많은 아동들이 있으므로 대화를 시작할 기회는 많이 있다.
6. 때때로 자연스런 장면에서, 예를 들면 휴식시간에 은밀하게 중재에 나서서, 대화가 가능하게 도와줄 수 있다. 교사는 ADHD를 가진 아동이 다른 아동에게 걸어가게 할 수 있다. 그리고 나서 교사는, "Joey, 일전에 나에게 '어제 밤에 TV에서 야구를 보았는데 대단한 시합이었어'라고 말했지"라고 말한다. 만약 어떻게 대화를 시작하는가를 배우고 있는 아동이 다른 아동과의 대화하는 중간에 당신의 도움을 원하지 않는다면 그렇게 하지 말라. 긍정적 자아 개념 형성의 관점에서 보면, ADHD를 가진 아동이 스스로 할 수 없기 때문에 교사가 중재에 나섰지만 그 교사의 중재가 그 아동을 당황스럽게 해서는 절대로 안 된다.

〈방 법〉 다음의 질문은 ADHD를 가진 아동이 대화를 시작하고자 할 때 다른 아동에게 물을 수 있는 질문으로, 당연히 나이에 따라 달라질 수 있다.

★ 오늘 어때?
★ 최근에 너 뭐했니?
★ 지난주 뭐했어?

★ 이번 주에 무엇을 할 생각이야?

★ 휴일날 뭐 할 거야?

★ 이번 여름에 뭐할 거야?

★ 이 근처에서 뭐할 거야?

★ 뭐하고 싶어?

★ 최근에 무슨 비디오를 봤어?

★ 어떤 음악 좋아해?(Cooper, 2005, pp.27-28)

이러한 질문은 스크립트(script)처럼 써서 역할극 상황에서 사용하면 ADHD를 가진 아동이 다른 아동에게 접근할 때 확실하게 확신감을 느끼게 할 수 있다. 당신이 알아차렸는지 모르겠지만, 이러한 질문들은 예 또는 아니요를 요구하지 않는다. 이 질문들은 개방형이어서 더 자세한 답을 요구한다. ADHD를 가진 아동이 다른 아동에게 개방형 질문을 해야 한다고 내가 제안한 이유가 궁금할 것이다. 만약 ADHD를 가진 아동이 예 또는 아니요 대답을 요구하는 질문을 다른 아동에게 하면, ADHD를 가진 아동이 들을 대답 모두가 예 또는 아니요이다. 대부분의 상황에서 대화는 시작되자마자 금방 끝난다. 아동이 대화를 시작하는 것을 배우면, 진행 중인 활동에 참여하기를 배울 수 있다.

사회성 기술 6: 진행 중인 활동에 참여하기

학급에서 ADHD를 가진 아동이 진행 중인 활동에 참여하기라는 사회성 기술을 획득했는지 판단하는 것은 교사에게는 중요하다. ADHD를 가진 아동들이 이미 놀고 있는 아동들 사이에 끼어들어 놀기 원할 때 그들은 어떻게 해야 할지 무엇을 해야 할지 모른다. 그들은 다른 아동들의 활동에 참여하게 해 달라고 요구하기 전에 다른 아동들이 활동하다가 조용한 시간이 생길 때까지 기다려야 한다는 것을 모른다. ADHD를 가진 아동들은 두 아동들이 이미 놀기 시작한 상황에서 난입한다고 알려져 있다. 사람들의 다양한 얼굴 표정들과 신체언어(body language)들을 아는 것은, 아동이 다른 아동들에게 접근해서 다른 아동들의 놀이에 참가해서 놀 수 있는지를 알아볼 때 주요한 강점이 된다. 아동이 다른 아동의 얼굴 표정과 신체언어를 이해하지 못하면 아동은 사회적으로 실패하고 거절당할 가능성은 더 높아진다.

ADHD를 가진 아동들이 다른 아동들의 놀이에 참가하게 해 달라고 다른 아동들에게 물어볼 때, 다른 아동들이 보내는 신호를 포착하지 못하면 그 시간은 다른 아동들과 함께 놀기에 좋은 시간이 아니라는 것을 이해하지 못할 수도 있다. ADHD를 가진 아동들에게 신체 언어를 인지하고 이해하도록 가르쳐야만 ADHD를 가진 아동들이 다른 아동들의 활동에 참가할 적절한 때가 언제인지 판단할 수 있다.

ADHD를 가진 아동들에게 다른 아동들의 활동에 적절히 참가하기를 가르치는 몇 가지 방법이 있다. 다음의 활동들은 역할 맡기를 좋아하고 사람들 앞에서 사회적 불안이 없는 ADHD를 가진 아동들이 할 수 있는 것이다.

〈방 법〉 제스추어 게임(charades): 우리들은 제스추어 게임을 알고 있다. 이 게임은 ADHD를 가진 아동에게 신체언어와 얼굴 표정을 인식하게 하는 데 효과적이다. 만약 아동이 얼굴 표정이 무엇을 의미하는지 이해하지 못한다면, Jamie Lee Curtisrk(1998)이 쓴 『Today I Feel

Silly & Other Moods That Make My Day(오늘 나는 멍해지고 평소와 다른 기분이 든다)』라는 책을 읽게 하라. 그들이 이 책의 마지막 부분을 읽을 때에는 여러 가지 얼굴 표정을 지을 수 있을 것이다. 한 아동이 예를 들면 화가 난 표정을 지으면 다른 아동이 그 표정을 추측한다. 교사는 두 개의 팀을 만들고 얼굴 표정을 많이 맞춘 팀이 이긴다. 팀은 ADHD를 가진 아동과 일반아동을 무작위로 넣어 만든다.

다음의 방법은 사회적 불안이 있든 없든 모든 아동에게 사용할 수 있다.

〈방 법〉 **벽에 있는 거울, 거울**: 거울들은 어떤 얼굴 표정이 무엇을 의미하는지 다른 방법으로는 깨닫지 못하는 아동들에게 표정의 의미를 이해하도록 가르치는 데 좋은 도구이다. 교사나 다른 아동이 얼굴 표정을 지어 거울에 보이도록 한다. ADHD를 가진 아동에게 얼굴 표정을 물어보라(예를 들면, 기분 좋음, 화남, 불안해함, 무서워함). 그리고 나서, ADHD를 가진 아동에게 다른 아동이 거울에 한 얼굴 표정을 똑같이 하도록 요구하라. 만약 ADHD를 가진 아동이 다른 아동의 얼굴 표정에 주의를 기울이지 않았다면, 얼굴 표정을 지었던 아동에게 다시 얼굴 표정을 짓게 한다.

〈방 법〉 **소형 몰래카메라**(Candid Camera): 교사는 자녀가 짓는 여러 가지 표정을 교사가 카메라로 찍을 수 있도록 아동의 부모에게 승낙을 받을 수 있다. 교사는 사진이 교육적 목적으로만 사용된다는 비공식 동의 편지를 써야 한다. 다양한 표정을 짓는 자신의 사진을 ADHD를 가진 아동이 보게 되면 ADHD를 가진 아동들에게 얼굴 표정을 지도하기 쉽다. ADHD를 가진 아동들은 독특하게 웃으며 그 사진이 ADHD를 가진 아동들과 개인적으로 관련이 있기 때문에 얼굴 표정들을 기억하는 것 같다. ADHD를 가진 아동들은 학습하는 과정에서 몰두를 할 때 배우고 기억한다. 교사가 학습 경험을 아동의 입장에서 보기에 의미 있고 적절하게 하면, ADHD를 가진 아동들은 배운 것을 더 잘 기억한다. 컴퓨터로 수정을 한 사진은 다른 수업에서도 사용할 수 있다. 당신이 사진을 찍은 후에 ADHD를 가진 아동과 그 사진을 같이 보면 ADHD를 가진 아동이 특별한 표정을 짓는 것에 대해 당신은 동의하게 된다. 만약 당신이 동의할 수 없으면 그 아동이 그 얼굴 표정을 지을 때까지 기다렸다가 그 얼굴 표정을 지으면 전의 사진은 삭제한다.

〈방 법〉 **소형 비디오카메라**(Candid Camera Video): ADHD와 다른 장애를 가진 아동들은 흔히 자신들이 어떻게 행동하는가를 다른 사람의 관점으로 보지 못한다. 이러한 아동들에게 다른 사람의 관점에서 자신을 보게 하는 좋은 방법은 그들이 다른 아동들과 상호작용하는 상황을 녹화하는 것이다. 당신은 녹화를 하기 전에 부모의 동의를 꼭 받아야 한다. 당신의 존재가 사회적 상호작용의 질에 영향을 미칠까를 걱정하지 마라. 왜냐하면 영향을 미치지 않기 때문이다. 나도 현장연구를 할 때, 같은 걱정을 했었다. 그렇다고 내가 보이지 않게 할 수 없고, 더 재미있는 것은 아동들이 전혀 그들의 행동을 바꿀 수 없고 바꾸지 않는다는 것을 알게 되었다. ADHD를 가진 아동들은 누구를 위해 행동하지 않는다. 그들은 누가 방에 있든 상관없이 같은 행동을 한다.

ADHD를 가진 아동들은 행동하고 싶은 대로 행동한다. 나는 당신부터가 비디오 녹화가 아동을 당황하게 하지 않는다는 것을 확신하기 위해, 당신이 먼저 녹화된 동영상을 보기를 권한다. 앞에서 말했듯이 ADHD를 가진 대부분의 아동들은 다른 사람의 관점에서 자신을 보지 못하고, 그래서 대부분의 경우 아동들에게 자신의 동영상을 보게 하는데, 이 때 비디오는 유익하다. 당신이 아동들의 부모들에게 동의를 받아 한 것처럼, 나는 아동과 동영상을 개별적으로 보았다. 한번은 어떤 교사가 동영상 장면에 그 교사가 가르치기 원하는 것을 잘 나타내고 있어, 그 비디오테이프 또는 사진을 삭제하지 않기로 했다.

다음은 ADHD를 가진 아동들이 이미 놀고 있는 아동들 사이에 끼어들려고 할 때, 교사가 ADHD를 가진 아동들에게 도움을 줄 단서들이다.

★ 아동들의 몸이 같은 방향을 향하는가?
★ 아동들의 머리와 얼굴이 서로 가까이 있는가?
★ 아동들이 서로 활발하게 대화를 하는가?
★ 다른 사람과 떨어져 방구석에서 놀고 있는가?
★ 아동이 다른 아동들을 향해 이동할 때 다른 아동들이 그 아동을 보는가?

어린 아동들이 다른 사람들의 놀이에 참가하는 기본적 내용을 이해하도록 돕는 책으로 Cheri J. Meiners(2004)가 쓴 *Join In and Play*(다 같이 놀자)라는 책이 있다. 교사/부모가 ADHD를 가진 아동에게 진행 중인 활동에 참여하기를 가르쳤으니, 자발적으로 친구 돕기에 관해 아동이 배우는 것이 중요하다.

사회성 기술 7: 자발적으로 친구 돕기

교사들이 자발적으로 친구 돕기라는 사회성 기술을 지도하기 전에 이 사회성 기술에 관해서 교사들은 생각을 해야 한다. 이 기술은 정말로 생각해야 하는 사회성 기술이다. ADHD를 가진 아동에게 사회성 기술을 지도하는 방안으로서 ADHD를 가진 아동에게 있어 의미 있는 사회성 기술을 가르쳐야 한다고 언급한 것을 기억하라. 그럼 어떻게 그렇게 할 수 있는지 살펴보자. 먼저 지난번에 학급에 있는 한 아동에게 도움이 필요했던 장면을 보았다면 그 장면을 생각하도록 아동을 격려한다. 그 아동이 다음 활동으로 옮겨가기 위해서 블록을 빨리 집어야 하는가? 손에 너무 많이 들고 문을 열려고 하는가? 식판에 너무 많은 음식을 담고 옮기려고 하는가? 중요한 무언가를 분실했는가?

또한 다른 아동을 도와주는 것이 무엇을 의미하는지 아동이 진정으로 이해하도록 한다. 이를 위해, 아동에게 Stan Berenstain과 Jan Berenstain(1998)이 쓴 *The Berenstain Bears Lend a Helping Hand*(곰돌이 가족이 돕다)라는 책과 Mercer Mayer(200)가 쓴 *Helping Mom*(엄마 도와주기)이라는 책을 읽게 할 수 있다. 사회성 기술수업을 의미 있게 하는 다른 좋은 방법으로, 아동이 도움이 필요할 때 다른 아동이 다가와서 그를 도와준 때를 소재로 하여 교사와 아동이 사회성 기술 이야기를 쓰는 것을 들 수 있다.

친구 지지 또는 단짝 친구 체제(peer buddy system)는 ADHD를 가진 아동에게 사회성 기술을 가르치는 데 매우 효과적인 방법이다. 예를 들면, 교사는 일반아동과 이야기를 하고 그 아동의 도움이 필요한 다른 아동을 도와주도록 요구한다.

〈방 법〉 Bob은 한 시간 동안 큰 블록 조립물을 만들고 있었다. 교사는 "자, 여러분 5분 후에 점심을 먹어야 하니 정리합시다"라고 말했다. Bob은 주위를 둘러보고 걱정스런 표정을 짓고 "도대체 어떻게 5분 사이에 이 블록들을 치워요?"라고 말했다. 그가 화를 내기 전에 학급에 있던 Bill이라는 아동이 그에게 다가가 "내가 너를 도와주어도 될까? 두 사람이 치우는 것이 한 사람이 치우는 것보다 빠를 수 있어"라고 말했다. Bob은 "좋아. 고마워, Bill"이라고 말했다. 그들은 블록을 빨리 치우고 Bob과 Bill은 식사 줄 제일 앞에 섰다.

사회상황 이야기(social stories)에 그림/사진을 넣으면 사회상황 이야기(social stories)를 읽는 아동의 입장에서 보면 의미가 분명해진다는 것을 확신하라. 아동이 그림을 그리거나, 교사와 아동이 같이 그림을 그리거나, 어떤 아동이 다른 아동을 돕는 실제 예를 찍은 사진을 교사가 컴퓨터로 수정해서 (물론 부모 동의를 받아야 함) 사용할 수 있다.

교사는 사회상황 이야기(social stories)에 다른 아동을 돕는 것이 왜 중요한지 그 이유를 포함시키기 원할 것이다. 그래서 교사와 ADHD를 가진 아동은 협력해서 아동이 다른 아동에게 도움을 받기 원하는 상황을 기술하는 사회성 이야기를 써야 한다. 아마도 ADHD를 가진 아동은 일반아동에게 도움을 제공할 수 있을 것이다. ADHD를 가진 아동은 자신이 다른 사람을 도와주고 있기 때문에 자신에 대해서 긍정적으로 생각할 것이다. 가장 중요한 것은 다른 아동 돕기가 친구를 사귀는 데 첫 번째 단계라는 것이다.

여기에 어떤 아동이 다른 아동을 도와주기로 결심했을 때 아동 도와주기를 가르칠 단계들을 제시했다. 아동이 첫 번째 단계에서 무엇을 해야 하는지에 주목하게 하라. 앞에서는 사회성 기술에 대해 언급했다. 그 단계들에서는 과제카드(task card)를 사용했는데, 과제카드의 예들은 이후에 보게 된다.

★ 그 아동과 눈 맞춤을 유지하라.

★ 웃고 상냥하게 말하라.

★ "블록을 치우는 데 도움이 필요한 것 같은데"라고 말하라.

★ "도와줄까?"라고 요구하라.

★ 그 아동을 도와라(Hensley, Dillon, Pratt, Ford, & Burke, 2005, p.162에서 인용).

사회성 기술 8: 활동에 참여하도록 다른 사람 초대하기

사회성 기술은 친구를 사귀는 데 매우 중요하다. 다른 아동의 친구가 되고 싶다는 것을 알게 하는 실제적인 방법은 하고 있는 활동이 어떤 활동이든 그 활동에 참여할 수 있는지 물어보는 것이다. 이것은 일반아동에게는 쉬우나 ADHD를 가진 아동에게는 어려울 수 있다. 만약 다른 아동이 하고 있는 활동에 ADHD를 가진 아동이 참여할 수 있느냐고 물어봤을 때 거절을 당할 수도 있다. 그러나 교사는 포기해서는 안 된다. ADHD를 가진 아동이 자신의 활동에 다른 아동을 초대하도록 지도하는 것은 매우 중요하다.

다른 아동을 활동에 참여시키는 방법을 배우기 위해, 먼저 ADHD를 가진 아동은 다른 아동들이 보내는 단서를 긍정적으로 해석할지 부정적으로 해석할지 단서를 읽는 방법을 알아야 한다. 둘째로, ADHD를 가진 아동은 다른 아동의 신체언어(body language)를 이해하는 방법을 배워야 한다. 왜?

ADHD를 가진 아동이 다른 아동에게 자신의 활동에 참가하도록 요구하기 위해서는 다른 아동이 ADHD를 가진 아동과 노는 것에 흥미가 있는지 없는지 ADHD를 가진 아동은 알아야 한다. 많은 경우,

신체언어(body language)와 얼굴 표정들은 사람이 나타내는 유일한 힌트가 된다. ADHD를 가진 아동은 신체언어(body language), 얼굴 표정들, 그리고 행동 간의 관계를 보고 이해할 필요가 있다. 그것을 할 수 있을 때, ADHD를 가진 아동은 긍정적으로 상호작용을 시작할 수 있다.

ADHD를 가진 아동의 사회적 상호작용이 향상되는 데 도움을 주기 위해서 한 번에 몇 가지 단순한 단계들을 제시하는 것이 중요하다. 왜? 흔히 ADHD를 가진 아동들에게 너무 많은 것을 지도하면 그것들을 내재화시키지 못하기 때문이다. ADHD를 가진 아동이 다른 사람들을 자신의 활동에 참가시킬 수 있도록 하기 위해 교사가 사용할 수 있는 단계를 여기에 제시하였다.

★ 자신의 활동에 참여를 부탁하고 싶은 아동에게 가까이 다가가라.

★ 그의 얼굴 표정을 보라: 그는 ☺기분 좋은가, ☹슬픈가, 😒화가 났는가, 기타 등등

★ 신체언어를 보라: 그는 의자에 편안하게 앉아 있는가? 그는 방에서 돌아다니는가?

★ 아동이 편안하고 기분이 좋다고 판단한 후에는 그에게 더 가까이 다가가라.

★ 매우 간단하게, 당신이 하는 활동이 무엇이든 그 활동에 그가 참가하고 싶은지 물어보라.

★ 만약 그가 당신의 활동에 참여하고 싶다고 말하면, 그와 상호작용하기 시작하라.

★ 만약 그가 바쁘다거나 당신의 활동에 참가하고 싶지 않다고

말하면, 마음이 변하면 알려달라고 말하거나 또는 알았어라고 말하고 떠나라.

교사로서 당신은 당신의 의도에 따라 내가 제시한 단계를 바꿀 수 있다. 예를 들면, 당신은 다양한 얼굴 표정들을 짓는 사진을 사용하기 원할 것이다. 앞에서 언급한 것처럼, 요지만 말하자면 ADHD를 가진 아동은 자신에게 의미 있는 어떤 것을 더 잘 기억한다. 그래서 아마도 아동 자신과 가족이 화내는 사진, 기분이 좋은 사진, 또는 슬퍼하는 사진을 이용하면 아동에게 다양한 얼굴 표정을 더 쉽게 지도할 수 있다. 당신은 목록의 단어를 최소화하여 각 단계들을 더 단순하게 만들고 싶을 것이다. 예를 들면, 다음과 같이 더 단순하게 단계를 만들 수 있다.

〈방 법〉

1. 아동에게 다가가라.
2. 그가 어떻게 느끼는가?
3. 그가 어떻게 보이는가?
4. 그가 당신의 활동에 참가하기 원하는 것으로 보이는가?
5. 그 아동에게 더 다가가라.
6. 그가 당신의 활동에 참가하고 싶은지 그에게 물어보라.
7. 그가 그래라고 말했어? 좋아!
8. 그가 아니라고 말했어? 떠나고 다른 사람에게 물어보라.

단계가 너무 많은가? 그러면 이렇게 해 보자.

〈방 법〉

1. 보라.
2. 결정하라.
3. 다가가라.
4. 물어보라.

ADHD를 가진 아동들이 다른 사람들을 자신의 활동에 참가하도록 초대했을 때 무슨 일이 생기는가? 문제가 생기는가? 대부분의 성인에게 도움을 요구하는 것이 당연하다고 생각되지만, ADHD를 가진 아동들은 아무것도 하지 않는다.

사회성 기술 9: 성인에게 도움 요청하기

성인에게 도움을 요청하기는 쉬운 것처럼 보인다. 하지만 절대로 그렇지 않다. ADHD를 가진 아동이 성인에게 다가가 도움을 요청하는 것은 실제로 불안을 유발할 수 있다. 요청 더 이상의 무엇이 있다. 요청하기에 대해 생각해 보라. 자신의 행동으로 인해 학급에서 이미 오명을 덮어 쓴 ADHD를 가진 아동이 교사에게 도움을 요청할 때 그는 어떤 느낌을 가질까? ADHD를 가진 아동은 자신이 도움을 필요로 하는 유일한 사람이라고 생각하기 때문에 화가 날 것이다. 설사 잘못된 인식이라도 ADHD를 가진 아동이 그렇게 생각할 수 있다. ADHD를 가진 아동들은 자신들이 도움을 요구할 필요가 있는 존재라고 생각하기 때문에 자동적으로 다르게 느끼고, 그들이 잘못된 인식을 가졌음에도 불구하고 다른 아동만큼 공부를 하지 못한다고 아마 느낄 것이다.

학교 첫째 날이 시작될 때, 교사가 해야만 하는 일은 모든 아동이 때때로 교사의 도움을 필요로 할 것이라고 반복적으로 설명하는 것이다. 실제로 한 아동이 교사에게 필요로 하는 도움은 다른 아동이 필요로 하는 도움과는 매우 다를 수 있다는 사실도 설명하는 것이 매우 중요하다. ADHD를 가진 아동은 학급동료만큼 자신감이 있지 않음을 잊지 마라. 그래서 교사는 ADHD를 가진 아동에게 모든 아동이 때때로 교사의 도움을 필요로 한다는 것은 절대적으로 사실임을 확신시켜 줄 필요가 있다. 어떤 아동이 필요로 했었던 도움의 예를 설명할 수도 있다. (실제 아동의 이름을 말하면 안 된다.)

〈방 법〉 교사는 아동에게 "도움을 부탁받았을 때 생길 수 있는 최악의 일"을 질문할 수 있다(Cooper, 2005, p.18). 아래에 Cooper (2005)가 제시한 아동들이 자신에게 물어야 할 세 가지 질문을 소개했다. 그는 또한 따라올 반응도 제시했다.

★ "만약 내가 과제에 대해 질문한다면 생길 수 있는 가장 나쁜 일은 무엇일까?" 다른 아동이 나를 비웃거나, 또는 멍청이 같은 질문을 했다고 생각한다.
★ "만약 그들이 비웃거나 그렇게 생각하면 생길 수 있는 가장 나쁜 일은 무엇일까?" 나는 당황할 것이다.
★ "만약 내가 당황하면 생길 수 있는 가장 나쁜 일은 무엇일까?" 글쎄, 그렇게 나쁜 일은 없네, 그래서 어떻게 하라고? 아무도 완벽하지 않고 나는 매우 빨리 극복할 것이다.(pp. 18-19)

모든 사람이 "바보 같다"고 생각할 질문을 모든 아동이 교사에게 한다는 것을 내가 가르친 아동들에게 자주 말한 것을 기억한다. 당신이 말한 질문을 다른 아동에게 물어보면, 아무도 그 질문을 기억하지 못한다! 아래에 Cooper(2005)가 "만약 당신이 질문하면 무슨 일이 생길까?"에 대해 언급한 내용을 소개한다.

★ "답을 얻는다."
★ "더 많은 정보를 얻는다."
★ "배우고 더 잘될 기회를 얻는다."

일단 ADHD를 가진 아동이 성인에게 도움 요청하기에 대한 개념을 이해했다면, 그 아동은 아래의 단계들을 이용할 수 있다.

〈방 법〉

★ 성인의 얼굴 표정을 보라.
★ 성인의 신체언어를 보라.
★ 지금 당장 도움을 요청하기 위해 성인이 전하는 멈춤(STOP)과 기다림(WAIT)의 사인을 찾아라.
  - 사인 1: 성인들이 다른 사람들과 말하고 있는가?
  - 사인 2: 성인들이 전화하고 있는가?
  - 사인 3: 성인들이 책이나 지도 매뉴얼을 읽고 있는가?
  - 사인 4: 성인들이 일을 할 어떤 도구를 받고 있는가?

여기에 아동이 교사에게 물을 수 있는 몇 가지 질문이 있다.

★ "죄송하지만, 나를 도와줄 수 있겠습니까?"

★ "그것을 다시 한 번 설명해 주시겠습니까?"

★ "어떤 이유로 아직 이해를 할 수 없습니다.
반복해서 말해주실 수 있겠습니까?"

★ "다시 한 번 검토해 주실 수 있겠습니까?"

★ "귀찮게 해서 죄송합니다만, 각 부분은 살펴봐 주실 수 있겠습니까?"

★ "왜 그렇게 했는지 다시 한 번 말해 주십시오."

★ "이것은 잘 모르겠어요. 나를 도와주실 수 있겠습니까?"

그가 기다리는 동안 아동은 무엇을 해야만 할까? 얼마나 그를 기다려야만 할까? ADHD를 가진 아동에게는 기다림이 문제 상황이 될 수 있다. 내가 "비어 있는 시간"이라고 부르는 것, 또는 아동이 다른 사람들이 말하기를 멈추기를 기다리는 시간은, ADHD를 가진 아동이 다른 사람을 짜증나게 하고 방해하는 ADHD의 특성을 보이기 시작할 수 있는 시간이다. 교사는 그가 기다릴 동안 대체행동을 할 수 있도록 지도해야만 한다.

그런데 이 예는 ADHD를 가진 아동이 자기 행동을 자기 통제하는 첫 번째 단계가 될 수 있다. 예를 들어, ADHD를 가진 아동이 수학 공부를 하는 중에 어떤 문제를 푸는 데 어려워하고 있다. 교사는 미리 ADHD를 가진 아동에게 불안해지고 초조해졌다고 느낀다면, 어려워하는 과목의 과제의 일부분을 하라고 알려주어야만 한다. ADHD를 가진 아동이 어려워하는 분야(topic)를 이용하여 성인에게 도움 요청하기를 어떻게 하는지 계속해서 지도할 수 있으며, 이 성인에게 도움 요청하기에는 ADHD를 가진 아동이 교사에게 적절히 도움을 요청하는 것이 포함되며 전화 받기도 포함된다.

사회성 기술 10: 전화 받기

이 사회성 기술은 집에서 더 많이 필요한 기술이기는 하지만, 이 기술은 사회적 상호작용 시작하기(initial social interaction)와 사회적 상호작용 상황에서 사람들과 대화하기로 발전되어 간다(일반화된다). ADHD를 가진 아동이 비디오 게임에 지나치게 몰두하고 있어서 전화벨이 울리는 소리를 듣지 못했다고 하자. 첫째로, 부모는 전화벨이 울리면 전화를 받아야 한다고 자녀들에게 가르쳐야만 한다. 전화벨이 울리면 모든 사람이 전화로 몰려들어야 할까? 집에 있는 성인이 항상 전화를 받아야 할까?

누가 전화를 받는가에 대한 결정이 내려지면, 전화를 적절하게 받는 방법은 무엇인가? 물론 적절하게 받는 방법은 부모가 결정하기 나름이지만, 확실한 적절한 방법이 있다. 여기에 예를 소개한다.

〈방 법〉 "안녕하세요. Ellen입니다. 누구와 통화하고 싶으세요? (To Whom would you like to speak?)"

이 말은 약간 격식을 차린 말처럼 들리는가? 좋다. 그러면 이건 어떤가:

"안녕하세요. Ellen입니다. 누구와 통화하고 싶으십니까?(Whom would you like to speak please?)" (나는 아동들이 누구(who) 또는 누구에게(whom)를 사용하는 것에 엄격하지 않다.)

여기에서의 이슈는 당신은 전화를 건 사람에게 무슨 정보를 주기 원하며 답으로 무슨 정보를 원하는가 하는 것이다. 당신은 말할 수 있다: "당신은 스미스 가(the Smiths)에 전화하셨습니다. 누구와 통화하기 원하십니까?" 아동들은 항상 정중하고 공손해야만 한다. 만약 개인적인 이유로 당신이 성(household name)으로 전화를 한 사람에게 말하기를 원하지 않는다면, ADHD를 가진 아동은 "Jeff입니다. 누구와 통화하기 원하십니까?"라고 말할 수 있다.

이러한 노력이 쉬운 것 같아 보일지라도, ADHD를 가진 아동들은 무엇을 말해야 할지를 잊을 수 있다. 나의 현장 연구에서 한 부모는 조부모가 건 전화를 자기 딸이 받도록 여러 차례 시켰다. 조부모가 연습으로 전화를 했고 손녀는 전화를 받았는데, 이것을 아마 30번 했을 것이다. 누군가가 ADHD를 가진 아동들에게 그들이 전화를 아주 공손하게 받았다고 말하면 ADHD를 가진 아동들은 기분이 좋을 것이다. 홈 스쿨을 한 부모들 중의 한 사람은 적절한 전화 행동을 모델링하게 해서 그의 딸에게 전화 기술들을 가르쳤다고 했다.

엄마: 전화를 매우 공손하게 받는 사람은 Melissa가 유일한 것 같네요.
어디에서 배웠나 봐요. 다른 아이들은 그저 "여보세요?"라고만 말한다고요. 내가 일할 때 하는 목소리로요.
면접자: 아마 당신 딸이 당신을 모델링했고 당신 딸이 당신이 원하는 전화 받기 방식을 알아내도록 당신이 도와준 것이 아닐까요.
엄마: 그래요. 나는 사람들이 나에게 소리를 그만 지르라면서 오히려 그들에게 소리를 지른 것보다는 효과적이네요.(웃음) 그렇게 하는 것보단 본보기가 되어주는 것이 낫지요.

Melissa가 어머니의 전화 받기를 모델링함으로써 전화 받기를 배우는 것은 전화 받기를 배우는 데 좋은 방법이라 할 수 있다. 확실히 효과는 있었다. 왜냐하면 내가 Melissa를 관찰하는 동안, 나는 Melissa가 전화를 공손히 받으면서도 어머니에게 전달할 정보를 얻는 소리를 들었기 때문이다. 여기서 모델링이 효과가 있었다는 사실은 다른 아동에게는 다른 전략을 사용해야 한다는 증거가 된다. 당신이 지도하는 어떤 아동에게 가장 효과 있는 전략을 발견하는 것은 당신, 교사, 부모에게 달려 있다.

아동이 집에서 전화를 받을 때 아동이 어떻게 말할지를 지도하는 다른 방법으로 스크립트(script)를 들 수 있다. 이 방법은 ADHD를 가진 아동뿐만 아니라 집에 있는 일반아동에게도 도움을 줄 수 있다. 만약 아동이 글을 읽을 수 없다면, ADHD를 가진 아동이 전화벨이 울리면 정확하게 무엇을 하고 어떻게 말할지를 보여주는 사진을 카드에 붙여서 사용할 수 있다. 이 스크립트는 아래에 제시하는 방법을 사용해 만들 수 있다.

누군가가 전화를 했을 때 해야 할 적절한 말들을 목록으로 만드는 것은 ADHD를 가진 아동에게 전화 받기를 가르치는 하나의 방법으로, 집에서 전화 옆에 이 목록을 놓아둔다. 예를 들어, 여기에 목록에 실을 수 있는 문장을 제시한다:

1. "안녕하세요."
2. "Jane입니다."
3. "누구와 통화하고 싶으십니까?"

또는

4. "안녕하세요, 스미스 가(the Smiths)에 전화하셨습니다."
5. "누구와 통화하고 싶으십니까?"

내가 아동에게 적절하게 전화 받기를 지도하는 중에 아동이 내 서류가방을 뒤적거리는 때가 많았다. 아동이 내 서류가방을 본 후, 나의 펜을 사용하기로 결심한다. 그 펜은 그의 소유물로 그가 사용할 수 있는 것일까? 아이들은 분명히 타인의 소유물을 사용하기 위해 허락 구하기를 배울 필요가 있었다.

사회성 기술 11: 타인의 소유물 사용 허락 구하기

다른 사람의 소유물에 호기심이 있는 것은 모든 아동의 특징이기는 하지만, ADHD를 가진 아동을 가진 아동은 이 성향이 더욱 강하다. 그러나 호기심과 타인의 물건을 만지거나 가져가는 것은 별개이다. 타인의 소유물을 어떻게 존중할 것인가를 가르치는 것은 존중과 사생활에 대해 가르치는 것이다. 어떤 물건은 다른 사람의 소유이다. ADHD를 가진 아동이 타인의 소유물을 사용하기 위해 허락을 구한다면 ADHD를 가진 아동은 책임감 있는 행동을 하게 된다. 이 사회성 기술지도에 교사나 부모가 아동에 맞추어 만든 규칙 목록을 사용할 수 있다. 이 규칙을 다음과 같이 제안한다: 내가 타인의 소유물을 만지고자 한다면 허락을 구하고 타인이 만지는 것을 허락해 줄 때에만 타인의 소유물을 만질 수 있다. ADHD를 가진 아동들은 일관성 있게 참조할 수 있는 어떤 것이 있어야 하기 때문에 규칙은 ADHD를 가진 아동들에게서 중요하다. 허락 없이 타인의 소유물을 만지지 않도록 어떻게 지도할 수 있을까? 이 사회성 기술지도에는 혼잣말(self-talk)뿐만 아니라 자기 조절(self-regulation)이 사용된다:

〈방 법〉 어떤 아동이 장난감이 들어있는 가방에 다가간다. 그는 자신에게 말한다:

★ 이것은 내 가방인가?

★ 저것들은 내 장난감인가?

두 질문에 대한 대답은 “아니요”이어야만 한다. 만약 그렇다면 하던 것을 멈추고 돌아가야 한다.

교사가 질문을 나타내는 글을 쓰거나 그림을 제시하면 자신에게 무슨 말을 해야 할지 ADHD를 가진 아동이 기억하는 데 도움이 된다.

이것은 쉬워 보인다, 그렇지 않은가? 하지만 ADHD를 가진 아동들은 즉흥적인 만족감을 추구하기 때문에 ADHD를 가진 아동들이 타인의 소유물 만지기를 본인 스스로 막는다는 것은 실제로는 대단히 어렵다. 장난감을 만지는 것은 즉흥적으로 만족감을 준다. ADHD를 가진 아동에게 타인의 허락 없이 타인의 소유물을 만지지 않기를 지도할 때, 타인의 부정적인 반응을 받아들이는 방법을 가르치는 것이 중요하다. ADHD를 가진 아동들은 “아니요”라는 단어는 “아니요” 하나만을 의미한다고 지도받아야 한다. ADHD를 가진 아동들은 다른 사람이 “아니요”라고 말한다고 다른 사람이 ADHD를 가진 아동들에게 화가 나 있음을 의미하는 것은 아님을 알아야 한다. 단지 ADHD를 가진 아동들에게 허락 없이 다른 사람의 소유물을 만지는 것을 허락하지 않는다는 의미이다.

때때로 아동들이 다른 사람의 소유물을 만지거나 심지어는 가지고 놀기도 하는데, 이럴 때 사고가 발생하기도 한다. 인형으로 다른 아이의 머리를 때리거나 놀이터에서 떨어진 경험은 모든 아이에게 있다. ADHD를 가진 아동은 사고를 적당한 사람에게 보고하는 방법을 알고 있을까?

사회성 기술 12: 적절한 사람에게 사고를 보고하기

이 사회성 기술은 자연스러운 것으로 생각되지 않는가? ADHD를 가진 아동은 사고가 생길 때 보고할 책임을 있다는 것을 잘 이해하지 못한다. 이 점에 대해서는 나를 믿어라. 교사가 25명의 아동을 데리고 체육수업을 했다. 교사는 Timmy에게 벽장에서 공을 가져오도록 말을 했다. 같은 시간에, 교사는 체육관 바닥에 원뿔형 물체들(cones)을 줄 세우고 있었다.

갑자기 공이 굴러가서(이번에는 Timmy가 공을 굴리지 않았다!) 여자 아동이 발에 걸려 넘어져 머리를 부딪쳤다. Timmy는 그녀가 우는 것을 물끄러미 응시하고, 달려 나갔다. 이 상황에서 Timmy의 책임은 무엇인가? Timmy는 선생님에게 달려가 여자 아동이 걸려 넘어져 울고 있다고 말했어야 했다. 나중에 Timmy는 나에게, 그는 달려 나갔지만 교사에게는 말하지 않았다고 했다. 그 이유는 왠지 그가 공을 굴렸다고 그녀가 생각할 것 같아 두려웠기 때문이었다. 그는 자신을 "나쁜" 아동으로 생각하는 것에 분명히 익숙해져 있었다.

실제로, ADHD를 가진 아동들, 특히 과잉행동 그리고/또는 충동성을 가진 아동들은 언제나 잘못되어 있다고 느낀다. 희망적인 것은, 교사나 부모가 ADHD를 가진 아동들에게 적절한 사회성 기술을 지도한 후에는 ADHD를 가진 아동들은 자기 자신에 대해 더 좋게 생각하고 발생하는 모든 문제 사건에 대해 자기 자신을 책망하기를 멈춘다는 것이다. 그래서 ADHD를 가진 아동들은 "부당할 수 있는" 규칙에 대해 질문을 시작할 필요가 있고, 그들은 그렇게 하도록 배워야만 한다.

사회성 기술 13: 부당할 수 있는 규칙에 대해 질문하기

이 사회성 기술은 ADHD를 가진 아동이 배우기에 가장 어려운 기술 중에 하나이다. 왜냐하면 ADHD를 가진 아동들은 자기 자신을 넘어서서 볼 수 없기 때문에, 타인이 무엇을 보는지를 이해하지 못한다. 그래서 ADHD를 가진 아동들은 그들이 보는 것만을 믿는다. 이것이 문제가 될 수 있다. 나를 믿어라. 만약 예를 들어, ADHD를 가진 아동이 화가 나서 행동하고 있고 짜증이 난 상태일 때 당신이 말을 건다면, 그는 당신에게 주의를 기울이지 않을 뿐만 아니라 (당신이 그의 주의를 끌었다고 해도), 그는 당신을 믿지 않을 것이다.

Elliot와 Gresham(1991)은 사회성 기술훈련에 관해 집중적으로 연구를 했다. 그들의 연구는 사회성 기술을 정의하고 사회성 기술훈련 중재를 설계하는 데 있어 오늘날까지 표준이 되고 있다. 여기에 ADHD를 가진 아동들이 자신에게 물을 수 있는 질문으로 Elliot와 Gresham이 제시한 질문들이 있다.

〈방 법〉 다음은 ADHD를 가진 아동이 성인이 공정하다 또는 부당하다고 생각하는가에 대해 알기 위해 ADHD를 가진 아동들이 자신에게 물을 수 있는 (그리고/또는 교사가 그들에게 물을 수 있는) 질문들이다.

★ "당신은 언제 당신의 부모나 교사가 만든 규칙이 당신에게 부당하다고 느끼는가?"

★ "당신은 규칙이 부당하다고 느끼면 어떻게 하는가?", "무엇을 하는가?"

★ "학교, 가정, 우리나라에서 규칙이 없다면 무슨 일이 생길까?"

★ "어떤 때 규칙은 불공평한가?"

★ "어떤 때 규칙은 공평한가?"

(Elliot & Gresham, 1991, p.152)

아동이 자신에게 이러한 질문들을 하는 요지는 무엇인가? 아동들이 이러한 질문에 대답할 수 있을 때, 자기 자신의 행동을 통제하는 방향으로 큰 걸음을 옮길 수 있다. ADHD를 가진 아동들이 자신들에게 질문을 할 때, 그들은 자신의 행동에 대해 생각하고 결정해야만 하며, 그리고 나서 답을 생각하고 결정해야만 한다. 자신들의 답에 대해 생각하고 결정하는 과정에서, 그들은 다른 사람의 관점과 특히 다른 사람들은 어떻게 이러한 질문에 답하는가를 알아가게 될 것이다. ADHD를 가진 아동들이 다른 사람의 관점에서 보는 것을 배우게 되면, 그들이 다른 사람들을 칭찬하기가 훨씬 쉬워진다.

사회성 기술 14: 칭찬하기

ADHD를 가진 아동이 칭찬하기를 배우는 것이 왜 중요한가? 아동들은 자연스럽게 칭찬을 하지 않는가? ADHD가 없는 아동들은 칭찬을 자유롭고 쉽게 할 수 있지만, ADHD를 가진 아동들은 그렇지 않다. ADHD를 가진 아동들은 동료를 칭찬을 하는 것이 왜 중요한지 깨닫지도 이해하지도 못하기에 그들은 동료를 칭찬하지 않는다. 비록 ADHD를 가진 아동들의 부모와 형제가 칭찬을 하고 ADHD를 가진 아동들이 자신들을 칭찬하는 자신들의 부모와 형제를 지켜보더라도, ADHD를 가진 아동들은 그 사회성 기술을 내면화하지 못한다.

내가 지도했던 ADHD를 가진 아동들에게 자신들의 동료를 칭찬하는 것과 칭찬하는 법을 배우는 것이 왜 중요한지 설명할 때, 칭찬하는 것은 다른 사람을 위한 착한 행동을 하는 것이라고 말한다. 누군가에게 착한 행동을 하면 기분이 좋아진다. ADHD를 가진 아동 그리고 상대방 아이에게 친구가 되고 싶다는 의도를 보이는 계기가 될 수도 있다. 그러나 ADHD를 가진 아동이 다른 아동에게 잘해 주도록 지도하는 것은 어려울 때도 있다.

예를 들어, 내가 사회성 기술을 가르쳤던 5세 아동에게 누군가 그를 괴롭히더라도 그는 괴롭힌 아동에게 여전히 잘해 주어야만 한다는 나의 의견에 동의하도록 설명하고 나의 의견을 확신시키는 것은 어려웠다. 그는 어떤 아동이 선생님의 말을 안 듣기 때문에 그 아동에게 잘해 줄 수 없다고 나에게 말했다. 다른 아동의 선생님은 그 아동이 말을 듣지 않을 때마다 그에게 '스트라이크'를 준다고 (야구할 때 스트라이크라는 의미, 아웃되기 전에) 나에게 말했다. 선생님이 그 아동의 행동을 그렇게 다루는 것에 왜 그가 상관 있는지 물었을 때, 그는 웃었다! 그는 분명히 예의 바르게 처신하는 아동들과 친구가 되기를 원했을 뿐이다. ADHD를 가진 다른 아동들뿐만 아니라 ADHD를 가진 그 자신도 사회적으로 적절한 행동을 하기 어렵다는 점을 고려하면 매우 흥미로운 사실이다.

ADHD를 가진 아동이 다른 사람을 칭찬하기 전에 그는 다른 사람의 행동을 이해할 수 있어야 한다. 어떻게 그렇게 할 수 있을까? 교사는 다음의 단계에 따라 아동들을 코치할 수 있다.

〈방 법〉

★ 그 사람을 주의 깊게 관찰하라.

★ 자신에게 질문하라.

★ 그 사람은 새로운 옷을 입었는가?

★ 그 사람은 이발을 했는가?

★ 그 사람은 동료를 도와주었는가?

★ 그 사람은 성인을 도와주었는가?

★ 휴식시간에 소프트볼을 할 때 공을 잘 친다든가, 학급 학생을 위해 쿠키를 맛있게 굽는 것 같은 일을 잘 하는가?

ADHD를 가진 아동과 상호작용하는 아동이 위에서 언급한 행동을 했다는 것을 알았다면, 그는 칭찬을 하도록 배워야만 한다. 다른 아동이 매우 도움이 되었다는 것을 ADHD를 가진 아동이 이해하지 못한다면 이 사회성 기술을 가르치는 것이 더욱 중요하다.

실제로, 교사가 다른 아동의 활동 모습을 비디오로 녹화(부모 동의를 받아야 함)하는 것은 ADHD를 가진 아동이 다른 아동의 행동을 이해하는 것을 촉진할 수 있다. ADHD를 가진 아동에게 동영상을 보여주라. ADHD를 가진 아동에게 정확하게 다른 아동이 도움이 되는 무슨 일을 했는지 알려주라. 이 동영상은 교사가 사용할 수 있는 디지털카메라로 2~3분 촬영한 것이면 사용할 수 있다.

교사, 교사의 보조원, 또는 도와주는 사람(aide)은 ADHD를 가진 아동의 코치가 되어 아래의 활동을 하도록 가르친다.

〈방 법〉

★ ADHD를 가진 아동이 어떤 식으로 다른 아동과 상호작용을

한다면 그들이 상호작용을 하는 동안에 칭찬을 해 주는 것은 자연스럽다. 예를 들어, 만약 그들이 휴식시간에 놀고 있다면, ADHD를 가진 아동은 "Jess, 옷을 멋있게 잘 입었네"라고 말할 수 있다.

★ 추측하건대, 다른 아동은 "고마워"라고 말할 것이고 그러면 ADHD를 가진 아동은 "천만에", "또는…"라고 말할 수 있다.

★ "휴식시간 소프트볼을 할 때 오늘 멋지게 쳤어. 그래서 그 게임을 이기는 데 도움이 되었어."

그러나 이러한 반응들은 ADHD를 가진 아동이 자동적으로 할 수 있는 것이 아니다. 당신은 인위적으로 시나리오를 만들어서 그 시나리오를 사용해 ADHD를 가진 아동과 역할극을 해서 ADHD를 가진 아동이 칭찬을 하는 방법을 익히도록 가르쳐야 한다. 역할극은 ADHD를 가진 아동에게 가르쳐야 하는 기술(skill)로, 역할극을 사용해서 그는 여기서 소개한 사회성 기술 중재들을 실행에 옮길 수 있다.

만약 ADHD를 가진 아동이 앞에서 언급한 그 아동과 현재 어울리고 있지 않지만 그 아동에게 칭찬을 해 주고 싶다면, 그는 어떻게 해야 할까? 이 경우 그는 다음과 같이 할 수 있다.

★ 그 아동에게 다가가라.

★ 어떤 아동과 "상호작용할 수 있다면" 그 아동의 신체언어(body language)를 평가하고 나서 판단을 하라. "상호작용할 수 있다면"은 무슨 의미인가? 만약 그 아동이 얼굴에 미소를 짓는다면 "상호작용을 할 수 있다." 또한 ADHD를 가진 아동이 그 아동에게 다가가 안녕이라고 말했을 때 ADHD를 가진

아동을 다정하게 본다면, 또는 그 아동이 ADHD를 가진 아동에게 친구로 사귀고 싶다는 암시를 주었을 때 ADHD를 가진 아동은 그 아동과 "상호작용 할 수 있다."

★ 만약 ADHD를 가진 아동이 다른 아동을 "상호작용 할 수 있는 대상으로" 여긴다면, ADHD를 가진 아동은 앞에서 설명한 방법을 사용하여 그 아동에게 칭찬을 할 수 있다.

아동이 다른 아동에게 주는 전형적인 칭찬에는 어떤 것들이 있을까? 여기에 몇 가지 예를 제시한다.

★ "스니커 운동화 신었네? 어디에서 이 운동화를 볼 수 있어?"
★ "너의 땋은 머리 예쁘네."
★ "이 재킷 좋다. 입으면 따뜻하겠네."
★ "네가 그린 별 정말 좋다. 진짜 별 같은데."
★ "네 책상에 디자인한 너의 이름이 굉장히 멋있어."

지도 과정에서 교사로서 당신의 일은, 아동이 어떤 아동에게 하는 칭찬들이 자기 비하가 아님을 확신시켜 주는 것이다. ADHD를 가진 아동이 약점을 보이지 않고 이치에 맞게, 품위 있게 칭찬을 하는 방법을 배우기 위해서는 연습, 연습, 또 더 많은 연습이 필요하다.

〈방 법〉 ADHD를 가진 아동들이 칭찬하기를 실행하도록 가르칠 때 교사는 인형(puppet)을 사용할 수 있다. ADHD를 가진 아동이 다른 아동을 칭찬하도록 지도할 때 간단한 글/삽화(vignettes)를 사용하면 도움이 된다. 여기에 당신이 할 수 있는 몇 가지 예를 제시한다.

★ 두 아동이 블록으로 나란히 늘어선 빌딩들을 만들고 있었다. 한 빌딩은 매우 높고, 크기 순서대로 블록을 쌓아서 만들었다. 높은 빌딩을 만들지 못한 아동은 다른 아동에게 무슨 말을 할 수 있을까? 높은 빌딩을 만든 아동은 다른 아동에게 무슨 말을 할 수 있을까?
★ 한 아동이 새로운 스니커즈 운동화를 신고 새 가방을 메고 학교에 왔다. 다른 아동은 그에게 무슨 말을 할 수 있을까?
★ 한 아동이 주말이 지난 후에 새로운 헤어스타일로 이발을 하고 학교에 왔다. 다른 아동은 그에게 무슨 말을 할 수 있을까?
★ 금요일 오후, 집으로 가기 전에 한 아동이 책상을 깨끗하게 하고 그의 책상에 있던 연필, 크레용, 가위, 종이, 그리고 다른 물건들을 정리했다. 다른 아동은 그에게 무슨 말을 할 수 있을까?
★ 교사가 그녀에게 쿠키를 구워오라고 요구하지 않았음에도, 어떤 여자 아이가 누군가의 생일을 위해 학급 전체 인원에게 줄 쿠키를 구워서 가져왔다. 다른 아동은 그녀에게 무슨 말을 할 수 있을까?
★ 선생님이 하루 전에 팔을 다쳐 깁스를 하고 있다. 한 아동이 선생님이 바닥에 떨어진 종이를 주울 수 있도록 도와주었다. 다른 아동은 그녀에게 무슨 말을 할 수 있을까?

(비록 ADHD를 가진 아동이 이 기술을 규칙적으로, 적절하게 수행하지 못할지라도) ADHD를 가진 아동이 이제 칭찬하기를 배웠으므로, 그는 칭찬에 반응하려면 어떻게 해야 하는지를 배워야 한다.

사회성 기술 15: 칭찬에 반응하기

칭찬에 반응하는 몇 가지 방법이 있는데, 이 방법들은 인형이나 역할극을 통해 연습하면 좋다. 불안을 경험한 ADHD를 가진 아동은 누군가 그에게 칭찬을 하면 당황해 한다. 불안장애 또는 어떠한 불안을 가진 일부 ADHD를 가진 아동들은 무엇이라고 말할지를 모르거나 어떻게 말할지 몰라 난처해한다. 많은 ADHD를 가진 아동들은 "고마워"라고 말하기도 힘들다.

그러나 ADHD를 가진 아동들은 누군가 그들에게 칭찬을 하고 그 칭찬에 그들이 반응하지 못할 때 너무나 불편해할 수 있다. ADHD를 가진 아동들은 자기 자신에게 주의가 몰리는 것을 원하지 않는다. 또한 ADHD를 가진 아동은 칭찬에 주목할 수 없거나 칭찬이 무엇을 함축하는지 이해하지 못한다. 이것은 수업 중에 서로를 칭찬하도록 학생을 지도하는 교사에게 달려 있다.(p.102)

ADHD를 가진 아동들은 칭찬을 해야 하는 것은 필수적이다. 왜냐하면 그 칭찬으로 인해 일반아동은 ADHD를 가진 아동들이 잘 해낼 것이라고 생각하기 때문인데, ADHD를 가진 아동들은 자신들이 잘 해낼 것이라고는 거의 생각하지 않는다. 칭찬에 반응하는 방법들은 적지만, 반응은 꼭 해야 하는 것이다. 그래서 ADHD를 가진 아동은 칭찬에 반응하는 것이 필수적이다. 아동과 성인은 흔히 칭찬을 받은 사람이 그냥 서있고 칭찬에 대한 반응을 하지 않으면 무례하다고 생각한다.

〈방 법〉

★ ADHD를 가진 아동은 간단하게 "고마워"라고 말한다.

★ 다른 아동이 ADHD를 가진 아동에게 칭찬을 하면, ADHD를

가진 아동은 “고마워”라고 말할 수 있고 그 아동에게 답례로 칭찬을 돌려줄 수 있다. 예를 들어, 만약에 어떤 아동이 ADHD를 가진 아동에게, “뉴욕 양키 셔츠 멋있어”라고 말했다고 하자. ADHD를 가진 아동은 “고마워. 뉴욕 메츠 셔츠도 멋있어”라고 말하거나 또는 ○○라고 말할 수 있다.

★ 어떤 아동이 ADHD를 가진 아동에게 “너 옷 너무 예쁘다”라고 말했다고 하자. ADHD를 가진 아동은 “고마워”라는 말은 생략하고 대신 “너 옷도 예뻐”라고 말할 수 있다.

한편, ADHD를 가진 아동들이 칭찬을 한 사람에게 반응하기를 배우는 것에 더해서 그들이 감사한 일이 있을 때 성인에게 감사를 말하는 것을 배워야 한다.

사회성 기술 16: 성인에게 감사할 일이 있을 때 감사하다고 말하기

감사한 일이 있을 때 성인에게 감사하다고 말하기를 배우는 것은 매우 중요하다. 왜냐하면 ADHD를 가진 아동들이 자신의 관점에서 벗어나 내가 앞에서 제시한 관점으로 보도록 도와주기 때문이다. 감사한 일이 있을 때 성인에게 감사하다고 말하는 것을 말하기는 마치 칭찬인 것처럼 인식한다. 그러나 아동이 어떤 것을 멋있게 말로 표현할 수 있다 하더라도, 감사 표현하기는 어떤 것을 보다 구체적으로 말한 것이다. 성인에게 감사 표현하기는 ADHD를 가진 아동들에게 어떤 의미가 있는가? 감사 표현하기는 ADHD를 가진 아동들이 성인을 존경한다는 것을 나타내는 것이다.

ADHD를 가진 아동들이 성인을 존경한다는 것은 당신에게 있어 분명한 사실로 보일 것이다. 그러나 언제나 그렇지는 않다. 존경이란 무엇인가? 존경이란 아동이 다른 사람을 배려하고 다른 사람의 노력을 이해한다는 것을 의미한다. 만약 어떤 아동이 성인에게 감사를 보여주지 않는다면, 그 아동은 무례하다고 여겨진다.

무례에 관해서 말하자면, 나는 지난주 ADHD-과잉행동형을 가진 6세 아동을 지도했다. 내가 방에 들어가자, 그 아동은 나에게 "당신은 더 이상 오지 않아도 돼요. 저희 할머니가 저에게 모든 것을 가르치고 있어요"라고 말했다. 솔직히 말하자면, 나는 깜짝 놀랐다. 나는 "누가 이 아동의 마음 속에 그런 생각을 심었을까?"라고 생각했다. 그렇게 어린 나이에 일반아동은 자기 자신을 그렇게 표현하지 않는다. 그러나 ADHD를 가진 아동들은 가끔씩 이런 식으로 성인에게 말을 한다.

그의 할머니는 이 소년이 이렇게 말하기 몇 년 전에 특수교사를 했었고, 바르게 손자를 가르치고 있다고 말했었다. 이 말은 내가 그 소년을 가르치는 방법은 틀렸다는 뜻이 암시되어 있었다. 나는 그 할머니가 한 말에 신경을 많이 쓰지도 않았고 비슷한 말투로 대답을 하지도 않았다. 나는 나의 지도로 그 아동이 발전하고 있다는 것을 알지만, 여전히 많은 가족들이 선생님들에게 "지도에 진심으로 감사드립니다"라는 말을 왜 하지 않는지 궁금하다.

어떻게 하면 이 소년이 감사하다는 뜻을 사람들에게 말하게 할 수 있을까? 그 소년은 "할머니가 나를 지도하시고 있지요. 선생님 역시 나에게 많은 것을 가르쳐 주었어요"라고 말했어야 했다.

〈예〉 다음은 ADHD를 가진 아동들이 할 수 있는 반응으로 ADHD를 가진 아동들이 감사 표현하기를 하도록 성인들이 지도하는 데 필요한 몇 가지를 제시했다.

- ★ 교사는 수학 문제를 어려워하는 ADHD를 가진 아동을 도울 수 있다. 그 아동은 이렇게 말할 것이다: "Charles 선생님, 도와주셔서 고마워요. 이제 문제를 이해했어요."
- ★ 부모는 공부 스케줄을 조정해 시간을 만들어 아동과 그 친구들을 동물원에 데리고 간다. 그 아동은 이렇게 말할 것이다: "공부 시간에 시간을 내어 저희를 동물원에 데려가 주셔서 매우 좋았어요. 저희는 멋진 시간을 보냈어요."
- ★ 교사(보조원 또는 다른 아동)가 아동이 도움이 필요하다는 것을 알고 아동이 블록치우는 것을 도와준다. 그 아동은 이렇게 말할 것이다: "Allen 선생님, 선생님의 도움 없이 블록을 치웠다면 훨씬 더 많은 시간이 걸렸을 거예요."
- ★ 부모가 아동을 위해 생일 케이크와 컵케이크를 만들어서 학교에 가져가서 컵케이크는 다른 아동들이 집에 가져가게 했다. 그 아동은 이렇게 말할 것이다: "엄마, 모든 아이들이 생일 케이크를 좋아했어요. 그리고 아이들이 컵케이크를 집에 가져가게 되어 기뻤어요."
- ★ 아침에 어떤 아동이 가방을 푸는 데 정해진 시간보다 더 오랜 시간이 걸리는 것을 선생님이 보고 선생님이 그 아동을 도와주었다. ADHD를 가진 아동은 아침에 교실에서 모든 아동들을 쳐다볼 때 ADHD를 가진 아동은 산만해지므로 이렇게 하는 것이 필요하다. 그 아동은 이렇게 말할 것이다: "이제 준비가 되었어요. 선생님이 제가 더욱 빨리 가방을 풀 수 있도록 도와주셨어요."

ADHD를 가진 아동은 직접적이고 의도적인 방식을 통해 감사 표현하기를 배워야만 한다. 사회성 기술은 앞에서 소개한 예와 같은 것을 사용하여 설명해야 한다.

〈방 법〉

무례하고 감사를 표하지 않는 방식으로 행동하는 모습의 동영상과 존중과 감사를 표하는 방식으로 행동하는 모습의 동영상을 사용하면 효과적이다. 때때로 ADHD를 가진 아동들에게 어떤 사회성 기술이 배워야 할 만큼 매우 중요하다는 것을 실제로 이해시키기에 앞서서 시각 양식으로 된 분명한 이미지를 볼 필요가 있다. 다양한 세상에서 필수적으로 배워야 할 또 다른 사회성 기술은 나와 다른 사람들을 받아들이는 것이다.

사회성 기술 17: 나와 다른 사람 받아들이기

나와 다른 사람에 대해 참기보다 다른 사람을 받아들이도록 아동에게 왜 가르쳐야 하는가? 첫째로, 최근에 많은 사람들이 언급하는 '참는다'라는 말을 없애고자 한다. 나의 생각으로는 아동에게 나와 다른 사람에 대해 참으라고 지도한다면, 어떤 이유로 다른 아동을 좋아하지 않는다는 것을 그 아동이 알고 그저 그를 억지로 참아주기만 할 것이다. 누군가가 그 아동에게 다른 아동을 받아들이도록 지도한다는 것은 그 아동이 다른 아동을 좋아함을 의미한다. 비록 요즘에는 아동들이 사람들 간의 차이를 존경하고 받아들이도록 지도하는 것이 강조되고 있다 할지라도, ADHD를 가진 아동들이 이 기술을 배우는 것은 특히 중요하다. ADHD를 가진 아동과 다른 사람들을 받아들이라는 지도를 하는 이유는 ADHD를 가진 아동들이 일반아동들과 다르기 때문이다. 내가 앞에서 비슷한 예를 제시하기는 했지만, ADHD를 가진 아동들이 하는 행동 중에 그 행동이 일반아동들의 행동과 다른 예를 제시한다.

- ★ ADHD를 가진 아동들은 수업 중에 자리에 앉아 있는 것이 어렵다.
- ★ 체육수업처럼 비구조화된 환경에서는 ADHD를 가진 아동들은 자기 통제력을 상실하고, 흥분하여 돌아다닌다.
- ★ ADHD를 가진 아동들은 흔히 놀이 장면에서 차례를 기다릴 때 일반아동처럼 참지를 못한다.
- ★ ADHD를 가진 아동들은 언제나 다른 아동들과 협력하거나 타협하지는 않는다.
- ★ ADHD를 가진 아동들은 변화를 어려워한다.
- ★ ADHD를 가진 아동들은 어떤 활동에서 다음 활동으로 넘어가는 전환기에 어려움을 겪는다.
- ★ ADHD를 가진 아동들은 흔히 부적절한 말을 사용하여 질문을 한다.
- ★ ADHD를 가진 아동들은 흔히 질문하기에 부적절한 때에 질문을 한다.
- ★ ADHD를 가진 아동들은 지나치게 말을 많이 한다.
- ★ ADHD를 가진 아동들은 다른 사람의 말을 잘 듣지 않는다.
- ★ ADHD를 가진 아동들은 방에 뛰어 들어간다.
- ★ ADHD를 가진 아동들은 다른 사람들의 대화에 끼어들어 대화를 방해한다.

★ ADHD를 가진 아동들은 불만스러울 때 울화통을 터뜨린다.

교사들은 이러한 행동을 사회적으로 부적절한 것으로 단정하며, 이러한 행동은 ADHD를 가진 아동들을 학급에 있는 다른 아동들과 다르게 생각하게 한다. 만약 당신이 나의 생각에 동의하지 않고 이러한 행동의 일부는 사회적으로 부적절한 것이 아니다라고 생각한다면, 이렇게 해 보라: 눈을 감고 어떻게 하면 이러한 행동을 하는 아동을 주변 사람이 다른 아동들과 다르게 생각하지 않게 하면서 학급에 적응시킬 수 있겠는가를 생각해 보라. 만약 아직도 당신이 동의하지 않는다면, 그렇게 할 수 있는 방법을 나에게 말해 달라.

그렇기 때문에, ADHD를 가진 아동들이 자기들과 다른 사람을 이해하고 받아들이는 것을 배울 필요가 있음을 알 수 있다. 사회성 기술을 지도하려면 ADHD를 가진 아동들과의 깊이 있는 토의가 필요하다. ADHD를 가진 아동들은 모든 사람들은 각각 다르다는 것을 이해할 필요가 있고, 일반 사람만큼 그 다름을 이해하지 못한다고 해도 문제가 되지 않는다. 그러나 ADHD를 가진 아동들은 부주의로 인해 사람들이 어떻게 서로 다른지를 모른다. 그러니 ADHD를 가진 아동들은 머리에 생각이 내키는 그대로 말을 하고, 그로 인해 때때로 다른 아동에게 부적절한 말을 하고 심지어 부적절한 말이었다는 것을 깨닫지도 못한다.

사람들의 외부(예를 들어, 피부색, 머리카락, 다른 눈, 다른 옷 등)는 다를지라도 믿음, 가치, 그리고 행동은 비슷할 수 있다는 것을 ADHD를 가진 아동들에게 지도하는 것은 중요하다. Cheryl J.와 Meiners(2004)가 쓴 *A Accept and Value Each Person*(사람들의 수용과 가치)이라는 책은 각각의 사람이 독특하다는 것을 ADHD를 가진 아동들이 알도록 교사가 지도하는 데 큰 도움이 된다.

정통파 유대교도, 도심 지역에 사는 아동들, 아미쉬파(Amish) 후손, 모르몬교 신자와 같이 제한되고 좁은 환경에서 자란 ADHD를 가진 아동들에게 이 사회성 기술을 지도하는 것은 특히 중요하다. 그들은 그들만의 종교 또는 인종 집단과 상호작용하기 때문에 이러한 아동들은 학교 안에서 또는 과외 활동에서 그들과 다른 아동을 보지 못한다. 일부 ADHD를 가진 아동들은 이 중요한 기술에 대해 읽음으로써 이 중요한 기술을 배울 수 있고, 일부 ADHD를 가진 아동들은 깊이 있는 설명과 역할극이 필요할 것이다.

ADHD를 가진 아동의 산만성으로 인해 상호대화(reciprocal conversation, 말을 번갈아가며 대화하는 것)의 방법을 지도하는 것은 매우 어렵지만, 만약 정확하게 할 수만 있다면 그 아동은 자기와 다른 사람을 받아주는 것을 제대로 알게 된다. 물론 당신은 이 사회성 기술을 지도하기 전에 ADHD를 가진 아동이 눈 맞춤 유지하기를 할 수 있어야 함을 알 것이다. 질문과 답 회기를 먼저 실시하라.

★ "당신의 피부색은 무엇인가?"
★ "당신의 같은 반 친구의 피부색은 당신과 같은가?" 그렇지 않다면, "그들의 피부색은 무엇인가?"(아동들은 피부색을 어릴 때 알고 있다고 연구자들은 확신한다[Derman-Sparks, 1989, p.2].) 아동들은 반 친구의 피부색에 주목한다는 것을 알고 있어야 한다. 교사 또는 부모는 ADHD를 가진 아동에게 다양한 피부 "색"을 가진 아동들의 사진을 보여주고 ADHD를 가진 아동이 그 아동들을 확실히 구분할 수 있도록 하라. 이것이 왜 중요한가? 아동이 차이의 개념을 이해하고 사람들의 피부색 차이를

구분할 수 있는 것은 "나와 다른 사람 받아들이기" 사회성 기술을 지도하기 시작하는 데 좋은 방법이 됨을 알아야 한다. 그러면 대화로 되돌아간다:

★ "당신의 반에 있는 아동들의 피부색이 당신과 그 아동들을 다르게 하는가?"
★ "만약 그렇다면, 어떻게 그 아동들의 피부색은 그들을 다르게 하는가?"
★ "놀이시간에 당신 반에 있는 아동들을 당신과 비교하면 같은 것을 하면서 노는가 다른 것을 하면서 노는가?"
★ "당신은 무슨 놀이를 하고 싶은가?"
★ "당신의 반 아동들은 비슷한 옷을 입는가?"
★ "당신의 반 아동들은 같은 습관을 가지고 있는가?"
★ "당신의 믿음들 중의 일부는 무엇인가? 예를 들어, 당신에게 잘해 주는 사람에게 당신은 잘해 주는가? 당신에게 잘해 주는 사람을 위해 무엇을 하는가? 당신의 반 아동들은 비슷한 가치관을 가지고 있는가?"

제기된 질문에 대한 답을 사용하여, 교사는 자기와 다른 사람을 받아들이는 것을 아동에게 지도할 수 있도록 해야 한다. 이러한 지도는 몇 가지 방법을 사용해서 반복할 수 있다. 예를 들면, 이 사회성 기술을 강화하는 한 가지 방법은 교사와 ADHD를 가진 아동이 함께 대화를 통해서 배운 내용을 가지고 사회상황 이야기(social stories)를 쓰는 것이다.

〈방 법〉

사회상황 이야기 쓰기

사회상황 이야기: 자기와 다른 사람 받아들이기

★ 당신은 당신의 반 친구들과 피부색, 옷, 문화가 다를 수 있다.

★ 당신의 반에 있는 사람들과 차이가 있을지라도 그들에게 존중심을 가지고 대하는 것이 중요하다.

★ 당신의 반에 있는 사람과의 차이점을 긍정적으로 여기고 그것을 존중해야 한다.

★ 당신의 반에 있는 사람과 아무리 다르다고 할지라도, 모든 사람은 성공적으로 같이 공부하고 놀 수 있다.

다르다는 것은 긍정적인 속성이 있음

때때로 다름의 긍정적인 면을 말하는 이야기를 읽는 것은 ADHD를 가진 아동에게 큰 도움을 줄 수 있다. 이러한 이야기의 예가 Helen Lester(1998)가 쓴 *Tacky the Penguin*(펭귄 태키)이다. 펭귄 태키(Tacky the Penguin)는 다른 펭귄과 똑같이 행동하지 않는 펭귄 태키(Tacky the Penguin)의 이야기이다. 예를 들면:

★ 다른 펭귄은 조용히 인사하는데, 태키는 펭귄의 등을 치면서 인사한다.

★ 다른 펭귄은 줄을 서서 걸어가는데, 태키는 줄에서 벗어나 걷는다.

★ 다른 펭귄은 우아하게 물속으로 들어가는데, 태키는 크게 물을 튀긴다.

★ 다른 펭귄은 아름다운 노래를 부르는데, 태키는 이상한 노래를 부른다.

어느 날 사냥꾼이 펭귄들의 집에 왔을 때 태키는 이 차이들을 긍정적으로 사용했다. 그는 다른 펭귄의 등을 치고, 같이 걸어가는 줄 밖에서 걷고, 사냥꾼을 짜증나게 하는 노래를 불러서 태키는 사냥꾼들이 펭귄들에게서 떠나게 하고 펭귄의 집에서 떠나가게 했다! 다른 펭귄들은 태키에게 자신들과 다른 점이 태키를 도와 해낸 일들에 대해 감사하다고 했다. 흔히 ADHD를 가진 아동들은 이상하게, 기묘하게 다른 아동들과 다르다고 생각하기 때문에 ADHD를 가진 아동에게 이 책은 매우 도움이 되는 책이다. ADHD를 가진 아동들은 다른 아동들이 자신들을 태키와 달리 부정적으로 다르게 본다고 생각한다.

ADHD를 가진 아동들은 다른 아동들이 자신들을 좋아하지 않는다고 생각한다. 이러한 ADHD를 가진 아동들의 생각들의 일부는 불행하게도 맞다. 그러나 ADHD를 가진 아동들을 다른 아동과 다르게 만든 ADHD를 가진 아동들의 특성이 태키처럼 긍정적으로 사용될 수 있음을 알아야 한다. 예를 들면, ADHD를 가진 아동들이 자주 다른 아동들과 다르게 생각하는 점을 생각하면 이 특성은 활동에 대한 동료의 제안을 수용할 때 좋게 사용될 수 있다.

사회성 기술 18: 또래의 활동 제안 받아들이기

ADHD를 가진 아동이 활동에 대한 또래의 제안을 받아들이면, 그는 또래들에게 타협을 할 수 있음을 보여주는 것이다. 다른 아동들이 ADHD를 가진 아동이 그들과 타협한다는 것을 알게 될 때, 적어도 그들은 ADHD를 가진 아동과 같이 놀 수 있도록 격려를 받을 수 있고 크게는 친구하기를 원할 수 있다. 이 사회성 기술은 인형이나 역할극으로 지도하기에 매우 적합하다. 그러나 놀이를 할 때 ADHD를 가진 아동은 자신의 생각보다 다른 아동들의 생각에 동의하는 것이 더 좋을 수도 있음을 ADHD를 가진 아동에게 어떻게 설명할 수 있을까? ADHD를 가진 아동들은 놀고 싶은 대로 놀기를 좋아하며, 내 생각으로는 다르게 노는 것에 대해서는 융통성이 없을 가능성이 있다.

활동에 대한 또래의 제안을 수용하기의 지도는 다른 아동들의 필요들에 대해 이해를 깊게 하는 것을 배우는 것을 의미한다. 다른 아동들을 지도하는 상황에서 적절히 ADHD를 가진 아동들을 넣어서 지도하는 것이 ADHD를 가진 아동들에게 이 사회성 기술의 의미를 이해하게 하는 데 필요하기 때문이다. 자연스런 장면에서 활동에 대한 동료의 제안 수용하기 사회성 기술을 지도함으로써, 교사는 ADHD를 가진 아동들이 이 사회성 기술이 자신의 삶에 연관이 있으며 의미 있다고 여기게 할 수 있다. 이 사회성 기술은 자유놀이시간이나 휴식시간에 가장 잘 지도할 수 있다. 어떻게 그렇게 할 수 있는지 살펴보자:

〈방 법〉 두 아동이 블록을 가지고 놀고 있다. 어떤 아동이 ADHD를 가진 아동에게 말한다: "나는 블록 놀이보다 캔디랜드 놀이(Candy land)를 하고 싶어." 교사는 ADHD를 가진 아동이 그 아동이 놀고 싶은 것으로 노는 데 동의한다는 것을 말하게끔 유도한다.

ADHD를 가진 아동이 말한다: "나는 블록을 가지고 노는 걸 좋아하지만, 캔디랜드를 가지고 지금 너와 놀고 싶어." 그 말을 들은 아동은 "좋아, 아마 우리는 앞으로 블록을 가지고 놀 수 있을 거야."

ADHD를 가진 아동들은 다른 아동의 행동을 모방함으로써 이 기술을 배울 수 있다. 여기에 간단한 시나리오를 소개한다: ADHD를 가진 아동이 놀이터에서 놀고 있다. 그녀는 같이 놀고 있는 아동에게 말했다: “나는 놀이터에서 놀기보다 점토를 가지고 놀고 싶어.” 교사는 아동에게 다음과 같은 말을 하도록 유도한다: “좋은 생각이야, 나도 점토를 가지고 놀고 싶어.”

사회성 기술 19: 또래와 협력하기

또래와 협력하기 사회성 기술은 또래의 활동 제안 받아들이기 사회성 기술에서부터 쉽게 발전시킬 수 있는 기술이다. 만약 아동이 친구나 성인과 협력할 수 없다면 친구를 사귀기 어렵고 성인들과 잘 지내기 어렵다. 이것은 사실이다. 모든 상호작용은 협력하려는 노력과 관련이 있다. 일상생활에서의 상호작용을 생각해 보라.

하루 동안 당신은 당신 가족을 위해 저녁 식사거리로 다섯 가지 음식을 만들었다. 저녁식사가 끝날 때, 당신은 지쳤을 것이다. 당신의 딸은 식사 테이블에서 가족들에게 각자가 설거지와 부엌 정리를 나누어 하자고 제안했다. 협력으로 인해 접시, 냄비, 프라이팬이 짧은 시간에 깨끗해졌다.

ADHD를 가진 아동들이 성공적으로 상호작용하기 위해서는 그들은 서로 협력해야만 한다. 때때로 나눠가지기(sharing)를 포함한 협력은 획득해야 할 매우 중요한 기술이다. 아동들이 나누어 가지지 않거나 나누어 가지기를 거절하면 논쟁이 발생한다. ADHD를 가진 아동들이 또래들과의 상호작용에서 성공하려면 획득해야 할 필요가 있는 가장 먼저이면서 중요한 기술이다. 아동들이 수학 개념을 배우고 있을 때 협력 학습 집단에서 나누어 가지는 방법을 모든 아동들에게 교사는 지도할 수 있다. 예를 들어, ADHD를 가진 아동들은 학습 집단 구성원들이 사용해야 할 어떤 물건이 필요할 때 그것을 달라고 부탁을 하도록 배울 수 있다. 예를 들면, ADHD를 가진 아동은 다른 아동의 물건을 낚아채거나 자기 차례 기다리기를 어려워할 수 있다. 교사는 물건을 공유하는 방법과 자기 차례를 기다리는 방법을 ADHD를 가진 아동에게 지도하는 데 도움이 되는 몇 가지 단계들을 사용해서 ADHD를 가진 아동을 지도할 수 있다.

어떻게 교사 또는 부모가 ADHD를 가진 아동의 또래와 협력하기 사회성 기술의 습득을 촉진할 수 있을까? 교사 또는 부모는 짧은 스크립트나 사회성 이야기(social stories)를 쓰고 그것을 ADHD를 가진 아동에게 읽어준다. 때때로 지도와 지도방법에 대해 부모의 승낙이 있다면, 아동의 사진이 포함된 사회성 이야기(social stories)는 효과가 가장 좋다. 앞에서 강조한 것처럼, ADHD를 가진 아동이 겪은 실제 생활의 상황을 보는 것이 ADHD를 가진 아동에게 의미가 있다.

〈예〉 Molly와 Lucy는 점토를 가지고 놀고 있다. 어느 순간 Molly는 빨간색(점토)을 가지고, Lucy는 녹색(점토)을 가지고 놀고 있다. Lucy는 Molly에게 말한다: "나는 녹색 집의 창문을 빨간색으로 만들려고 해. 빨간색을 쓰고 싶어. 지금 써도 돼?" Molly는 말한다: "그럼, 지금 줄게. 나의 집에 잔디를 깔려고 하는데 녹색 가져가도 돼?" Lucy는 말한다: "그럼." 반대의 시나리오를 생각해 보라: Lucy가 말한다: "나는 녹색 집의 창문을 빨간색으로 하려는데 빨간색이 필요해. 지금 써도 돼?" Molly가 말한다: "안 돼, 내 집과 잔디를 빨강으로 하는 데 전부 써야 돼. 너는 아무 것도 가질 수 없어!" Lucy가 말한다: "집 문 손잡이에 쓰려는데 조금만 받을 수 없을까?" Molly가 말한다: "안 된다고 이미 말했잖아. 나를 좀 가만히 놔 둬!" Lucy는 울기 시작한다. Lucy는 선생님에게 가서 Molly가 나누어 가지기를 거절했다고 말한다. 선생님이 Lucy가 쓸 수 있는 다른 색을 찾을 때까지 Lucy는 계속 운다.

이것은 ADHD를 가진 아동에게 또래와 협력하기를 지도하기 위해 교사가 쓴 스크립트의 예이다: 학급 학생들이 과자 팔기 행사를 위해 디저트를 만들고 있다. 선생님은 Heather와 Kim이 같이 일하라고 지시했다. 그들은 초콜릿 칩 쿠키를 만들고 있다. 그들은 쿠키를 만드는 데 필요한 일들을 나누어 하기 때문에 서로 협력해야만 한다. 혼자서 쿠키를 만드는 것보다 협력하면 더 빨리 끝낼 수 있다. 또한 소녀들은 상대방이 쿠키 만들기 과정의 어떤 일을 어떻게 하는지를 배울 수 있을 것이다.

쿠키 만들기 프로젝트를 시작하기 전에, 쿠키 만드는 데 필요한 일들을 리스트로 만들었다. 그들은 일들을 나누었다. 그들이 일할 때, 그들이 모두 사용해야 하는 기구는 나누어 가져서 누가 특정 도구를 사용할지 그리고 얼마나 오래 사용할지에 대해 논쟁할 일이 없었다. 협력하고 나누어 가짐으로써 Heather와 Kim은 공통된 목적을 위해 같이 일하는 팀이 되었다. 그들은 여분으로 2개의 쿠키를 만들었는데, 과자판매 행사를 위한 쿠키 만들기가 끝났음을 선생님에게 알리는 전에 하나는 그들이 먹었다.

여기에 서로 협력하지 않았던 예를 제시한다. 결과적으로 무슨 일이 생겼는지 주목하라: Arthur와 Sam은 한 팀으로 컵케이크 만들기를 부탁받았다. Sam은 언제나 그의 어머니와 컵케이크를 만들기 때문에, Sam 자신만이 컵케이크를 만들기 전에 레시피를 준비하는 가장 좋은 방법을 알고 있다고 생각했다. 그는 또한 이미 케이크에 들어갈 생크림의 맛도 결정했다. Arthur와 Sam은 컵케이크 만들기

프로젝트를 시작하는 순간부터 협력에 문제가 생겼다. 그들은 시작하기 전에 일의 리스트를 만들지 않았다. 그들이 볼에 재료를 넣기 시작할 때, 처음에 누가 볼에 어떤 재료를 넣을지를 가지고 Sam은 Arthur와 논쟁을 벌였다. 누가 재료들을 섞을 것인가, 누가 반죽을 컵케이크에 넣을 것인가, 그리고 누가 컵케이크를 오븐에 넣을 것인가를 가지고 그들은 논쟁을 벌였다. Arther는 컵케이크를 다 만들 때까지는 Sam이 그에게 말한 것을 받아들이고 논쟁하지 않으려고 노력했다. Sam이 자기가 선택한 초콜릿맛 생크림을 컵케이크에 얹기 시작했다. Arther는 초콜릿맛 생크림을 좋아하지도 않았는데 말이다! 그 순간, Arther는 Sam의 행동에 너무나 불만이 쌓여 거의 울 지경이 되었다. 마침내, Sam이 컵케이크 두 개를 들고 Sam의 반대 방향으로 걸어 나오며 컵케이크 하나를 먹고 있었다! Arther는 너무 화가 나서 남아있는 컵케이크를 바닥에 집어던졌고, 컵케이크들은 부서져 엉망이 되었다!

교사는 이 이야기를 읽어준 후 학생들에게 다음의 질문을 할 수 있다:

★ 아동들이 레시피를 준비하기 전에 서로 일을 나누지 않았기 때문에 무슨 일이 생겼는가?
★ Sam과 Arthur가 컵케이크를 만들기 전에 무엇을 해야만 했는가?
★ Sam이 한 행동은 무엇이 불공정한가?
★ Sam이 한 행동을 Arther는 어떻게 느꼈는가?
★ Sam이 컵케이크를 들고 먹고 있는 것을 Arthur가 보았을 때 Arthur는 무엇을 했는가?
★ Sam과 컵케이크를 만들 때 Arthur가 겪었던 문제들을 피하려고 했다면 Arthur는 무엇을 했어야만 하는가?

★ 두 사람의 행동에 대해 선생님은 Sam과 Arthur에게 어떻게 반응해야만 하는가?

공유(sharing)를 배우는 단계에서, ADHD를 가진 아동들이 수학 공부 때 휴대하는 글이나 그림이 들어간 과제카드(task cards)를 이용할 수 있다. 과제카드가 무엇인가? 색인카드(index cards)나 색인카드와 크기가 비슷하고 정보를 담을 수 있는 카드를 과제카드로 사용할 수 있다. 아동의 능력 또는 장애에 따라 카드에 글자나 그림을 넣을 수 있다. 과제카드는 교사가 아동에게 수행하기를 원하는 과제를 글이나 그림을 사용해서 과제를 표현한다. 이러한 카드들에는 과제, 강화가 되는 활동, 그리고 집에서 해야 할 숙제가 들어간다. 또한 과제카드에는 ADHD를 가진 아동이 배워야할 사회성 기술을 쓸 수도 있다. 과제카드는 (잊고 있었던 것을 떠올리는) 상기물(reminders)의 역할을 한다. 과제카드의 내용은 교사에게 달려 있다. 여기에 몇 가지 예를 제시한다.

〈다른 아동의 장난감을 나누어 가지고 놀기〉

- 다른 아동이 가지고 놀고 있는 물건들을 보라.
- 너가 원하는 장난감이나 물건은 무엇인지 정하라.
- 어느 아동이 그 장난감을 가지고 노는지 살펴보라.
- 그 아동이 그 장난감을 가지고 놀기가 끝날 때까지 기다려라.
- 그가 그 장난감을 가지고 노는 것이 끝나면 네가 그 장난감을 가지고 놀 차례를 가져도 되는지 물어보라.
- 만약 그 아동이 계속 가지고 놀거나 너에게 줄 마음이 없다면 다른 장난감을 골라라.

〈가지고 노는 장난감을 다른 아동과 나누어 가지고 놀기〉

- 네가 가지고 노는 장난감을 나누어 가져 함께 놀기를 원하는 아동들이 근처에 있는지 둘러보라.
- 어떤 아동이 너의 장난감을 가지고 놀 수 있는지 물어보면 장난감을 빌려주겠다고 하거나 기다려라.
- 어떤 아동이 너의 장난감을 가지고 놀 수 있느냐고 물어보면, 너는 이렇게 말할 수 있다:
- "내가 다 놀면 너에게 줄게" 또는,
- "내가 너의 장난감을 가지고 놀 수 있으면 네가 내 장난감을 가지고 놀게 해 줄게."

ADHD를 가진 아동은 과제카드를 사용하도록 허락을 받고 다른 아동들은 과제카드를 사용하지 못한다는 이유로 ADHD를 가진 아동이 다른 아동에게 낙인찍힐 수 있다면 과제카드는 좋은 방법이라 할 수 있을까? 만약 교사가 학기 초에 학급 구성원들에게 각각의 아동은 가장 잘 배울 수 있는 자기만의 방법이 있으며, 선생님은 아동들 하나하나에 맞추어 특별한 방법으로 지도할 것이라고 말한다면 ADHD를 가진 아동이 낙인찍힐 일은 없을 것이다. 그러면 모든 아동은 각각의 아동들이 다르고 학습 스타일이 다르다는 것을 이해할 것이다. 만약 필요하다면, 교사는 각각의 아동에게 맞춘 기술이나 과제에 대한 과제카드를 모든 아동들에게 줄 수도 있다.

사회성 기술 20: 합의로 타협에 도달하기

협력과 타협이 같은 의미라고 생각하는 사람들이 있지만, 정확하게 보면 다른 것이다. 아동(또는 성인들)들이 협력하면 같이 일한다.

아동(또는 성인들)들이 타협한다면, 갈등을 해결하는 방식에 차이가 있는 것이다. 협력을 배우는 것과 비슷하게, 아동들이 친구와 잘 지내고 성인과 잘 지내려면 아동들은 타협하는 것을 배워야만 한다. 타협의 특징은 무엇인가? 각각의 사람이 무언가를 포기하는 것이다. 그러나 각각이 동시에 무언가를 얻었다고 느끼지 않는다면 그들은 타협하려 하지 않을 것이다.

〈예〉 당신의 가족이 저녁 식사를 외식으로 하기로 결정했다. 당신과 당신 딸은 이탈리안 요리를, 나머지 가족은 중국 요리를 원한다. 당신의 가족은 어떻게 결정하는가? 당신과 당신의 딸은 오늘 저녁은 중국 요리를 먹고 다음 주 월요일은 이탈리안 요리를 먹자고 제안한다. 나머지 가족은 "좋은 타협안이다"라고 말한다.

ADHD를 가진 아동이 게임에 이겼다고 생각하지 않으면 어떤 일이 생길까? ADHD를 가진 아동은 게임에 진 것에 반응해서 사회적으로 부적절한 행동을 할 것이다. ADHD를 가진 아동은 그가 원하는 모든 것을 얻을 수 없다는 것을 특히 다른 사람과 상호작용할 때 배워야만 한다. ADHD를 가진 아동들은 게임을 할 때, 특정 장난감을 가지고 놀 때, 그리고 성인뿐만 아니라 다른 아동들과 어떤 활동에 참여하고 있을 때, ADHD를 가진 아동들은 타협하기를 배워야만 한다.

ADHD를 가진 아동들은 일반아동보다 타협이 필요한 더 많은 상황을 경험하는 것 같다. 이것은 꼭 사실이 아니더라도, 내가 ADHD를 가진 아동들이 그들의 동료와 더 긍정적으로 상호작용하도록 도와준 여러 해의 경험이 있는 사람으로서 추측하는 바이다. 아마도 일반아동만큼 다툼이 있는 상호작용을 경험하게 할 수도 있다. 그러나 ADHD를 가진 아동들은 일반아동들보다 타협하기 더 어려워한다. ADHD를 가진 아동들은 집에서 형제자매와 타협하라는 부탁을 받고 있다. 집은 ADHD를 가진 아동들이 타협을 배우는 데 있어 안전하고, 자연스럽게 타협을 실천할 공간으로 사용될 수 있다. Ellen이 말하는 것처럼, ADHD를 가진 아동들은 완고하고 타협하기를 원하지 않는다:

> *그랬으면 좋겠다. 내가 말하고자 하는 것을 다른 사람에게 전달하고 싶지만 말로 하기가 참 어렵다. 지도할 수 있지만, 지도한다고 다른 사람이 배우는 것은 아니다. 그는 지도되는 것 중에서 그가 원하는 것만 배우려고 한다. 그는 배우려는 마음을 가지고 있어야만 한다. 그는 수용적이어야만 한다. 나는 가르치고, 가르치고, 그리고 가르쳐도, 그가 내가 가르친 것을 배우고 싶지 않으면, 그는 내가 가르친 것을 배우지 않을 것이다. 이것은 내가 나쁜 교사임을 의미하는 것은 아니다. 그는 완고한 규칙 체계(stubborn rule system)를 가지고 있기 때문에 배우지 않을 것을 선택함을 의미하고, 그래서 배우려는 의지를 꺾지 않으면서도 아이의 완고한 고집을 뚫으려고 하는 것은 고된 일이다.*

두 사람 다 상대방의 원함과 요구에 동의해야 하니 ADHD를 가진 아동이 그렇게 하도록 설득하는 것은 쉽지 않다. 과잉행동/충동성형 ADHD를 가진 많은 아동들은 상황을 지속적으로 지배하려 들고 동의에 따르는 데 전혀 관심이 없다. 그러한 상황이 생길 때, 교사 또는 부모는 어떻게 해서 (ADHD를 가진 아동들에게 뇌물을 주지 않고) ADHD를 가진 아동이 타협을 시도하도록 할 수 있을까? 첫째로, 교사는 타협이라는 단어가 무엇을 의미하는지를 ADHD를 가진 아동에게 이해시키고 다른 아동들을 상대할 때 타협이 얼마나 긍정적인 도구로 사용될 수 있는지를 ADHD를 가진 아동에게 이해시켜야 한다. 둘째로, ADHD를 가진 아동은 타협하는 방법을 배울 의향이 있음을 확신해야 한다.

Cooper(2005)는 네 가지 단계를 타협 지도의 해결책으로 제시했다.

1. 갈등을 해결할 것을 선택하라.
2. 문제를 정의하라. 정확한 갈등 내용은 무엇이고 당신은 무슨 일이 생기기를 원하는가? 다른 사람은 무엇을 원하는가?
3. 몇 가지 윈-윈 해결책들을 생각하고 그 해결책들을 다른 사람에게 제안하라. 다른 사람의 생각도 물어보라.
4. 다른 사람과 함께 윈-윈 해결책을 선택하고, 그 해결책을 실천하라.

〈방 법〉 역할극은 ADHD를 가진 아동들에게 타협하는 방법을 가르치는 데 매우 효과가 있다. 상호작용을 잘못하면 어떻게 되는지 한 번 정도는 역할극으로 보여줄 필요가 있다. 왜? ADHD를 가진 아동과 일반아동이 타협을 선택하지 않으면 그들이 경험할 불행 또는 때때로 나타나는 폭력, 분노, 증오를 촉발하는 결과를 ADHD를 가진 아동에게 보여주는 것이 중요하기 때문이다. 당신은 내가 마지막 문장에 선택한다라는 단어를 사용한 것에 주목했는가?

ADHD를 가진 아동들이 다른 사람과 타협한다고 결심하든 안 하든 그들은 선택권이 있다. 타협하는 방법을 ADHD를 가진 아동들에게 지도하기 위한 중재법으로 역할극을 사용하기 전에, 교사와 부모는 ADHD를 가진 아동들이 타인과 타협할 것인지 안 할 것인지를 결정해야 한다는 것을 설명해야 한다. ADHD를 가진 아동이 다른 아동이 부당하다고 생각하는 상황에서, 당신은 ADHD를 가진 아동은 타협을 해서 문제를 잘 해결할 방안을 찾을 수 있다고 설명할 수 있다.

예를 들어, 내가 지도했던 Paul이라는 아동은 캠프 버스(camp bus)에서 작은 깃발을 잡은 채로 떨어졌다. 그의 여동생 Ruth도 같은 캠프 버스(camp bus)에 있었는데 그녀는 그 깃발이 자기 것이라 주장했다. 논쟁이 버스에서 일어났고, 그들은 손이나 손에 들고 있는 물건으로 서로를 때리기 시작했다. 교사와 상담가는 Paul과 Ruth가 이 논쟁을 다음과 같이 해결하도록 가르쳐야만 했었다.

〈예〉 다음은 역할극의 예이다: Paul이 캠프 버스(camp bus)에 깃발을 들고 들어온다. 그의 여동생이 그 깃발을 보고 Paul에게서 그 깃발을 뺏기 시작한다. Paul은 말할 수 있다:

★ "Ruth, 내게 좋은 생각이 있어. 이 깃발은 우리 둘의 것이니까, 캠프로 갈 때는 내가 깃발을 가지고 가고, 올 때에는 네가 가지면 어때?" 또는

★ "이렇게 하는 건 어때? 내가 캠프로 가는 오늘은 내가 이 깃발을 가지고, 돌아오는 내일은 네가 이 깃발을 가지면 어때?"

이 사회성 기술을 이해할 때까지 아동들이 역할극의 다른 시나리오들을 이용해 여러 차례 이 사회성 기술을 실행해야만 아동들에게 타협하는 방법을 성공적으로 가르칠 수 있다. 역할극이 성공하기 위해서는 참가자 각자가 문장이 정확하게 무엇을 의미하는지 알 수 있도록 교사는 스크립트(script)를 써야 한다. 다음은 ADHD를 가진 아동이 자신보다 나이가 많은 동료, 교사, 부모, 또는 형제와 역할극을 할 수 있는 상황들의 예들이다.

★ 두 아동이 그림을 그리고 있는데, 둘 다 연한 색깔의 크레용을 원한다.

★ 두 아동이 동시에 같은 그네 타기를 원한다.

★ 두 아동이 같은 날 학교에서 과자를 나누어주기 원한다.

★ 두 아동이 음악수업 시간에 같은 악기를 원한다.

★ 두 아동이 학급에서 하나밖에 없는 컴퓨터 쓰기를 원한다.

먼저 해야 하는 가장 쉬운 일은 교사나 부모가 역할극의 역할을 해서 보여주는 것이다. 나중에는 이러한 역할극의 역할들은 다른 아동들에게 할당될 것이다.

〈예〉 **시나리오** 1: **크레용 나누어 쓰기**

★ 사람A(교사): "내가 무지개를 아름답게 그리고 있는데 연한 색 모두가 필요해."

★ 사람B: "나도 무지개를 그리고 있는데 이 연한 색 크레용들이 필요해."

★ 사람A(교사): "우리가 같은 시간에 이 연한 색 크레용 모두로 그림을 그릴 수 없으니까, 네가 조금 가져가고 나중에 그것들을 받아서 그릴게."(만약 그들이 수를 셀 수 있으면 당신은 각자 같은 수의 크레용을 가지게 할 수 있다.)

〈예〉 **시나리오** 2: **그네 나누어 타기**

★ 사람A: 한 아동이 자기가 본 첫 번째 그네를 타기를 원한다. 그 장소에는 네 개의 그네가 있다.

★ 사람B(교사)는 사람A와 같은 그네 타기를 원한다.

★ 사람B(교사)가 말한다: "좋아, 거래를 하자. 내가 남아있는 그네 중의 하나를 지금부터 탈게. 몇 분 후에 그네를 바꾸자."

★ 또는 사람A는 말할 것이다: "네가 잠깐만 기다려 준다면, 내가 다른 그네를 타는 사이에 네가 이 그네를 몇 분간 타게 해 줄게. 내가 이 그네로 돌아오면 너는 이 그네를 나에게 돌려주고 다른 그네를 타야 돼. 어때?"

만약 두 아동이 타협하려고 하지 않는다면 무슨 일이 생길지는 당신이 상상력을 사용해서 만들어 볼 수 있다. 그 예는 다음과 같다.

〈예〉 **시나리오 3: 다시 그네 나누어 타기**

★ 사람B: "나는 네가 타는 그네를 타고 싶어."

★ 사람A: "곤란한데, 내가 오래 타려고 했거든."

★ 사람B: "그렇게 하면 안 돼, 공정하지 않아. 우리는 그네를 나누어 타야 해."

★ 사람A: "그네는 여기 말고도 많잖아. 나보고 어쩌라고?"

★ 사람B는 사람A에게 걸어가 사람B를 밀어 그네에서 떨어뜨리려 한다.
사람A는 사람B를 땅바닥으로 밀고 사람B는 너무나 불만스러워 마침내 울면서 떠난다.

〈예〉 **시나리오 4: 두 아동이 같은 날 학급 동료들에게 과자를 나누어주기 원한다.**

뻔한 방법을 쓰지 않으면 이 상황에서 논쟁이 생길 것은 당연하다: 교사가 일주일 동안의 일의 리스트를 만들어서 모든 학생이 그리스트에 따라 일하는 것이다. 그러나 특정 수업에 관련되는 특정 과자가 있을 수 있다. 예를 들면, 미국 남북전쟁 단원을 수업하는데 옥수수 죽(grits)과 같이 병사들이 먹었던 음식에 대해 설명한다. 교사는 학급 구성원이 옥수수 죽(grits)을 만들게 하고 학급 구성원의 컵케이크 컵에 담을 조금의 굵게 빻은 옥수수 죽을 준비하게 한다. 그리고 나서, 이 음식은 일반적인 과자가 아니기 때문에 굵게 빻은 옥수수 죽을 나누어줄 학생을 교사가 정한다. 그녀는 아이들에게 자원봉사할 사람이 있는지 물어보았고 두 아동이 손을 들었다.

★ 사람A가 말한다: "내가 옥수수 죽을 나누어주고 싶어요."
★ 사람B가 말한다: "내가 옥수수 죽을 나누어주고 싶어요."

교사는 여기에서 타협 행동의 모델을 제시한다. 수업에서의 자연스런 상황은 사회성 기술을 가르치기에 얼마나 좋은 기회인가!

교사는 말할 수 있다: "좋아, 내가 두 사람이 옥수수 죽을 공정하게 나누기 위해 무엇을 해야 하는지 말해줄게. Sam, 너는 처음 10개의 책상에 옥수수 죽을 나누어 주렴 그리고 Abby, 너는 두 번째 10개의 책상에 옥수수 죽을 나누어 주렴. 그리고 나서 Sam, 너는 이 수업에서 몇몇 역할을 맡은 두 명의 선생님에게 내가 옥수수 죽을 나누어주고, 그리고 Abby, 너는 이 수업에서 역할을 맡을 수 있는 두 명의 선생님에게 옥수수 죽을 나누어주렴."

〈예〉 시나리오 5: 두 아동이 음악시간에 같은 악기를 원한다.

이것은 수업 장면에서 자연스럽게 지도할 수 있는 것인데, 이번에는 음악수업에서이다.

ADHD를 가진 아동이 음악실로 들어가기 전에 담임교사가 음악교사에게 상의를 하는 것이 중요하다. 대부분의 경우, 음악교사는 ADHD를 가진 아동들을 지도하는 방법에 대한 지식이 없다. 대개 음악이 전공이다. ADHD나 행동관리는 전공이 아니다. 대부분의 경우 체육교사나 미술교사처럼 음악교사는 음악수업시간에 ADHD를 가진 아동들을 다루는 방법을 (비록 안다고 할지라도) 훈련받지 않았다. 내가 순회교사로서 지도했던 Timmy에 대해 1장에서 언급했던 것을 기억하는가? Timmy는 음악, 미술, 체육수업에 출석하는 것을 금지당했다. Timmy의 예는 지도 시점의 중요성을 완벽하게 보여준다. 그리고 가르치는 사람은 산만하고 사회적으로 부적절한 행동을 통제만 하는 방법보다 더 성공적인 지도법을 알아야 한다.

〈방 법〉 다음은 ADHD를 가진 아동을 지도할 때 담임교사와 교과전담교사(speciality teachers)가 사용해야 할 지도방법들이다.

★ 누군가 ADHD를 가진 아동에게 단서를 제시하여 그가 하고 있는 행동이 부적절한 행동임을 ADHD를 가진 아동이 알게 할 필요가 있다.
★ 교사는 ADHD를 가진 아동에게 행동의 한계를 정해 주고 엄격하게 적용해야 하며, 이러한 한계를 지키지 않으면 그에 맞는 결과를 제시해야 한다. 예를 들어, 음악수업은 활동적인 수업이기 때문에 어느 정도는 그의 활동 수준 내에서 그를 지도할 수 있다. 다른 아동들을 건드리지 않는 한 음악교사는 수업시간에 그가 악기를 들고 앞뒤로 걸어다니는 것을 허락할 수 있다.

★ 교사는 ADHD를 가진 아동을 지도할 때 교사는 가능한 한 상당히 구조화해야 하고 일관성이 있어야 한다. 예를 들어, 교과전담교사(speciality teachers)를 포함한 모든 교사는 매일 일관성이 지켜지는 어떤 순서에 따라 그들의 학급에서 보내는 시간을 구조화해야 한다.

★ 예를 들어, 수업을 시작할 때 짧은 노래를 부를 수 있다. 정해진 계획대로 악기를 나누어준다. 예를 들어, 앞줄은 리코더를 받고, 가운데 줄은 벨을 받고, 뒷줄은 마라카스를 받는다. 당신은 음악수업 시간마다 각 줄이 받는 악기를 바꿀 수 있다. 그러나 주중 각각의 날에 악기를 주는 순서에는 일관성을 유지하라.

★ 교사는 수업 중 특정 순간에 "수업에서 벗어나지 않고 계속 공부하도록" 돕는 일반아동을 ADHD를 가진 아동과 짝짓게 한다. 다른 아동 도와주기를 매우 좋아하는 아동은 늘 있다. 다른 아동 도와주기를 매우 좋아하는 아동은 찾기 쉽다.

★ (주의사항) ADHD를 가진 아동이 수업에 들어가기 전에 ADHD를 가진 아동과 일반아동에게 또래 학습 도우미(peer tutoring) 개념을 도입하라. 당신은 또래 학습 도우미(peer tutor)로서 무엇을 해야 하는지 또래에게 정확하게 설명해야 한다. 또한 ADHD를 가진 아동에게는 학습 도우미(peer tutor)를 왜 받아들여야 하는지를, 일반아동에게는 음악시간에 ADHD를 가진 아동을 어떻게 도와야 하는지를, 정확하게 설명해야 한다.

또래 학습 도우미(peer tutor)가 있다는 것이 ADHD를 가진 아동들을 낙인찍을지 궁금한가? ADHD를 가진 아동이 산만하고 항상 교사를 방해할 때 학급 구성원들의 ADHD를 가진 아동에 대한 의견을 생각해 보라. 당신은 동의하는가? 나는 그러하기를 희망한다!

두 아동이 하나뿐인 컴퓨터를 쓰고 싶다고 할 때 어떻게 타협할 것인가는 교사가 타협하는 방법을 가르치는 마지막 상황 예이다.

실제로는 이것은 타협할 수 있는 쉬운 예이다.

〈예〉 시나리오 6: **두 아동이 교실에 하나뿐인 컴퓨터를 쓰고 싶어 한다.**

★ 사람A가 말한다: "나는 이 컴퓨터를 지금 쓰고 싶어."

★ 사람B가 말한다: "나는 이 컴퓨터를 지금 쓰고 싶어. 내 차례야."

교사가 사전에 아동마다 컴퓨터 사용시간을 정한 사용 스케줄이 있는 것이 이 상황의 최고의 시나리오이다. 그러나 예를 들어 궂은 날씨 때문에 실내에서 휴식시간을 보내야 하는 상황 같은 예상치 못하고 계획하지 못했던 상황이 생긴다. 누구나 비가 올 것이라 생각했지만, 삼 일 동안 계속 비가 온다는 것은 몰랐다. 이러한 경우, 같은 시간대에 컴퓨터 쓰기를 원하는 아동이 둘뿐이라면 당신은 운이 좋다.

〈방 법〉 만약 아동들이 시계를 볼 수 있다면, 각각의 아동이 15분씩 컴퓨터를 쓰도록 거래를 할 수 있다. 전체 실내 휴식시간이 15분이 아니라면 쉽게 이렇게 할 수 있을 것 같다! 만약 그렇다면, 교사는 컴퓨터 사용은 특권이며 "권리"가 아님을 분명히 하면서 학생들에게 제안할 수 있는 타협안이 몇 가지 있다.

- **동전던지기**: 교사가 동전을 위로 던진다. 동전던지기에서 이긴 아동은 컴퓨터를 실내 휴식 첫날 사용하고 다른 아동은 실내 휴식 두 번째 날 사용한다. 당신은 이 사실을 써 놓아야 한다. 갑자기 날씨가 좋아진다면 자신이 컴퓨터를 쓸 차례라는 것을 선생님이 잊을 것이라고 생각해 실내 휴식 첫째 날 컴퓨터를 쓰지 않는 아동을 당신은 원하지 않을 것이다.
- **같이 공부하기**: 당신이 사용할 수 있는 다른 방법은 (그렇게 하는 것이 언제나 쉬운 것은 아니지만) 두 아동이 같이 할 수 있는 게임이나 연습문제를 찾아서 같이 컴퓨터를 쓰도록 하는 것이다.

사회성 기술 21: 괴롭힘에 적절하게 대응하기

왕따 당하는 것과 놀림 당하는 것 사이에는 작은 차이가 있다. 흔히 왕따 당하는 것과 놀림 당하는 것은 장기적으로 일생동안 ADHD를 가진 아동에게 나쁜 영향을 준다. 현장 연구에서 관찰했던 아동들 중의 한 아동이 내가 그에게 학교에서 놀림당하고 괴롭힘을 당함에도 긍정적인 관점을 가지도록 노력하라고 제안했을 때, 그가 말한 것을 들어보라.

나는 긍정적인 관점을 가지려고 노력했지만 때때로 그것은 너무 힘들다. 당신이 공립학교를 얼마나 아는지 모르겠지만. 마냥 긍정적으로 보고 느끼는 어렵다. 아동들은 서로에게 영구적인 상처를 남기고 그것은 쉽게 지워질 수 없다.

내가 사회성 기술을 지도했던 아동들 중의 하나에게 괴롭힘을 당하는데 왜 참느냐고 물었더니, "그냥 웃자고 하는 거니까요"라고 말했다. 그래서 나는 아무도 어떤 사람을 제물삼아서 비웃을 권리는 없다고 대답했다. 그는 나의 말을 듣고 놀랐다. 내가 추측컨대, 그는 괴롭힘을 당하므로 친구들이 웃게 되었으니 별일 아니라고 이해하는 듯했고, 그렇다면 어떻게 해야 할까? 그는 나에게 "큰일 아니잖아요"라고 말했다. 그것으로 충분했다. 그가 괴롭힘 받은 것은 나에게는 중요한 것이라고 말했다. 그는 왜 그렇게 생각하지 않을까?

그가 부정적인 주목을 좋아한다는 것이 가능할까? 그는 분명히 괴롭힘 받기를 멈출 능력이 없었고, 그래서 마음속에서 괴롭힘을 합리화한 것이 분명했다. 나는 그에게 선생님이 괴롭힘을 당하는 장면을 보았냐고 물었더니 "아니요"라고 대답했으며, 이 대답이 나를 더 놀라게 했다. 물론, 나는 귓속말, 손의 신호, 쪽지 돌리기로 다른 아동을 괴롭히는 것을 보아 왔다. 나는 그에게 괴롭힘을 당하는 것을 선생님에게 알렸냐고 물었더니 "아니요"라고 대답했다. 괴롭힘을 당하는 ADHD를 가진 아동들이 전형적으로 취하는 행동이다. 만약 그들이 성인에게 괴롭히는 아동을 알리게 되면 괴롭히는 아동들이 취할 보복을 두려워하게 된다.

괴롭힘을 받는 많은 이유 중의 하나는 (이 이유가 중요하다고 반복해서 말했는데) ADHD를 가진 아동들이 연약하다는 것이다. 내가 지도했던 소년에게, 그가 생각하길 다른 아동들이 무엇 때문에 괴롭힌다고 생각하느냐고 물어보았더니, 그는 그의 배를 가르켰다. 과체중 때문이라는 것을 의미하려고 그렇게 했다고 나는 추측했지만, 그는 그것을 말로 하기에는 너무나 자신감이 없었다.

사회성 기술은 교사가 지도하기에 가장 어려운 것 중의 하나이다. 이 말은 무엇을 의미하는가? 교사가 학급 전체 구성원에게 괴롭힘에 대해 말을 한다면 무슨 일이 생길까? 괴롭힘을 당한 아동은 더 괴롭힘을 받게 되는데, 그 이유는 괴롭힘을 당한 아동이 괴롭힌 아동들을 선생님에게 고자질했다고 생각하기 때문이다. 이 상태에서 좋은 결과를 이끌어내는 것은 어렵다. 그렇지 않은가? 어떻게 하면 교사는 괴롭힘을 받는 아동들을 도와서 괴롭힘을 당하는 아동들이 괴롭히는 아동들을 상대할 수 있게 할 것인가?

교사들은 ADHD를 가진 아동들에게 괴롭히는 아동들에 대한 대처방법이 무엇이라고 말할 것인가? 교사들은 무엇을 말해야만 할까? 교사들은 무엇을 해야만 할까? 이러한 아동들이 할 수 있는 몇 가지가 있다. 소개하면 다음과 같다:

〈방 법〉 앞에서 제안했듯이, ADHD를 가진 아동이 괴롭힘을 당하면 첫 번째 해야 할 일은 괴롭히는 아동들을 무시하는 것이다. 괴롭히는 아동을 무시하면서, 교사는 괴롭힘 받는 아동에게 괴롭히는 아동에게서 떨어지도록 충고해야 한다. 다른 아동으로부터 떨어지는 것은, 특히 ADHD를 가진 아동이 같은 반에 있을 때 쉽지 않다. 그래서 괴롭히는 아동을 무시하는 것이나 괴롭히는 아동에게서 떨어지는 것이 쉽지 않다는 것을 고려한다면, 그 외에 ADHD를 가진 아동은 무엇을 할 수 있을까? ADHD를 가진 아동들이 괴롭힘을 당하는 이유는 ADHD를 가진 아동들이 괴롭힘을 당할 때 괴롭히는 아동들을 화나게 하는 행동을 하기 때문이라는 것을 기억하라. 괴롭힘을 당하는 아동은 연약해 보인다. 이 상황에서 교사로서 괴롭힘을 받는 아동들을 돕기 위해 무엇을 할 수 있을까?

교사는 ADHD를 가진 아동들에게 코치로서의 역할을 해야 한다.

교사는 아동들에게 다른 아동이 괴롭히는 정확한 이유를 설명해 주어야만 한다. 교사는 ADHD를 가진 아동들에게 괴롭힘은 귀찮게 하는 것(teasing is bothering)이고 ADHD를 가진 아동들을 속상하게 한다는 것을 설명해 주어야 한다. 그렇게 말을 하고 교사는 다른 아동들이 괴롭히는 것을 멈추도록 하기 위해 구체적 계획을 가지고 ADHD를 가진 아동들을 도와야 한다. 만약 아동이 어떤 계획을 가지고 있다면, 그 아동은 그 계획을 실제로 사용할 가능성이 높아질 뿐 아니라 괴롭힘을 멈추기 위한 전략을 짜는 데 집중하게 되어 괴롭히는 아이들에게 더 이상 연약하게만 보이지는 않을 것이다. 여기에 몇 가지 계획의 요소들을 소개한다:

〈방 법〉 괴롭히는 아동들이 하는 말의 리스트로 만들어 아동을 도와라. 만약 이러한 리스트를 가지고 있다면, 그런 말을 중화시킬 수 있는 무기를 가질 수 있게 된다. 다른 아동들이 ADHD를 가진 아동을 놀린다고 하더라도 그 아동들에게 언짢은 말을 하라고 충고하는 것은 옳지 않다. 그러나 ADHD를 가진 아동은 자기를 방어하기 위해 무언가를 해야 한다.

여기에 괴롭히는 아동이 ADHD를 가진 아동에게 말할 수 있는 예들을 소개한다.

★ 괴롭히는 아동: 야, 입 냄새 나는 아이
★ 괴롭히는 아동: 똑똑한 친구, 답이 뭐지?
★ 괴롭히는 아동: 화성 얼굴 친구, 너 얼굴은 외계에서 왔니?
★ 괴롭히는 아동: 너 코는 어디에 쓰니, 정원 땅을 파니?

일반아동이 이 리스트를 작성하면, 괴롭히는 아동이 “다시 괴롭힐(strike again)” 때의 대응법을 교사/코치는 아동과 함께 실행할 수 있다. 교사는 아동에게 코치를 해서 괴롭힘 당하기를 멈추는 데 쓸 수 있는 방법을 아동이 결정하는 것을 도울 수 있다. 다음은 몇 가지 예이다:

- ★ 괴롭히는 아동을 대할 때 자신감을 보이도록 노력하라.
- ★ 적어도 한 명의 친구를 데려와서 그 친구와 함께 괴롭히는 아동을 맞이하라.
- ★ 괴롭히는 아동의 이름을 사용하라(Use the teaser's name).
- ★ 괴롭히는 아동을 무시하라.
- ★ 괴롭히는 아동이 거주하는 환경에서 떨어져라.
- ★ 유머를 사용하라.
- ★ 괴롭히는 아동에게 맞서라.
- ★ 당신이 괴롭힘을 당하면 성인이나 그 누구에게 말하라.

〈방 법〉 여기에 교사/코치가 아동과 함께 실행할 수 있는 몇 가지 전략이 있다:

- ★ 괴롭히는 아동이 말을 하면 ADHD를 가진 아동은 “Jack, 미안한데 뭐라고 말했지?”라고 말할 수 있다. 괴롭히는 아동이 말하는 것을 듣지 못했다고 말하는 것은 더 괴롭힘을 초래할 가능성이 있으나, 괴롭히는 아동의 말을 약화시킬(diffuse) 수도 있다. 괴롭히는 아동이 한 말을 반복하다 보면 너무나 짜증이 나서 가 버릴 수도 있다.

★ 괴롭히는 아동이 말을 하면, 괴롭힘을 받은 아동은 농담을 할 수 있다. 예를 들어, 괴롭히는 아동이 말한다: "야, 화성 얼굴, 너의 얼굴은 외계에서 왔니?" 괴롭힘을 받는 아동은 "실은 몇 분 후에 해왕성으로 갈 거야" 또는 "얼굴만 외계에서 온 것이 아니고, 다리, 발, 팔, 그리고 손도 외계에서 왔어"라고 말할 수 있다. 괴롭히는 아동은 자신의 괴롭힘에 대해 ADHD를 가진 아동이 반응하는 것에 너무 놀라서 괴롭히는 정도는 약화될 것이다. 괴롭히는 아동이 "똑똑한 친구, 너의 답은 뭐야?"라고 말하면, 괴롭힘을 받는 아동은 "나는 정말 머리가 좋아. 모든 문제의 답을 바로 알았어"라고 말할 수 있다.

★ 교사는 괴롭힘을 받는 아동들에게 코치를 해서 괴롭히는 아동에게 맞설 수 있도록 해야 한다. 예를 들어, "너 코는 어디에 쓰니, 정원 땅을 파니?"와 같은 말에 반응할 때, 괴롭힘을 받는 아동은(친구를 동반해서) 자신감 있고 강력하게 "Howie, 터무니없는 말을 하는군. 전혀 말이 안 돼. 나에게 그런 말 그만해라"라고 말할 수 있다.

이러한 방법을 교사와 함께 여러 번 실행하는 것이 중요하다. 이러한 방법들을 실행하면 할수록, 아동은 더 자신감을 보일 것이다. 교사/코치는 괴롭힘을 받는 아동이 괴롭히는 아동에게 대응하는 데 사용할 수 있는 전략이나 반응을 브레인스톰(brainstorm)을 해야만 한다.

마지막 방법으로, 교사가 중재에 들어가 괴롭히는 아동에게 말을 한다. 그러나 이렇게 하는 유일한 안전한 방법은 괴롭히는 아동에게 부정적인 영향을 주는 것을 피하기 위해 교사가 실제로 괴롭히는 장면을 목격하는 것이다. 이것은 당신이 생각하는 것보다 쉽다. 흔히 괴롭히는 아동은 괴롭히는 행동을 공개적으로 한다. 교사는 괴롭히는 아동에게 괴롭힘을 받는 아동, 즉 ADHD를 가진 아동이 교사에게 말하지 않았음을 말해주는 것이 중요하다. 교사는 괴롭히는 아동에게 무엇을 말해야만 할까? 간단하다. 그냥 "괴롭히는 것은 학교에서 허락하고 있지 않다. 네가 아동들을 괴롭히는 더 많은 증거들을 선생님이 보게 된다면, 너의 부모님에게 연락할 것이고 우리는 교장실에서 너의 부모, 심리사, 그리고 선생님과 모임을 가지게 될 거야"라고 말하면 된다.

사회성 기술 22: 비판 잘 받아들이기

비판 잘 받아들이기는 ADHD를 가진 아동들에게는 매우 어려운 것이다. 내 생각에는 ADHD를 가진 아동들은 일반아동보다 자신감이 약하다. 왜 그런가? 매일 다음의 말을 듣는다면 당신은 어떻게 될 것 같은가?

★ "그만 말해."
★ "그만 때려."
★ "깨물기는 안 돼."
★ "네가 거기에 서서 우리를 방해할 생각이면 너의 방으로 돌아가."
★ "내가 너에게 숙제하라고 3번을 말했어. 내 말 왜 안 들어?"
★ "너는 이번 여행에 우비를 가져가야 했었니? 왜 잊어 먹어?"

당신은 알았을 것이다. 너무나 많은 상황에서 ADHD를 가진 아동은 성인들과 아동들로부터 부정적인 말을 들을 뿐만 아니라, 끊임없이 소리를 지르고 비판을 받는다. 비난이 ADHD를 가진 아동이 듣는 유일한 긴 말일 때 비판을 받아들이도록 지도하는 것은 어려워 보인다.

ADHD를 가진 아동을 도와서 비판을 잘 받아들이도록 하는 유일한 방법은 그를 향한 비판으로부터 그와 그 자신을 분리하도록 돕는 것이다. 다른 말로 하면, 교사는 ADHD를 가진 아동을 도와서 비판이 그에게 의미 없는 것으로 해석하도록 해야 한다. 교사는 비판이 자기 자신을 어떻게 생각하는가에 영향을 주지 않도록 지도해야 한다. 누군가 아동에게 말을 그만하라고 말한다면, 사람들은 아동이 하는 말에 관심이 없고 아동이 말하는 것보다 그들의 말을 아동이 들어주기 원한다는 것을 아동이 이해하도록 지도해야 한다. 교사는 아동이 타인의 말을 잘 들을 수 있도록 도울 수 있다.

〈방 법〉 교사가 읽은 이야기가 담긴 CD나 전문적으로 이야기를 녹음한 CD를 ADHD를 가진 아동이 듣도록 하는 것은 교사가 ADHD를 가진 아동에게 더 긴 시간 정확하게 잘 듣도록 지도하는 좋은 방법이다. ADHD를 가진 아동이 이야기 CD를 들을 때에 그 이야기책을 ADHD를 가진 아동 옆에 둔다. 이렇게 하면, 교사가 ADHD를 가진 아동이 기억하길 원하는 이야기 분량을 ADHD를 가진 아동이 알 수 있다. 그리고 나서 이야기를 다 들은 후 교사는 ADHD를 가진 아동이 얼마나 많이 기억하는지 확인하는 질문을 할 수 있다. ADHD를 가진 아동이 이야기의 대부분을 기억한다면, 당연히 잘 들은 것이다. 만약 ADHD를 가진 아동이 이야기 CD 듣기를 방해한다면, "이제 말을 멈추고 이야기를 잘 들어보자. 그래야 이야기를 잘 기억할 수 있거든"이라고 말한다. 읽어지고 있는 이야기의 짧은 부분에서 멈추거나 심지어는 한 페이지나 한 문단에서 멈추고, 그가 잘 듣고 있는지 확인할 수 있다. 점차 한 번에 듣는 페이지의 양을 늘리고 이야기를 기억하는지 확인할 수 있다.

이 시점에서, 당신은 ADHD를 가진 아동에게 말을 하지 않고 얼마나 오래 이야기를 들었는지를 설명하기 시작해야 한다. ADHD를 가진 아동과 다른 아동들과의 대화 중에 ADHD를 가진 아동이 다른 아동의 말을 어떻게 들을지에 대해 당신은 유추할 수 있다. ADHD를 가진 아동이 말하는 시간보다 듣는 시간이 길면, 사람들은 듣기보다 자신이 말하는 것에 관심이 더 있다고 ADHD를 가진 아동에게 설명할 수 있다. 그러나 ADHD를 가진 아동이 여전히 비난을 받아들인다면, 어떻게 하면 아동이 비난을 잘 받아들이도록 당신이 지도할 수 있을까?

비난 잘 받아들이기는 ADHD를 가진 아동의 자신감 수준에 달려 있다. 비난으로 인해 자신의 가치가 낮아졌다고 생각하면 비난에 대응하기 어려워진다. 우리가 여기에서 하려는 것처럼, 사회적으로 부적절한 행동들을 줄이는 것은 교사들이 ADHD를 가진 아동을 지도할 때 매우 중요한 것이다. 만약 이러한 행동들이 줄어들면, 다른 사람들은 ADHD를 가진 아동들에게 덜 부정적으로 반응할 것이다. 당신은 여기에서 사이클을 보았는가? 아동이 더 적절하게 행동하면 사람들은 아동에게 더 긍정적으로 반응하고, 그러면 아동은 비난도 잘 받아들인다. 아동이 더 사회적으로 부적절하게 행동하면 사람들은 아동에게 더 부정적으로 반응하고, 그렇게 되면 비난을 잘 받아들이지 못한다. 때때로 아동이 비난을 잘 받아들이지 못할 때, 아동은 성인과의 갈등에서 짜증을 조절하도록 도움을 받아야 할 필요가 있다.

사회성 기술 23: 성인과의 갈등 상황에서 성질 통제하기

아동의 교사로서 당신이 ADHD를 가진 아동이 짜증을 내고 울분을 터뜨리는 기질을 볼 때, "세상에 교사인 나에게 어떻게 성질을 낼 수 있는가?"라고 자신에게 물어볼 것이다. 믿든지 말든지 간에, ADHD를 가진 아동은 울분을 터트린 후에 대면해서 민망함을 느낄 수 있는 상대에게 아무렇게나 울분을 터뜨리고 싶지 않아 한다. 그러한 행동에 대한 변명을 하는 것은 아니지만, 이런 저런 요소들이 쌓여서 갑자기 폭발하게 되면 아이가 감당하기 힘들어지는 것이다.

뚜껑까지 내용물이 가득 차 있는 탄산음료 병을 흔들었다고 생각해 보라. 당신이 병뚜껑을 따려고 하면 무슨 일이 생길까, 특히 빨리 따려고 할 때? 아마 탄산음료의 거품은 통제할 수 없을 정도로 넘쳐흐를 것이다. 나는 잘못된 시간과 장소에서 이런 일이 생기는 것을 너무나 많이 보아 왔다. 동일하게 ADHD를 가진 아동들이 많은 지도들, (특정 활동에서 다른 활동으로 옮기는) 전환, 또는 다른 아동들의 거절에 압도당할 때 "거품이 흘러넘치는 것이다." 여기서 교사는 무엇을 할 수 있을까?

교사는 다가오는 경고신호를 볼 수 있을까? 우리는 아동이 (걸핏하면 화를 내는) 성질을 내기 전에 하는 것으로 "생각되는", "계기(trigger)" 행동을 찾으려고 노력해야 한다. 그러나 때때로 찾기가 어렵다. 어떤 것, 아마도 며칠 전에 있었던 다른 아동과의 말싸움 때문에 ADHD를 가진 아동은 지금 반응할 수도 있다. 또는 아마도 일반 아동들이 잘 하는 일(event)이나 활동을 자신이 했을 때나 일이나 활동이 변경되었을 때 심하게 자극을 받았을 수도 있다. 어쨌든, 현실적으로 부모 또는 교사는 ADHD를 가진 아동이 (걸핏하면 화를 내는) 성질을 낼 때 무엇을 할 수 있을까?

ADHD를 가진 아동들은 그들의 생활에 질서를 유지하기 위해 구조화와 일관성이 필요하다. 동일하게 ADHD를 가진 아동들의 생활이 비구조화되고 있거나 비구조화되어 왔다면 일관성이 필요하다. 그 일관성은 계획의 형태로 제시되어야만 ADHD를 가진 아동들이 자신의 행동을 자기 조절하는 것을 배울 수 있다. 이것은 특히 초등학생 나이 이상의 나이를 가진 아동들이 "통제 불능" 행동을 자기 조절하는 데 특히 중요하다. 12세 아동이 도심 가운데서 자기 자신을 땅바닥에 내던지고 성질을 낸다면 사람들을 그를 어떻게 생각할까?

아동이 자신의 (걸핏하면 화를 내는) 성질을 자기 조절하도록 하기 위한 특별한 방법을 우리가 논의하기 전에, ADHD를 가진 아동들 스스로가 어른을 대할 때 자신의 성질을 컨트롤하는 것이 필요함을 이해하는 것이 중요하다. 나는 ADHD를 가진 아동들에게 솔직하고 진실하게 대하는 것이 바로 그들이 적절한 행동을 하고 부적절한 행동을 하고의 차이를 드러낸다고 굳게 믿는다. ADHD를 가진 아동들은 도대체 무엇 때문에 자극이 되어 성인들 앞에서 울분을 터뜨리게 되었는지 스스로 깨달아야 한다.

이 계획을 단계로 나누어 소개하고자 한다: 불필요하거나 ADHD를 가진 아동들이 기억할 것이 너무 많은 단계는 분명하게 제거해야 한다. 여기에서 다시 한 번 과제카드가 유용하게 사용된다.

1. 아동은 평소보다 더 쉽게 화를 낸다.
2. 그는 크게 숨을 마시고 내뱉으면서 그 횟수를 헤아린다. 세 번 크게 숨을 마시고 내뱉는다. 눈을 감고, 부모와 함께 외식

하러 나간다거나 비디오 게임을 하고 있다는 것 같은 즐거운 어떤 것을 생각한다.

3. 1, 2단계를 했는데도 성질이 나는 것이 느껴지면,
4. 진정하기 위해 어디론가 산책을 나간다. 예를 들어, 복도에서 왔다갔다 하거나 그에게 잘해주는 다른 선생님의 방에 갈 수 있다.
5. 그가 생각하기에 속상해진 계기에 대해 편하게 말을 나눌 수 있다고 생각되는 누군가를 찾아낸다. 그 사람은 학교 심리학자, 친구 같은 교사, 보건교사, 또는 멘토 역할을 했던 자기보다 나이 많은 학생이 될 수도 있다. 그는 그 사람에게 무엇이 자신을 성질나게 했는지를 말한다.
6. 그는 지금 더 진정되었음을 느낀다.

사회성 기술 24: 밀거나 쳤을 때 적절하게 대응하기

"당신은 장난인가? ADHD를 가진 아동을 누군가가 밀거나 쳤을 때 *적절하게* 대응해야 한다고?"라고 당신 자신에게 말하고 있을 것이다. 나는 이 질문에 "당연히 그렇게 해야만 한다"라고 대답한다. ADHD를 가진 아동의 행동은 모두 선택에 관한 것이다. ADHD를 가진 아동들은 밀리거나 맞는 것에 대한 반발로 밀거나 치는 선택을 한다. ADHD를 가진 아동들은 대안으로서 때리거나 민 사람에게서 물러서는 선택을 할 수 있다. 확실히 ADHD를 가진 아동들이 맞았거나 밀렸다고 해서 때리거나 미는 것은 최선의 선택은 아니며, 그렇게 하지 않고 물러서야 한다.

ADHD를 가진 아동들은 다른 아동에게 "너는 나를 밀었지만 나

는 누구도 밀지 않아"와 같은 말을 할 수 있다. 누군가 ADHD를 가진 아동들에게 이렇게 대할 때 사회적으로 부적절한 행동을 하는 것은 생산적이지 않음을 ADHD를 가진 아동들은 배워야만 한다. 무엇이 반발 행동이 일어나게 하는가? 반발 행동은 더 많은 밀기와 치기를 초래한다. 밀리거나 맞았을 때 적절하게 대응하기는 역할극을 통해 완벽하게 배울 수 있다. 이를 어떻게 지도해야 하는가?

〈예〉 여기에 교사와 함께 학생이 역할극을 하는 예를 제시한다:

★ 교사: "나를 그렇게 보지 마."

★ 학생: "나는 너를 보지도 않았어."

★ 교사: 아동을 벽으로 민다.(아주 살짝)

★ 학생: 떨어지거나 또는 말한다. "내가 너를 화난 눈빛으로 보지 않았다는 걸 알아. 그래서 너를 미는 것은 의미가 없어."

ADHD를 가진 아동들에게 동료들이 무엇을 말하든 그들이 행동 관리를 배우는 것은 매우 중요하다.

사회성 기술 25: 또래와의 갈등에서 성질 통제하기

앞에서 말했듯이, ADHD를 가진 아동들은 성인들과의 사이에서 (걸핏하면 화를 내는) 성질을 조절할 수 있다는 것을 기억하는가? 성인에게 (걸핏하면 화를 내는) 성질을 내는 것은 동료에게 성질을 내는 것과 같다. 만약 아동이 (걸핏하면 화를 내는) 성질을 내어 또래에게 반응(react)한다면 (내가 의도적으로 대답(responds)이라는 용어를 쓰지 않고 반응(react)이라는 용어를 쓴 것을 보라), 또래가 자신과 노는 것에 관심을 둘 것이라고 ADHD를 가진 아동은 생각할 수 있을까? 나는 이 질문에 *아니요* 라고 대답할 것이다. 교사 또는 부모의 일은 ADHD를 가진 아동에게 또래와의 갈등에서 반응하는 것(reactions)을 개선하는 계획을 내면화시켜 주는 것이다.

이 방법을 시도해 보자:

〈방 법〉

★ 반응하지 마라.

★ 또래가 너와 마음이 맞지 않는 정확한 이유를 생각해 보라.

★ 마음이 맞지 않는 이유는 네가 한 말 때문인가?

★ 마음이 맞지 않는 이유는 네가 한 행동 때문인가?

★ 마음이 맞지 않는 이유는 네가 할 것이라고 친구가 생각했던 행동 때문인가?

★ 누가 옳고 누가 잘못됨이 그렇게 중요한가?

★ 반응하기 전에 위의 질문들을 생각해 보라. 네가 성질을 내지 않고 대응할 수 있는 방법이 있는가?

★ 아동에게 말하게 하라: "이것 때문에 다투어야 할까?"

★ 또한 아동에게 말하게 하라: "이것을 가지고 어떻게 하면 우리 둘 다 기분이 좋을까? 다툴 만한 가치가 있는 일이 아니잖아."

이 과정에서 가장 중요한 것은 ADHD를 가진 아동이 이러한 질문들에 대답할 수 있을 때까지 (걸핏하면 화를 내는) 성질을 약화시키는 것이다. ADHD를 가진 아동의 인성과 능력을 보면 과제 분석을 하여 만든 단계들을 배울 수 있다.

당신은 플래시 카드들을 사용하여 그 카드들에 질문을 써 놓을

수 있다. 지금까지 내가 써 왔고 내가 좋아하는 방법은 다음과 같다:

〈방 법〉

★ ADHD를 가진 아동과 또래 사이에 발생 가능한 논쟁을 관찰한다.

★ 교사는 미리 보이스 레코더로 위의 질문들을 녹음한다.

★ 아동은 각 질문을 듣고 답을 쓰고, 그림을 그리고, 또는 교사, 보조자, 또는 부모 앞에서 큰 소리로 대답을 한다.

★ 교사, 부모, 보조자는 질문에 대한 ADHD를 가진 아동의 답을 논의한다.

요즘 많은 교사가 그러하듯이, 나는 당신이 "이렇게 한 아동에게 시간을 사용할 수 없어요. 나는 공부를 가르쳐야만 해요"라고 생각할 것으로 확신한다. 당신은 두 아동의 싸움을 말리는 데 시간을 쓰려고 하는가? 이러한 질문들에 대답하기는 시간이 지나면 ADHD를 가진 아동이 스스로 자신을 돕게 하는 기술이 된다. 질문과 대답하기는 자기조절의 예이고, 자기조절은 사회성 기술훈련의 최종적인 목표이다.

사회성 기술 26: 누군가 성가시게 할 때 부정적인 행동 줄이기

우리가 앞에서 제시한 사회성 기술들은 또래와 갈등이 있을 때 행동을 통제하고 누군가 성가시게 할 때 부정적 행동을 줄이는 것에 사용된다. 만약 ADHD를 가진 아동이 누군가의 부정적 행동들을 줄일 수 있다면, 아마도 두 아동 사이의 논쟁은 절대로 일어나지 않을 것이다.

ADHD를 가진 아동들이 성가심을 당할 수 있는 유일한 아동이라고는 생각하지 마라. 일반아동들도 성가심을 당할 수 있다. 내가 앞에서 제시한 몇 가지 기술은 ADHD를 가진 아동들의 괴롭힘 받는 행동을 줄이는 데 도움이 된다. 여기에 몇 가지 제안을 하고자 한다:

★ 어떤 아동이 ADHD를 가진 아동을 성가시게 할 때, ADHD를 가진 아동은 다른 주제로 대화를 시작해야 한다. ADHD를 가진 아동들은 하나의 주제에 머물러 대화하는 것이 어렵기 때문에, 이것은 당신이 생각하는 것보다 쉽다.

★ 어떤 아동이 ADHD를 가진 아동에게 보내는 단서들을 찾도록 교사 또는 부모가 지도하는 것은 중요하다. 이러한 단서들을 이용하면 다른 아동들 이 성가시게 하려고 할 때 ADHD를 가진 아동은 커뮤니케이션을 할 수 있다.

ADHD를 가진 아동들은 다른 사람의 관점에서 행동을 이해하는 것이 어렵기 때문에, ADHD를 가진 아동들이 단서, 힌트, 신호를 찾도록 지도하는 것은 매우 중요하다. 이러한 신호들은 다른 아동들이 성가시게 하기 행동을 하려고 할 때, ADHD를 가진 아동이 커뮤니케이션을 할 수 있게 한다. 어떻게 ADHD를 가진 아동이 성가시게 하기 행동이 발생하려고 한다는 것을 추측하도록 지도할 수 있을까?

다른 아동의 신체언어를 살펴보자:

〈방 법〉

★ 그가 나의 쪽으로 오는가?

★ 그가 나를 가볍게 치거나 만지는가?

★ 그의 눈과 얼굴 표정이 나는 성가시게 할 것이라는 것을 나타내는가?

★ 그는 내가 말하는 대부분의 내용에 동의하지 않는 것으로 보이는가?

★ 그는 친절한 사람이 아닌가?

다시 한 번 말하지만, 아동이 이러한 질문들에 대답할 때, 그는 다른 아동의 성가시게 하기 행동을 약화시킬 수 있다. 어쨌든 ADHD를 가진 아동이 이러한 질문들에 대답할 수 있도록 지도해야 한다.

이러한 질문들에 대답하도록 하는 사고 과정은 ADHD를 가진 아동이 자기 조절을 배우고 논쟁이 시작되기 전에 논쟁을 막는 것을 배우는 데 도움이 된다.

과잉행동형 ADHD를 가진 아동들은 앉아서 이러한 질문들에 실제로 답하는 것이 어렵다. 당신은 과잉행동형 ADHD를 가진 아동들의 활동 수준 내에서 지도할 수 있다. ADHD를 가진 아동이 꼭 앉아서 이러한 질문에 대답할 필요는 없다. ADHD를 가진 아동이 서거나, 앉거나, 빙글빙글 돌아도 상관없다. ADHD를 가진 아동이 자연스럽게 하고 싶은 대로 행동하도록 놔 두어야 한다. 이러한 장애를 가진 아동뿐만 아니라 일반아동들의 선생님으로서, 당신은 당신 자신에게 "ADHD를 가진 아동에게 그의 활동 수준 내에서 배우는 것을 허락하다면 학급의 질서를 어떻게 내가 유지해야 하는가?"라고 질문할 것이다. 핵심적인 요지는 이러한 질문에 대한 답을 얻어내는 것이다. 더 중요한 것은, 교사의 목표는 다른 아동들이 ADHD를 가진 아동들을 성가시게 할 때마다 ADHD를 가진 아동들이 자신들에게 이러한 질문들을 하도록 가르치는 것이다.

당신이 원하지 않는 한 가지 반응은 ADHD를 가진 아동이 "너는 왜 나를 성가시게 해?"라고 말하는 것이다. 이 질문은 그들의 상호작용 전체에 영향을 줄 작은 불씨를 성가시게 하는 아동들에게 보내는 것이다. ADHD를 가진 아동이 자기 통제를 배우는 것은 중요하다. 이 경우에 ADHD를 가진 아동은 그의 머리에 떠오르는 것 전부를 말하지 않도록 배워야 한다. 우리는 이후에 자기 통제에 대해 언급할 것이다. 자기 통제를 배우는 이유는 ADHD를 가진 아동들은 어느 정도 자기 통제를 계속해서 할 수 있어야 허락 없이 물건을 가져가지 않기 때문이다.

사회성 기술 27: 허락받고 물건 가져가기

아동들은 허락을 받고 나서야 물건을 가져갈 것이라고 당신은 생각할 것이다. 그렇지 않다. ADHD를 가진 아동들은 흔히 다른 사람들이 옳다고 규정한 행동 규칙에 따라 살아가지 않는다. ADHD를 가진 아동들은 다른 아동들이 유혹받지 않는 것에도 유혹을 받는다. 나의 현장 연구에서 관찰한 대부분의 아동들은 물건을 만지도록 허락을 받았든 안 받았든 본 물건의 대부분을 만졌다. 한 소년의 어머니는 자녀에게 타인의 소유물을 가져와서는 안 될 뿐만 아니라 타인의 소유물을 만져서는 안 된다고 가르쳤다.

그러나 그는 유혹을 뿌리칠 수 없어 했다. 예를 들면 그의 어머니의 입술용 크림(lip balm) 같은 작은 물건은 그를 강하게 유혹하여 결국 그것을 가져갔다. 어머니가 아들을 지도하는 장면을 내가 지켜보고 있을 때, 아들은 어머니의 가위를 허락 없이 가져왔다. 그의 어머니는 "내 가위 제자리에 놓고 네 가위로 하렴", "Johnny, 내 입술용

크림(lip balm) 가져갔어? 가져가기 전에 내 허락을 받아야 하는 걸 생각했었어?"라고 말했다.

이러한 아동들에게 유혹에 저항하도록 어떻게 지도할 것인가? 이것은 어려운 것이다. 혼잣말(self-talk)은 이것을 ADHD를 가진 아동이 배우는 데 효과가 있는 테크닉이다. 다음은 허락 없이 물건을 가져가는 것 같은 충동 행동을 자신이 막으려고 할 때의 혼잣말(self-talk) 사용의 좋은 예이다.

- 장소 · 학급 · 상황: ADHD를 가진 아동이 선생님의 새로운 상표의 빛나는 호치키스를 발견하고 그 호치키스를 만지기 위해 다가간다. 그 아동은 책상 위에 있는 새로운 상표의 빛나는 빨간색 호치키스를 생각하고 쳐다본다. 그는 집어 들고 만지기 위해 다가가기 시작한다.

〈방 법〉

1. 그 아동은 호치키스 만지는 것을 생각한다.
2. 자기 자신에게 묻는다: "저 호치키스는 내 것인가? 저것은 나의 소유물인가? 나는 내 것이 아닌 것을 집어 들고 만지려 하는가?"
3. 그는 자기 자리로 물러난다.

〈방 법〉

1. 호치키스가 대단히 좋은 것이고 그가 그 호치키스를 만지고 싶어함에 대해 생각한다.
2. 혼잣말을 한다: "나는 내 것이 아닌 물건을 집어 들고 만지지 않겠다."

3. 그는 선생님 책상으로 가서 호치키스를 집어 든다.
4. 그는 멈춘다. 그의 책상에 있는 종이나 판지(cardboard)의 사인이 호치키스를 만지지 말아야 한다는 것을 상기시킨다. 그는 호치키스를 집어 들고 자기 자신이 호치키스를 만지는 것을 멈추도록 노력한다.
5. 그는 자신에게 묻는다. "내가 이 호치키스를 집어 든다면 선생님은 내 행동에 기뻐하실까?"
6. 그는 앞의 질문에 비구어로 "아니"라고 대답하고("아니"라는 의미를 지닌 행동이나 단순한 음성으로 반응하라는 것), 그의 자리로 돌아간다.

당신은 ADHD를 가진 아동들에게 자기 물건이 아닌 것을 만지지 않기를 교육과정을 통해 자연스럽게 지도할 수 있다.

사회성 기술 28: 교육과정을 통해 사회성 기술 지도하기

교육과정을 통해 학급이라는 자연스러운 장면에 사회성 기술들을 넣어 가르치는 것은 ADHD를 가진 아동들에게 사회성 기술을 가르치는 좋은 방법이다. 긍정적 사회성 기술 배우기는 우리가 살고 있는 세상의 다양한 사람들과 사회적으로 어떻게 상호작용하는가를 배우는 것이다. ADHD를 가진 아동들은 그들의 또래와 다른 점을 어떻게 생각하는지 스스로 잘 알고 있다.

이러한 또래들은 인종, 종교, 의학적 차이를 가지고 있다. 아동들은 각각 다르고, ADHD를 가진 아동들도 다르다. 이것이 사실임에도 불행하게도 사람들은 ADHD를 가진 아동들을 정형화된 방식

(stereotypical way)으로 대한다. 사람들이 ADHD를 가진 아동들을 대하는 방식이 부정적이고 차별적이기 때문에, ADHD를 가진 아동들은 다른 유형의 사람들에 대해 민감하고 호응적으로 되도록 배워야만 한다. 이것이 ADHD를 가진 아동들이 자신들과 다른 사람을 공정하고 공평하게 대해야 하는 결정적인 이유이다.

최근에 어린 아동들이 자신들과 다른 사람들에 대해서 어떻게 행동할 것인가를 강조하는 책들이 많이 나오고 있다. 그러나 흔히 교사들과 부모들은 이러한 책들을 ADHD를 가진 아동들에게 읽어줄 뿐, 이러한 책들이 전하고자 하는 중요한 메시지에 대해서는 논의하지는 않는다. ADHD를 가진 아동들은 쉽게 산만해지기 때문에, 한 번 읽어 준 것으로는 책 내용을 모를 것이다.

〈방 법〉 교사가 한 페이지를 읽은 후에 아니면 양을 줄여 몇 문장을 읽은 후에 읽기를 멈추는 것은 좋은 생각이다. ADHD를 가진 아동이 교사가 읽는 곳을 따라 집중해서 줄거리를 이해하도록 해야 한다.

〈방 법〉 책 내용을 이해하고 내재화시키는 또 다른 방법은 아동들에게 책 내용과 비슷한 경험을 했는지 물어보는 것이다. 만약 했다면 아동들에게 생긴 일을 말하도록 한다. 만약 그들의 경험을 말하지 않는다면, 그들에게 생긴 일을 그림으로 그리도록 한다. 이러한 그림들은 그들의 경험을 화가 수준만큼 그릴 필요는 없다. 그들은 줄만 그어서 사람을 그릴 수도 있다. 중요한 것은 ADHD를 가진 아동이 그의 경험을 종이에 표현하거나 성인과 토론하는 것이다. 이렇게 해서 ADHD를 가진 아동들은 그 다음에 다른 아동들과 상호작용하는 방법을 배울 수 있다.

〈방 법〉 이러한 아동들이 경험을 역할극으로 표현하는 것도 효과적이다. 그러나 여기에는 요령이 있다: 그들에게 생긴 일과 정확하게 똑같이 역할극을 하지 마라. 대신에, 다음에 이러한 일이 생길 때 어떻게 해야 하는가에 대해 역할극을 하라. ADHD를 가진 아동의 부적절한 행동에 대한 다른 아동의 반응에 따라 ADHD를 가진 아동이 어떻게 반응해야 하는가를 가지고 여러 가지 시나리오를 만들어 역할극을 할 수 있다. 물론 그렇게 하기 위해 다른 아동은 ADHD의 부적절한 사회적 행동에 대해서 어느 정도 이해하고 있어야 한다. 이 이해를 촉진하는 방법으로 다른 아동과의 대화를 통해 사회성 기술들을 가르치는 것이 효과적이다.

사회성 기술 29: 아동과의 대화를 통해 사회성 기술 지도하기

아동과의 대화를 통해 사회성 기술 지도하기는 자연스럽게 일어난다고 생각하기 쉽다. 하지만 안타깝게도, ADHD를 가진 아동들에게는 그렇지가 않다. 첫 번째로, ADHD를 가진 아동들의 다양성에서 보면 낮은 사회문화적 지위를 가진 부모들은 자신의 자녀가 제기한 질문에 대해 더 높은 사회문화적 지위를 가진 부모들보다 더 적은 말로 대답을 한다. “사회 계층에 따라 아동들이 사용하는 어휘의 규모가 다르다.”(Hoff, 2003, p.1375) 나의 현장 연구에서 관찰한 가족들에게서 나는 이 말이 사실임을 확인했다. 그래서 어떤 부모들은 다른 부모보다 대화를 통해 그들의 자녀에게 사회성 기술들을 지도하는 것이 어려울 수 있다.

둘째로, ADHD를 가진 아동들은 두 사람 사이의 대화에서 필수적인 요소인 정확하게 듣기에 능숙하지 않다. 다른 사람의 말 잘 듣기 외에도, 대화를 통해 사회성 기술들을 배우려면 어떤 기술이 필요할까? 아동들이 타인의 말을 잘 들으려면 다른 사람의 말에 주의집중하는 것을 배워야만 한다. ADHD를 가진 아동들이 주의집중하고 잘 듣게 하려면 교사는 어떤 방법을 사용해야 할까?

〈방 법〉 앞에서 말했듯이, ADHD를 가진 아동이 눈 맞춤을 유지하는 방법을 아는 것이 중요하다. 그러나 아동이 누군가를 본다는 것은 주의집중하고 있다는 것을 의미하지 않는다. 아동이 눈 맞춤을 유지한 후에, 다른 사람의 말을 잘 들을 뿐만 아니라 그 말에 주의집중해야만 한다. 교사와 부모는 어떻게 하면 ADHD를 가진 아동이 더 잘 주의집중하고 듣도록 도울 수 있을까? 가장 좋은 방법은 기억 게임을 하는 것이다.

★ 아동에게 한 문장을 말하라.
★ 한 문장에서 일부 단어를 빼고 말하고, 아동에게 무엇이 빠졌는지 물어보라. 예를 들어, "Tigers have strips on their bodies (호랑이의 몸에는 줄무늬가 있다)".
★ 크게 말하라: "Tigers strips bodies(*have*와 *on their*가 빠짐)".
★ 그에게 물어보라: "무슨 단어가 빠졌는가?"

만약 아동이 답을 쓸 수 있다면 쓰게 하라. 마침표로 끝나는 문장을 사용하면 아동들을 문장을 기억하기 더 쉽다.

당신은 종이를 오린 조각에 단어를 쓰고 그 조각을 마분지에 붙인다. 교사는 단어들을 의미가 통하지 않는 부적절한 순서로 나열한다. 그리고 나서 ADHD를 가진 아동이 단어들을 의미가 통하도록 나열하게 한다.

〈방 법〉 ADHD를 가진 아동들은 그들이 관심 있는 것에는 주의집중을 잘 하고 잘 듣는다. 예를 들어, ADHD를 가진 아동이 좋아하는 쇼나 영화 프로그램을 시청할 때는 등장인물의 이름뿐만 아니라 생긴 일들을 당신에게 말할 수 있다. 그래서 ADHD를 가진 아동들은 선택성 주의집중(selective attention)과 선택성 듣기(selective listening)를 보여줄 수 있다. 그들이 좋아하는 화제에만 주의집중을 할 것이다. 그래서 흥미 있을 것이라고 생각하는 대화만을 들으려 한다. ADHD를 가진 아동들을 지도하는 교사는 ADHD를 가진 아동들이 흥미 있어 하는 것뿐만 아니라 흥미 없는 것에도 주의집중해서 듣도록 지도해야 한다. 어떤 시간에 청자(listener)에게 흥미 없는 주제를 화자(speaker)가 말할 때, 관심이 없어도 말을 잘 듣도록 화자(speaker)가 격려하는 "합의(deal)" 또는 규칙을 만들어 사용할 수 있다. 때때로 이러한 아동들은 너무나 산만해서 대부분의 대화가 흥미로울 수도 있다는 것을 깨닫지 못한다. 여기에 한 예를 들겠다:

〈예〉 Charlie는 야구에 관심이 있어 야구에 관한 어떤 대화도 들으려고 한다. 그의 친구가 야구와 관련 없는 화제를 말하고 있다. 대화는 다음과 같다.

"나는 정말 빠른 자동차를 좋아해."

"네가 어떻게 그걸 알어? 빠른 자동차 타 본 적 있어?"

"아니, TV에서 빠른 자동차를 보았어. 때때로 나는 눈을 감고 경주용 자동차처럼 빠른 차를 모는 것을 상상해."

"그러면 너는 빠른 차가 어떤 것인지 실제처럼 느끼겠다!"

"그래."

교사가 빠른 자동차에 대해 이야기할 때 빠른 자동차는 야구 선수가 스틸할 때처럼 베이스로 빨리 뛰는 것과 비슷하다고 아동에게 설명할 수 있다. 다음에 누군가 그가 흥미 없어 하는 화제에 관해 말할 때, 그는 기꺼이 대화에 더 오래 남아있을 것이다. 화제에 관해 말하고 있는데, 사회성 기술들에 관한 대화를 하면 무슨 일이 생길지 궁금한가?

긍정적 사회성 기술들이 무엇이냐에 관한 대화는 ADHD를 가진 아동들이 주의집중 하기와 잘 듣기를 배우는 데 중요하다. 교사 또는 부모가 ADHD를 가진 아동에게 주의집중 하기와 듣기를 더 효과적으로 가르쳤다고 하자. 아동이 주의집중 하기와 듣기를 더 효과적으로 배울 수 있다면 사회성 기술들 역시 가르치기 시작할 수 있다고 비로소 느껴질 것이다.

교사는 사회성기술 훈련을 일상 환경 속에 넣어서 의도적으로 지도할 수 있다. 만약 이러한 아동들이 더 잘 주의집중하고 들을 수 있다면, 다른 사회성 기술들을 대화를 이용해 의도적이고도 자연스럽게 지도할 수 있다. 여기서 언급한 대부분의 사회성 기술들은 하루 일상 속에서 일어나는 대화를 이용해 지도할 수 있다.

사회성 기술 30: 교사 또는 부모가 지도할 때 조용히 앉아있기

ADHD를 가진 아동들은 지도를 받을 때 조용히 앉아있도록 해야 한다. 그러나 교사로서 우리는 가능한 한 ADHD를 가진 아동들은 활동 수준에 맞추어 지도를 받아야 한다는 것을 알아야 한다. 이것은 교사보다 방과 후 자녀를 집에서 지도하는 부모들이 실천하기 쉽다. 학급에서 아동들을 지도하는 교사들은 ADHD를 가진 아동들을 활동 수준 내에서 지도해야 하고, 다른 아동들은 책상에 앉아서 지도를 받도록 하여야 하는 두 가지의 균형을 맞추어야 하므로 집에서 부모가 지도할 때보다 더 어렵다.

내가 대학교에서 가르치는 대학(원)생들에게 언제나 각각의 아동은 특별하고 다른 사람과 다른 무엇을 필요로 한다고 말한다. 외관상 "보통" 아동처럼 보이는 아동은 다른 아동과 다른 요구를 가지고 있다. 학급 구성원 각자의 학습 방식에 따라 교육과정을 맞추고 있다는 것을 교사는 학급 구성원에게 설명해야 한다. 그러면, 교사가 ADHD를 가진 아동에게 조용히 앉아 있기를 지도하는 방법에는 어떤 것이 있을까?

ADHD를 가진 아동에게 조용히 앉아 있기를 지도하는 한 가지 방법은 산만성을 분산시키거나 간섭하는 것이다. 이 방법은 간단하다. ADHD를 가진 아동에게 점토 같이 잘 움직여지는 물건을 숙제할 때 준다. 물론 ADHD를 가진 아동이 점토를 만지는 데 정신이 팔려 자신의 숙제를 하지 못하는 일이 없도록 주의해야 한다. 나는 아동과 다음과 같은 말로 타협을 한다. "네가 산만해지면 점토는 선생님이 가져간다." 나는 ADHD를 가진 어린 아동들에게 사회성 기술들을 가르칠 때 점토를 가지고 있도록 허락했지만, 때때로 그들은 산만해졌다.

일전에 나는 실수를 해서 아동은 두 가지 색깔의 점토를 가지고 놀았었다. 그 아동은 점토에 너무나 집중했고, 점토의 색깔들에 마음을 뺏겨 하고 있던 과제로 그 아동을 돌리는 데 힘이 들었다. 아동의 산만성을 조정하기 위한 방법으로 점토를 조작하며 가지고 있도록 허락하는 것과 문자 그대로 점토를 가지고 놀기를 허락하는 것 사이의 작은 차이에 주의해야 한다.

〈방 법〉 어린 아동(young child)을 자기의 자리에 조용히 앉아있도록 가르치는 또 다른 방법은 그가 조용히 앉아 있을 시간을 색으로 표시해서 그 시간을 알게 하는 타이머를 책상 위에 두는 것이다.(이 타이머는 timetimer.com에서 타임 타이머(Time Timer)라는 이름이 붙여져 있다.) 이 타이머에는 3인치, 8인치, 12인치의 3가지가 있다. 아동이 시간을 안다면, 일반 타이머나 시계를 이용할 수 있다. 당신은 자명종 시계(alarm clock)를 쓰고 싶은 생각이 들 수도 있겠지만 그것은 바람직하지 않다. 자명종 시계(alarm clock)는 너무 시끄러워 아동 자신뿐만 아니라 다른 아동을 산만하게 만든다.

교사는 아동의 노력을 인정해 주고 북돋아 주는 변동 간격 계획(variable interval schedule)을 실시하여 조용히 앉아있는 행동에 대해 아동에게 상을 줄 수 있다. "간격 계획(interval schedule)은 특정 시간대가 지난 후에 발생한 첫 번째 정반응을 강화하는 것이다. … 변동 간격(variable-interval, VI) 계획에서는 평균 간격은 준수하면서 상을 받는 간격을 다양하게 하는 것이다. VI5 계획은 평균적으로 5분 후 첫 번째 정반응을 강화하지만, 시간 간격은 다양하게 한다(예를 들어, 2, 3, 7, 또는 8분) (Schunk 2008, p.52).” 아동이 가장 오래 앉아 있는 시간이 5초라면 이 5초로 시작할 수 있다. 교사는 아동이 정말로 흥미 있어 하는 상을 아동에게 줄 필요가 있다. 교사는 아동에게 강화를 간헐적으로 주어 언제 상을 받는지 아동이 모르게 해야 한다. 아동이 언제 상을 받을지 모르게 되면 아동은 계속 앉아있게 된다.

그러나 상은 아동이 흥미 있어 하는 것이 아니면 효과가 없다. 그래서 상 계획을 정하기 전에 부모와 아동이 당신에게 아동이 흥미 있어 하는 것에 대해 말하도록 해야 한다. 당신은 상을 받는 데 소요되는 시간을 늘일 수 있다. 마침내, 교사는 강화를 줄여나가서 아동이 오랜 시간 앉아 있게 해야 한다.

나는 ADHD를 가진 아동이 의자에 조용히 앉아있도록 하기 위해 음악을 사용하기도 했다. 그러나 음악을 사용할 때는 조용한 클래식 음악만을 사용만 필요는 없다. 흔히 ADHD를 가진 아동은 리드미컬한 음악을 들을 때 더 잘 집중한다. (당신은 랩 음악을 사용할 수도 있다!) 교사는 학급에서 어떻게 이 아동에게 랩 음악 듣기를 허락할 수 있을까? 헤드폰으로 사용할 수 있는 아이팟(iPods)이 있다. 그러나 음악은 다른 아동들이 들을 수 없도록 해야 한다는 것을 명심하라.

만약 당신이 아동들이 지도 받는 중에 조용히 책상에 앉아 있도록 가르칠 경우에 어떻게 음악을 듣게 하는지 궁금하다면, 고민 말고 시도해 보라. 어쨌든 음악은 아동의 산만성에 간섭하거나 산만성을 분산시킨다. 아동에게 음악을 듣게 한다고 잃을 것은 없지 않는가? 이 질문은 중요한 사실을 주시하게 한다. ADHD를 가진 아동에 대한 사회성 기술지도는 시행착오 과정이라는 것이다.

당신은 ADHD를 가진 아동들의 전형적인 특성인 부주의와 지나치게 말이 많음을 막기 위해 자주 여러 방법들을 시도해 왔을 것이다. ADHD를 가진 아동이 조용히 앉아있도록 가르치는 것은 시간이 많이 소요된다. 나를 믿어라. 이 기술은 교사뿐만 아니라 아동에게도 그만한 가치가 있다. 만약 당신이 다른 제안이 필요하다면 나에게 연락하라. 더 많은 정보를 주겠다.

사회성 기술 31: 음식을 만들 때 머리 매기

사회성 기술 32: 음식을 만들 때 머리 만지지 않기

내가 어디서 이 사회성 기술을 찾아냈을까? 나는 연구를 하는 동안 흥미 있는 경험을 했다.

나는 지도 아동의 집에 앉아서 어머니가 자녀를 지도하는 것을 지켜보고 있었다. 그때 나는 그 어머니가 지도를 하고 있는 것인지 단지 빵을 굽고 있는지 의아했다. 나는 이 집에서 지도가 진행되고 있는지에 대해 자신에게 물어보고 실제로 노트에 기록을 했던 것을 기억한다. 이 어머니는 돈이 거의 없어 선물을 사지 못하거나 크리스마스를 같이 할 가족이 없는 교회 사람들을 위해 크리스마스 쿠키를 만들고 있었다. 그들은 슈가 쿠키를 잘라내기 전에 반죽을 납작하게 밀어내고 있었다(우리 대부분과는 달리, 그들은 재료를 사서 직접 제과를 하고 있었으므로!).

Penny는 매우 긴 생머리를 가지고 있었고, 천천히 그리고 확실히, 하나씩 하나씩 쿠키 반죽에 떨어졌다. 말할 필요도 없이 내가 쿠키 반죽에 그녀의 머리카락이 있는 것을 보고 혐오감을 느끼기 시작할 때, 그녀의 어머니는 그녀에게 즉시 섞는 작업을 그만두라고 말했다. Mary는 그녀에게 갑자기 반죽을 젓는 작업을 그만두고 머리카락을 "묶고" 손을 씻으라고 말했다. 그들은 반죽을 버리고 전체 과정을 다시 시작했다.

ADHD를 가진 아동들은 여기서 음식을 만들 때의 예를 제시한 것처럼 행동의 결과를 항상 생각하지는 않는다. 학생들이나 아동들의 행동의 결과를 지적하는 것은 교사나 부모가 할 일이다. 아동들에게 있어 결과는 분명하지 않을까? 대부분의 경우 분명하지 않다. 교사나 부모는 다음의 방법을 사용하여 ADHD를 가진 아동들이 결과들을 알도록 지도할 수 있다.

〈방 법〉 과자를 만들 때 아동들에게 행동의 결과를 지도하는 좋은 방법으로 "만약" 게임을 들 수 있다. 동시에 몇 명의 아동들에게 ADHD를 가진 아동들을 포함해서 어떤 상황에서 어떻게 행동해야 하는지에 관한 질문을 한다. 예를 들면:

★ 만약 밖에서 놀다 들어왔을 때 어머니가 저녁식사로 샐러드를 만드는 것을 도와달라고 했다. 당신이 어머니를 도와주기 전에 먼저 해야 할 일들은 무엇이겠는가?
★ 축구 연습을 하다가 바로 걸스카우트 또는 보이스카우트 미팅에 갔는데, 당신의 팀이 할로윈 날 밖으로 나가지 못하는 환경에 놓여 있는 아동들에게 줄 마시멜로 시리얼 과자를 만들어야 한다면, 만들기 전에 먼저 해야 할 일들을 무엇일까?

★ 방금 휴식시간이 끝나고 수업이 시작되었는데, 당신의 선생님이 당신에게 과자를 나누어 줄 것을 부탁했다면, 과자를 나누어주기 전에 먼저 해야 할 일들을 무엇일까?

★ 확실히 모든 사람은 공손해지는 것을 배워야 할 필요가 있다.

사회성 기술 33: 공손하기 또는 교사나 부모에게 필요한 물건을 건네주도록 공손하게 부탁하기

ADHD를 가진 아동에게 있어 공손하게 행동한다는 것은 정확하게 무슨 의미일까? 솔직히 말해 십중팔구 이러한 아동들은 무엇을 의미하는지 모를 것이며, 이것이 내가 이 책을 쓰고 있는 가장 중요한 이유이다! 당신이 ADHD를 가진 아동들에게 사회성 기술을 지도할 때 당신이 전하고자 하는 메시지는 무엇인가? 다른 사람들에게 대접받고 싶은 대로 다른 사람들에게 대하도록 하는 것일 것이다. 예를 들어 교사들은 악수를 하거나 "안녕하세요"라고 말하면서 다른 사람의 눈을 똑바로 보도록 하여 ADHD를 가진 아동이 다른 사람을 공손하게 맞이하도록 지도하여야 한다. 공손하게 행동하기에는 좋은 매너와 다른 사람을 향해 정중하게 행동하기가 포함된다는 것을 ADHD를 가진 아동이 확실히 이해하도록 하는 것이 중요하다.

ADHD를 가진 아동에게 공손하다는 것은 어떤 것인지 어떻게 설명할 수 있을까? 당신과(교사들과) 다른 사람과의 상호작용을 생각하면 이러한 예의 법칙은 뻔할 수 있다. Please(영어에서 남에게 정중하게 무엇을 부탁하거나 하라고 할 때 덧붙이는 말)와 Thank you (고맙습니다)를 사용하면 좋다. 또한 다른 사람의 말을 끊지 않는 것도 예의바른 일이다. 교사는 학생들이 다른 사람의 말을 듣지 못했거나 이해하지 못했으면 다른 사람에게 반복해 달라고 말하거나 분명히 말해 달라고 요구해야 한다는 것을 학생들에게 가르쳐야만 한다.

ADHD를 가진 아동이 누군가에게 어떤 것을 넘겨달라고 부탁할 때 "저것 줘"라고 말해서는 안 되며 "저것을 저에게 주시겠습니까?"라고 말해야 한다. 다른 사람이 물건을 건네준 후에는 "고맙습니다"라고 말해야만 한다.

참고로, 영어가 제 2언어인 아동들은 역시 이런 것들을 배워야 한다. 각각의 문화에는 사회적 관습이 있고 미국에 있는 모든 아동이 어떻게 공손하게 행동하는가에 관한 미국의 독특한 사회적 관습을 배우는 것은 중요하다. Cheri J. Meiners(2004)가 쓴 *Be Polite and Kind*(공손하고 친절하게)라는 책은 공손해지는 것에 관련해서 학생들에게 당신이 읽어주기 원하는 책일 것이다. 삽화들은 크고 색채가 풍부하고 분명해서 메시지가 잘 전달되었다.

〈방 법〉 각각의 학생들은 공손하게 행동하는 방법의 예와 공손함을 실천하는 방법의 예를 하나 고른다. 또래들과 성인들과의 상호작용에서 공손해지는 단계들을 표현하는 짧은 스크립트를 교사가 쓰고 이 스크립트를 이용해 아동에게 공손하게 행동하기를 지도할 수 있다. 교사는 조작할 수 있는 인형이나 역할극을 이용해 이 기술을 아동에게 보여줄 수 있다. 그리고 나서, 아동은 조작할 수 있는 인형이나 역할극을 사용해 이 바람직한 기술을 실시할 수 있다.

〈방 법〉 공손하게 행동하기를 가르치는 또 다른 방법은 교사와 학생이 같이 학생이 다른 사람에게 공손했을 때에 관한 사회상황 이야기(social story)를 같이 쓰는 것이다. 이 사회상황 이야기(social story)로 두 가지 목적을 달성할 수 있다. 첫째로, 학생과 교사가 한 가지 일에 협력함으로써 그들 사이의 의사소통이 촉진된다. 둘째로, 이야기의 아이디어는 학생 자신의 것이라 생각하며, 이 생각은 더 빨리 사회성 기술을 배울 수 있게 하고 더 오래 이 사회성 기술을 사용하게 할 수 있다.

〈방 법〉 나의 대학교 제자들이 그들의 학급에서 성공적이라고 발견한 방법으로 제자들과 내가 토론했던 방법이다. 이 방법을 당신에게 알려주겠다. 교사가 공손하게 행동하는 방법을 길고 얇은 종이에 쓴다. 교사는 하나의 사회성 기술에 하나의 색깔로 쓰며 각각의 사회성 기술들을 각각 다른 색깔로 쓴다. 교사는 사회성 기술을 쓴 종이들을 학생들에게 나누어주고 학생들은 두 종이의 끝을 호치키스로 찍어 연결시킨다. 교사와 학생은 종이 머리띠를 만들어 머리에 쓴다.

ADHD를 가진 아동이 어떤 사회성 기술을 배웠다고 교사가 생각한 때에는 아동은 그 사회성 기술이 쓰여 있는 종이를 꾸민다. 아동은 그 사회성 기술이 쓰인 종이에 칠을 할 수 있고, 크레용으로 색칠할 수 있고, 반짝이(glitters)를 사용할 수 있고, 그 외 여러 가지를 할 수 있다. ADHD를 가진 아동이 머리띠에 있는 사회성 기술을 다 배울 때는 머리띠를 머리에 쓴다.

ADHD를 가진 아동이 비로소 효과적으로 사회성 기술을 실행하고 배웠을 때에만 교사가 종이 띠를 꾸미도록 허락하는 것은 매우 중요하다.

〈주의사항〉 교사가 사회성 기술들을 가르치다 보면 각각의 아동이 이러한 사회성 기술들을 배우는 능력이 다양하다는 것을 알게 된다. 덜 산만한 ADHD를 가진 아동은 사회성 기술을 전체 다 배울 수 있겠지만, 더 산만한 ADHD를 가진 아동은 사회성 기술의 일부를 배우기만 할 것이다.

그래서 아동의 인지 또는 행동 수준, 학습 스타일, 배우려는 동기에 따라 교사가 특정 기술을 지도하는 방법을 다르게 하는 것이 중요하다. ADHD를 가진 아동에게 공손하게 행동하기를 가르치는 영역 안에는 지시 상황에서 방해하지 않고 듣기를 가르치는 것이 포함된다.

사회성 기술 34: 지시 상황에서 교사나 부모를 방해하지 않고 듣기

이것은 ADHD를 가진 아동이 배워야 할 가장 중요한 사회성 기술들 중의 하나이다. 왜냐하면 교실에서든 아니든 체육활동, 음악시간, 또는 과외활동 중에 교사들과 코치들은 무엇을 해야 하는지에 대해 정확한 지시를 한다. 이러한 지시는 대개 전체 구성원에게 주어지며 반복해주지는 않는다. 아동이 선생님이 지시할 때 방해하면 어떤 일이 생길까? 첫째로, 교사는 금방 짜증이 날 것이다. 둘째로, 학생은 과제를 하기 전에 어떤 단계들을 거쳐 과제를 해야 할지를 알지 못한다. 그는 듣지 못했기 때문에, 무엇을 해야 할지 모른다.

ADHD를 가진 아동들은 지시 듣는 것이 왜 어려운가? 그들은 왜 방해를 하는가? ADHD를 가진 아동들의 머릿속에서 그들의 모든 생각이 돌고 있다. 그들은 머리 속에 있는 생각을 말하기 위해 기다릴 수 없다. 그들은 생각을 즉시 말해야만 한다. ADHD를 가진 아동들이 다른 사람을 방해하기 전에 교사나 부모는 그들이 기다리는 것을 돕기 위해 무엇을 할 수 있을까? 이 사회성 기술은 ADHD를 가진 아동들이 자기 조절하기를 배우는 데 필요한 것이다. 여기에 사용가능한 몇 가지 단계가 있다:

〈방 법〉 이 중재법은 초등학교 고학년, 아마 10~12세인 ADHD를 가진 아동에게 효과가 있다. 역할극 상황에서 교사는 ADHD를 가진 아동과 함께 다음의 단계들을 실행한다:

1. ADHD를 가진 아동의 선생님이 그에게 지시를 할 때 그가 말하고 싶으면, 교사는 아동에게 세 번 깊은 숨을 쉬고 숨의 횟수를 세는 것(깊은 숨 한 번, 깊은 숨 두 번, 깊은 숨 세 번)을 보여준다.
2. 아동에게 말하고 싶은 것을 쓰라고 지시한다.(만약 쓰지 않으면 그림을 그리게 하거나 교사가 제공한 여러 그림 중에서 고르게 한다.)
3. 교사가 말한 지시 내용 두 가지를 쓴다.(지시 내용을 보여주기 위해 여기에서도 아동은 그림을 고를 수 있다.)
4. 교사가 말을 하면 대화에서 교사의 말이 끊어질 때까지 기다린다.
5. 아동이 쓴 대화 요지를 아동이 읽는다.(또는 아동이 고른 지시 내용을 나타내는 그림을 말로 설명할 수 있다.)
6. 아동이 자신에게 묻는다: 나의 대화 요지는 선생님의 지시와 관련이 있는가?
7. 만약 대화 요지가 관련이 없다면, 그 아동은 말하지 않는다.

8. 만약 대화와 관련이 있다면, 아동은 손을 들고 선생님이 자신을 부를 때까지 기다린다.
9. 교사는 그를 부르고 그가 대화 요지를 말하게 한다.

〈방 법〉 아동은 교사와 앞에서 제시한 단계들을 몇 번 실시한 후, 아동은 다음 단계를 시도할 수 있다:

1. 깊은 숨쉬기
2. 쓰기
3. 기다리기
4. 읽기
5. 손들기
6. 기다리기
7. 말하기

당신의 생각에 따라, 특히 당신이 10세가 안 되는 ADHD를 가진 아동들을 지도할 때 단계를 줄일 수 있다. 예를 들어, ADHD를 가진 어떤 아동들은 단계를 줄일 때 더 잘 반응할 수 있다:

1. 숨쉬기(*B*reathe)
2. 쓰기(*W*rite)
3. 읽기(*R*ead)
4. 기다리기(*W*ait)
5. 말하기(*S*peak)

당신은 다섯 단계의 첫 글자를 따서 어떤 것을 고안할 수 있다. 예를 들면, BWRWS(<u>B</u>reathe, <u>W</u>rite, <u>R</u>ead, <u>W</u>ait, <u>S</u>peak의 첫 글자를 모은 것)가 될 수도 있고, 때때로 곰과 바다코끼리는 진짜 물을 좋아한다(<u>B</u>ears and <u>W</u>alruses like <u>R</u>eal <u>W</u>ater <u>S</u>ometimes; 다섯 단계를 외우기 쉽게 문장을 만든 예임). 또는 아기들이 숟가락을 들고 도착한다(<u>B</u>abies <u>W</u>ill <u>R</u>each <u>W</u>ith <u>S</u>poons; 다섯 단계를 외우기 쉽게 문장을 만든 예임)는 문장을 만들 수 있다. 이 첫 글자 활용 문장은 특별한 의미를 가지는 것은 아니다. 실제로 만약 아동과 교사가 첫 글자 활용 문장을 같이 만든다면, 두 사람은 협력해서 노력했던 좋은 경험을 가지게 될 것이고 서로 친밀해질 것이다. 첫 글자 활용 문장이 재미있을수록, 아동은 방해 행동에 대한 자기조절을 배우는 과정에서 이 단계들을 기억할 가능성이 높아질 것이다.

〈주의사항〉 ADHD를 가진 아동들의 특징인 이 사회성 기술부족(말 많음을 억제할 수 없음)을 해결하는 데는 상당한 시간이 소요된다. ADHD를 가진 아동이 방해하지 않음이 왜 중요한지를 이해하고 말 많음의 억제를 실행을 했다고 교사가 생각한 후라도, 그는 여기서 리스트한 단계들을 기억하기 위해서는 여전히 많은 촉진물이 필요할 것이다. 단지 기억만 해라: 당신이 만드는 첫 글자 활용 문장이 아동의 생활과 관련이 더 있고 더 의미가 있을수록, 아동이 그것을 기억하고 말하고 있는 다른 사람을 방해하지 않을 가능성은 높아진다.

사회성 기술 35: 큰 소리로 트림하지 않기

물론 사람들은 공공장소에서 신체기능의 소리를 내지 않는다. ADHD를 가진 아동들에게 크게 트림하지 않도록 우리는 어떻게 지도해야 할까? ADHD를 가진 아동들은 특별한 행동이 왜 부적절한지 이해할 필요가 있다. 또한 그들은 구조가 필요하고 더욱 중요한 것으로 규칙과 기준이 필요하다. 신체 기능의 소리와 관련해서 트림을 크게 하기나 그와 비슷한 소리는 다른 사람이 용납하지 않음을 이해해야 한다. 내가 믿기로 이 사회성 기술은 교사가 ADHD를 가진 아동들에게 그렇게 하지 말라고 말만 해도 습득할 수 있는 것이다. 간단한 것 같은가? 그렇다. 정말 그렇게 간단하다. ADHD를 가진 아동들은 규칙을 충실히 지키는 것이 어렵다고 모든 사람이 생각한다(그리고 때때로 마땅히 그렇다고 생각한다). 반대로, 만약 어떤 규칙을 충실히 지킬 것이 요구되면, 사회적으로 적절한 행동을 할 가능성은 높아진다.

만약 ADHD를 가진 아동이 트림 크게 하기를 멈추지 않는다면 당신은 무엇을 할 수 있을까? 트림 크게 하기는 교사가 제시한 단서에 반응한 행동이다. 다른 아동들은 ADHD를 가진 아동이 트림을 하면 웃을 것이고, 다른 아동들의 반응이 더욱 트림을 하도록 한다. 그러나 잠시 후에는 그 행동에 모두가 짜증이 난다.

〈방 법〉 교사가 ADHD를 가진 아동이 트림을 할 것 같다고 느낄 때 교사가 그에게 보낼 신호를 생각해 보아야 한다. 일반적으로 아동은 트림을 멈출 수 없다. 그러나 처음에는 트림 소리를 적게 하려고 한다. 교사가 아동의 트림 소리를 들을 때 선생님이 목청을 가다듬을 수 있다.

목을 가다듬는 교사의 소리를 아동이 들을 때마다, 아동은 다른 사람에게 들릴 정도인 트림 소리를 낮추도록 노력해야만 한다. 아동이 산만하다는 점을 고려하면, 다음 사회성 기술에서 보겠지만 그에게 시각적 단서를 보게 하는 것이 어렵다. 그래서 나는 음성 단서를 좋아한다.

〈방 법〉 만약 교사가 앉아있다면, 교사가 자신의 의자를 옮기면서 소음을 내는 것도 또 다른 신호가 될 수 있다. 이 소음은 아동에게 트림을 멈추라는 신호이다.

〈방 법〉 교사는 아동의 흥미 수준 내에서 보상을 선택하게 할 수 있다. 처음에는 아동이 트림을 하지 않을 때마다 교사가 보상을 주는 것으로 시작한다. 그러나 시간이 지나면, 교사가 결정한대로 아동은 트림을 하지 않을 때 매번 보상을 받지 않고 뜨문뜨문 보상을 받는다. 어떤 시점에서 교사는 보상을 점점 줄여가며 마침내 아동이 전혀 트림을 하지 않게 한다.

아동이 트림을 해야만 한다면 트림을 해야 한다. 여기에서 목표는 아동이 트림을 필요로 할 때 트림을 멈추도록 가르치는 것이 아니고, 다른 신체의 소리뿐만 아니라 큰 트림 소리도 억제하는 것이다.

〈예〉 교사가 ADHD를 가진 아동들에게 크게 트림을 해서는 안 된다는 것을 ADHD를 가진 아동들에게 상기시키는 신호의 몇 가지 예를 제시한다:

★ 한 손을 아동의 어깨에 대고 크게 트림하기는 용납될 수 없다고 충고한다.

★ 미리 준비한 (둘만 아는) 사적인 신호를 사용한다.

★ 자기통제전략에서 사용되는 혼잣말을 아동이 하도록 격려한다.(예를 들어, "나는 크게 트림하지 않을 것이다. 크게 트림하는 것을 내 힘으로 안 할 수 있다.")

★ 그가 크게 트림하지 않을 때에 그가 보상 받는 것을 상기시켜라(Rief, 2005, pp.130-131).

사회성 기술 36: 주의 산만한 행동 보이지 않기

사회성 기술 37: 다른 사람에게서 사회적으로 적절한 행동 배우기

산만한 행동을 보이지 않기 위한 사회성 기술은 ADHD를 가진 아동이 매우 어려워하는 하는 것이다. 생각해 보라. 만약 ADHD를 가진 아동이 산만한 행동을 하면, 부모나 교사가 보여주는 사회성 기술들에 어떻게 주목할 수 있겠는가? 글쎄, 답은 대부분의 경우 그는 주목할 수 없다는 것이다. 산만은 교사나 부모의 지시를 듣는 데 어려움이 있는 아동들의 핵심 특성이다.

여기에 ADHD를 가진 아동이 너무나 산만해서 교사의 지시에 주목하지 못한 전형적인 예를 실제 생활에서 골라 두 가지 제시한다. 첫 번째 예는 수학여행을 가기 위해 승낙서를 제출하기로 되어 있는 건이다. 그는 너무나 산만해서 승낙서를 내야 한다는 선생님의 말을 듣지 못하여 제때에 승낙서를 제출하지 않았다.

둘째 예는 ADHD를 가진 아동이 너무나 산만해서 그날 밤 숙제에 대한 지시를 듣지 못한 것이다. 그가 숙제를 할 때, 과제가 시작되는 페이지 수조차 몰랐다.

그런데 산만성은 과잉행동형의 ADHD를 가진 아동뿐만 아니라, 네 가지 유형의 ADHD를 가진 아동 모두에게 이 특징이 나타난다 (APA, 2000, p.85). 우리가 지도하기 원하는 ADHD를 가진 아동이 하지 않았으면 하는 산만한 행동들은 무엇인가? 나는 ADHD를 가진 아동들의 산만함을 나타내는 증상에 대해 이야기하고자 하는 것이 아니라, 행동 중에는 다른 사람을 짜증나게 하고, 방해하고, 또래뿐만 아니라 교사를 당황하게 하게 하는 것을 논하는 것이다.

ADHD를 가진 아동들이 보여주는 산만한 행동들은 사회성 기술들을 성공적으로 배우는 능력이 만들어지는 것을 방해한다. "Elliot와 Gresham(1993)은 사회성 기술부족은 친사회적 행동의 습득을 막는 부정적 행동들로 인해 생긴다."(Rapport, 2007, p.10) "이러한 행동들에는 … 성가시게 함, 다른 사람과 논쟁하기, 싸우기, … 불안, 우울, 낮은 자긍심, … 산만성, 충동성, (그리고) 잠시도 가만히 못 있음을 들 수 있다."(Elliot & Gresham, 1993, p.295) 흥미롭게도, 부주의는 Hubbard와 Newcomb(1991)가 밝힌 것처럼 사회적 상호작용을 시작하는 것을 방해한다.

이러한 산만한 행동들의 일부가 나타나기도 할까? ADHD를 가진 아동이 모든 산만한 행동들을 하는 것은 아니며, 이러한 행동들의 일부는 가벼운 정도로 나타날 수 있다:

★ 듣지 않음(tunes out)-멍하게 보임

★ 백일몽(생각이 딴 곳에 있음)

★ 당황한 것으로 보임

★ 관련 없는 자극(환경에서의 시각, 소리, 움직임)에 쉽게 산만해짐
★ 직접 말을 해도 듣지 않는 것처럼 보임
★ 지시를 기억하고 따르는 것이 어려움
★ 과제 수행 때나 놀이 활동에서 주의력 유지가 어려움
★ 지루하고 따분하다고 생각하는 자신이 선택할 것이 없는 과제에서 각성상태를 유지하기 어려움(내가 Brooklyn에서 지도한 어린 소년은 짜증나는 말투로 크게, "이거 따분해요, 이거 따분해요"라고 말했다)
★ 일상 활동을 잊어버림
★ 느릿느릿하고 무기력함(수업 중 잠자게 할 수 있음)
★ "끊임없이 움직임" 또는 "모터가 달린듯이" 움직임
★ 학급이나 착석하기가 기대되는 다른 상황에서 이석을 함
★ 가만히 앉아있지 못함(의자에서 아래 위로 뛰거나 의자를 넘어뜨리거나, 무릎으로 의자에 앉아있거나 책상에 올라가서 있음)
★ 에너지가 높음-거의 멈춤이 없는 움직임
★ 뛰어 다니거나 오르는 것이 부적절한 상황에서 과도하게 뛰어 다니거나 오름
★ 높은 수준의 불필요한 움직임(서성거림, 발로 (탁탁) 소리를 냄, 손가락으로 물체를 드럼 치듯이 쳐서 소리를 냄)
★ 끈질김
★ 손에 무언가를 쥐고 있어야 함. 근처에 만지작거릴 물체나 입에 넣을 물체를 찾거나 다가감
★ 손과 발로 꼼지락거리거나 착석 상태에서 꼼지락거림

★ 교실(배회해서는 안 되는 장소)에서 배회함
★ 여가 활동에서 조용히 놀거나 참가하기 어려움
★ 다른 사람의 공간을 침입함, 자기 자신의 경계선에 머물기가 어려움
★ 자기 자신을 "진정"시키거나 차분하게 하기 어려움(Rief, 2005, pp.4-8)
★ 끈기 있게 기다리는 것이 요구되는 상황을 어려워 함
★ 지나치게 말이 많음
★ 손을 들고 이름이 불릴 때까지 기다리는 것이 어려움
★ 다른 사람을 방해하거나 침범함(대화나 게임에 치고 들어감)
★ 질문이 끝나기도 전에 불쑥 대답함
★ 게임이나 활동에서 자신의 차례를 기다리기 어려움
★ 손과 발을 가만히 두고 싶어도 가만히 둘 수 없음
★ 지금 원하는 것-욕구 충족을 기다리거나 지연하는 것을 할 수 없음
★ 규칙과 결과를 알지만, 같은 실수/규칙 위반을 반복함
★ 행동하기 전에 "멈추고 생각하기"를 할 수 없기 때문에 어려움을 당함(반응 먼저/생각 나중)
★ 선에 서있기가 어려움
★ 부적절하고 이상한 소음을 냄
★ 결과를 생각하거나 걱정하지 않아서, 겁이 없거나 "위험성이 높은" 행동에 끌리는 경향이 있음
★ 신체적으로 위험한 활동을 결과를 고려하지 않고 함(높은 곳에서 뛰어내리기, 자전거 타고 도로에 들어갈 때 안전을 확인하지 않고 들어감); 따라서 높은 빈도로 부상을 당함

★ 사고를 잘 당함(Accident prone) - 사물을 파괴함(break things)

★ 눈치 없는 말 - 생각난 것은 무엇이든 말하거나 권위 있는 인물에게 말 대답을 함 - 을 하는 것을 억제하기가 어려움

★ (특별히 따분한 과제들) 과제를 서둘러서 끝냄 - 부주의한 실수를 많이 함

★ 쉽게 따분해하고 안달을 냄

★ 다른 사람을 방해하고 귀찮게 함

★ (반응 억제하기나 결과 생각하기를 하지 않고) 화가 나거나 다른 사람의 물건을 잡아채려고 할 때 다른 사람을 때림(Rief, 2005, pp.4-8)

〈방 법〉 앞에서 제시한 사회적으로 부적절한 행동들을 이러한 아동들이 하지 않도록 지도하기 위한 방법을 교사가 어떻게 실시할 것인가? 다음의 법칙은 교사와 부모에게도 반드시 적용되어야 한다. 사회성 기술과 관련해서 당신이 가르치는 모든 것은 의도적이어야 한다는 것이다. 이것을 무엇을 의미할까? 여기에서 신문의 기사 문체로 나의 생각을 표현하고자 한다. 교사들을 정확히 누구에게 사회성 기술들을 가르치는지, 왜 가르치는지, 구체적으로 어떤 기술을 가르치는지, 그것을 가르치기에 최고로 적절한 장소와 시간이 어디인지 알고 있어야만 한다.

또한 나는 아주 적절한 요지를 하나 더 더하고자 한다: 교사는 사회성 기술을 ADHD를 가진 아동들에게 어떻게 지도할 것인지를 알아야만 한다. 만약 당신이 이러한 요구 사항들을 만족시킨다면, 당신의 지도는 의도적인 것이고 구체적인 목적을 가진 것이 될 것이다. 그 외 다른 요지는 아동이 습득한 사회성 기술을 의미 있게 적용시

킬 수 있도록 교실, 휴식시간, 체육관 등의 자연스런 배경에서 그것을 가르쳐야 한다는 것이다.

다음 단계는, 앞에서 신문의 기사 문체로 정리한 내용에 근거해 과제분석 혹은 요점정리의 형식으로 실천 계획을 짜는 것이다. 만약 당신이 지도 내용을 조직화한다면, 아동은 사회성 기술을 배우는 것이 더 쉽다고 생각할 것이다. 당신이 어떤 아동에게 사회성 기술을 가르치기 전에 그 아동이 정확하게 무슨 행동이 잘못되었는지 그리고 그 행동이 왜 사회적으로 부적절한지를 이해하도록 도와주어야 한다.

ADHD를 가진 아동들은 일반적으로 자신이 사회적으로 부적절한 행동을 한다는 것을 잘 모른다. 만약 그들이 했던 이러한 행동들을 스스로 인지할 수 없다면, 어떻게 이러한 행동들을 줄일 수 있을까? ADHD를 가진 아동들의 감정을 상하게 하지 않고 자책하는 것을 피하면서도 그가 했던 사회적으로 부적절한 행동에 대해 알도록 도와주는 것은 당신, 즉 교사에게 달려 있다. 앞 장에서 제안했듯이, 그의 행동이 얼마나 방해를 하며 거친 것인지를 전혀 모른다면 아동의 부모에게 아동의 행동을 녹화해도 되는지의 허락을 구하라.

당신은 녹화할 때 아동이 그 행동을 반복할 것인가에 대해 염려하지 않아도 된다. 틀림없이 그 아동은 사회적으로 부적절한 행동을 반복하게 될 것이다. 내 경험으로는 자신이 다른 사람을 괴롭히는 모습을 본 아동은 이러한 행동을 더 빨리 줄이게 된다. 영상을 보여주기 전에 ADHD를 가진 아동에게 모든 사람들은 각각 행동하는 방식이 다르고, 또한 사회적으로 적절하기만 한다면 얼마든지 다른 사람들과 다르게 행동해도 문제없다는 사실을 일깨워 줄 수 있다.

ADHD를 가진 아동들에게 가르치려고 하는 어떤 사회성 기술을 정확하게 설명한 후에, 아동이 그 사회성 기술이 무엇인지 정확하게 이해했는지 확인해야 한다. 당신은 ADHD를 가진 아동들이 잘 반응하는 시각 자료를 제시함으로써 사회성 기술을 적절하게 설명할 수 있다. 색상과 시각 자료는 즉시 그들의 눈을 끈다. 잊지 마라: ADHD를 가진 아동들, 특히 과잉행동을 하는 ADHD를 가진 아동들은 (말이 안 된다고 생각될지라도) 자신들을 자극할 무언가를 찾는다. 시각 자료는 ADHD를 가진 아동들을 자극해서 어떤 사회성 기술을 어떻게 적절하게뿐만 아니라 부적절하게 하는지를 기억할 수 있게 한다.

당신이 가르치는 사회성 기술이 어떤 사회성 기술인지 아동이 이해했음을 확신할 수 있는데도 불구하고, 당신은 그 아동이 그 사회성 기술을 습득했는지 안 했는지를 어떻게 평가할 수 있을까? 교사는 사회성 기술을 습득했는지 안 했는지에 대해 아동이 자기평가(self-assessment)를 하도록 해야 한다. 만약 아동이 자기평가를 한다면, 그는 새로운 기술을 배우는 이유를 알게 된다. 실제로 교사와 함께 이러한 평가를 하면, 그는 새로운 기술을 어떻게 배우고 사용할지를 정확하게 더 잘 알게 된다.

교사가 아동들에게 사회성 기술을 지도할 때 이상적으로는 모델링을 사용할 수 있어야 한다고 나는 항상 생각해 왔다. Elliot와 Gresham 같은 연구자들은 ADHD를 가진 아동들에게 사회성 기술을 가르칠 때 모델링을 사용하여 성공을 거두어왔다. 그러나 나는 모델링을 사용하는 것에 언제나 회의적이다. 그 이유를 말하겠다: 만약 ADHD를 가진 아동이 어떤 사회성 기술들을 행하는 부모의 모델링에 주의집중할 수 없거나 주의집중하지 않는다면, 그래서 사회성 기술들을 배울 수 없다면, 모델링은 이러한 아동들에게 사회성 기술을 가르치는 데 효과적인 테크닉일까? 만약 이러한 아동들이 사회성 기술을 행하는 부모의 모델을 따라하지 않는다면, 그들에게 사회성 기술을 가르치는 교사의 모델을 어떻게 따라할 것인가? 계속 주목하라. 내가 당신에게 어떻게 하는지 알려주겠다.

〈방 법〉 이러한 아동들은 어떤 사회성 기술을 보여주는 성인들을 관찰하게 하는 데 있어 더 많은 도움이나 지원을 필요로 할 수 있다. 모델링을 통해 사회성 기술을 가르칠 때 아동을 도와주는 한 가지 방법은, 교사가 어떤 사회성 기술을 행하는 모델을 제시하고 교사가 한 대로 하도록 아동에게 단서를 제시하는 것이다. 실제로 어떤 사회성 기술을 모델링하게 할 때, 교사가 행동으로 보여주기 전에 미리 아동에게 어떤 사회성 기술을 행하는 모델을 제시할 것이라고 알려준다면 효과가 있을 것이다. 그렇게 하면, 아동은 머지 않아 사회성 기술을 배우는 데 더 집중할 것이다.

〈방 법〉 산만한 아동에게 단서를 제공하는 또 다른 방법은 사회성 기술을 배우는 단계를 순서로 보여주는 사진(그림)들을 아동에게 주는 것이다. 교사가 사회성 기술을 행하는 모델을 제시한 후, 교사나 보조 교사의 도움을 받아 아동은 사진(그림)의 순서에 따라 행동하게 한다. 그리고 나서, 교사는 사진(그림)들의 순서를 마구 바꾸고 적절한 순서대로 사진(그림)들을 정리하게 한다.

다음에, 교사는 ADHD를 가진 아동에게 사회적으로 바람직한 행동을 행하는 단계들을 반복하거나 재현하도록 요구한다. 교사는 처음 몇 번에는 사회성 기술을 보여주는 사진(그림)들을 아동이 보는 것을 허락해야만 하며, 그리고 나서 사진(그림)들을 조금씩 없애간다.

〈방 법〉 ADHD를 가진 아동들이 산만한 행동하지 않기를 배우도록 도와주려면 무엇을 해야 할까? 이러한 아동들은 산만한 행동을 줄이기 위해서는 연습, 연습, 그리고 더 많은 연습이 필요하다. 예를 들어, ADHD를 가진 아동이 지겹다는 말을 하지 않고 자신의 자리에 특정 시간 동안 착석하기를 여러 번 하는 것 같은 사회성 기술을 교사가 어떻게 하면 가르칠 수 있을까? 유일한 답은 아동에게 의미 있는 지도를 하여 아동이 사회성 기술을 습득하게 하는 것이다. (내가 이 말을 반복하고 있다면, 이 말이 매우 중요함에 틀림없다. 그렇지 않은가?)

교사는 아동에 관해 그만의 필요사항, 요구, 흥미를 알아내야 한다. 교사가 ADHD를 가진 아동에게 더 집중하는 것을 배우도록 가르칠 때 존중심을 가지고 인간 대 인간으로 아동을 대하는 것이 필수적이다. 만약 교사가 이렇게 행동한다면 ADHD를 가진 아동이 산만한 행동을 멈출 가능성은 더 높아진다.

아동 지도에 있어서 아동의 인간적인 면을 지도하는 것이 먼저이며 그 다음으로 어떤 교육과정(교육과정이 학습이든 사회성 기술이든)을 지도하는 것이 중요하다. 만약 당신이 아동을 이해하고 존중하는 마음으로 아동을 가르친다면, 그 아동은 이러한 사회성 기술들을 배울 가능성이 더 높다.

〈예〉 여기에 착석시간 늘리기의 예가 있다. 교사는 8세이고 ADHD를 가지고 있는 Adam에게 수업시간에 무단 이석하는 것을 멈추기 위해 지도를 하고 있었다. 교사는 말을 하기도 하고, 타임아웃을 적용하기도 하고, 스티커를 주기도 하였다. 하지만 아무것도 효과가 없었다. 교사는 Adam이 그의 자리에 실제적으로 몇 시간 정도 앉아있을지에 대한 그의 능력을 현실적으로 이해해야만 했다.

아마도 Adam의 장기 목표는 그를 짧은 시간 동안 앉아있게 하는 것인데, 예를 들면, 2분, 5분, 10분, 또는 15분 앉아있게 하는 것이다. 교사는 그의 산만성 수준을(평가 과정에서 확인한 자료가 있는 경우가 이상적이다) 알아내야 한다. 여기에서 신문기사 문체가 다시 나온다. 그가 무단 이석하는 이유를 알아내는 것이 필수적이다. 언제 그가 무단 이석하는가? 왜 무단 이석하는가? 그가 무단 이석해서 볼 정도로 어떤 것에 흥미를 느꼈기 때문에 무단 이석을 하는가? 어떤 에너지를 발산시키려고 무단 이석을 하는가? 그의 자리는 어디인가? 그가 무단 이석을 할 때 주위에 누가 앉아있는가? 그가 무단 이석할 때 학급에서 무슨 일이 있었는가?

만약 교사가 Adam을 수업 중에 관찰하지 않았다면(그를 지도할 때가 아니고, 다른 사람이 그를 지도할 때), 교사는 최소 한 주 동안 그를 관찰해야만 한다. 어떤 학교에서는 교사들이 수업을 교대로 하여 어떤 아동을 각각의 교사가 관찰할 수 있게 한다. 만약 이것이 불가능하다면, 교사는 착석이 요구되는 미술수업, 음악수업, 또는 다른 수업에 그를 관찰할 수 있다. 이러한 수업들에서의 착석행동의 결과는 그가 당신의 수업시간에 있는 것은 아니기 때문에 아주 정확하지는 않을 수도 있다. 그러나 당신은 적어도 Adam의 착석행동을 관찰자의 관점에서 생각할 수 있다. 이 예에서, 교사는 수업을 교대할 동료교사를 찾아내어 한 주 동안 Adam의 행동을 관찰할 수 있다. 교사는 한 주 동안의 Adam의 착석행동을 표에 기록해서 수업들에서의 착석빈도를 알 수 있다. 〈표 6.1〉은 우리가 분석할 수 있는 착석행동의 예이다. Adam의 행동을 보라. 교사의 관찰 결과는 너무나 흥미롭다. 이 책에서 연구방법을 정확하게 따르지 않겠다고 스스로에게 약속했지만 항상 그럴 수만은 없다. 통계분석을 하지 않고도 우리가 말할 수 있는 확실한 내용들이 있다. 예를 들어, 점심시간에 일어나는 행동의 빈도가 제일 높고 아침 조회시간에 착석시간이 가장 짧은 것을 알 수 있다. 교사들은 자신에게 "시간대들에서 일어나기 행동 발생 경향이 유사한가?"를 물어보아야만 한다. Adam의 경우 유사성은 보이지 않았다.

그러나 그는 화요일 아침 조회에 흥미를 보이고 집중했다. 왜냐하면 그 전날 있었던 일(예를 들어 어머니와 동물원에 갔다)에 대해 이야기할 기회가 있었기 때문이었다. 또한 그가 관심 있어 하는 것을 다른 아동들이 말을 하면 잘 들었다.

그는 자리에 앉았다. 이 경우에 앉았다는 것의 의미는 양탄자 위의 그의 자리에 한 번에 1분씩 네 번을 앉아 머물러 있었다는 것을 의미한다. 화요일에는 점심을 먹을 때 4분 착석을 다섯 번 했다. 화요일 점심시간에는 점심 먹기, 다른 아동들과 이야기하기, "사람들 지켜보기"에 집중했다. 실제적으로는 교사가 지도에 들어가기 전에는 5분 정도가 ADHD를 가진 아동이 착석할 수 있는 적절한 시간이다.

화요일, 다른 아동들이 선생님에게 질문하려고 일어날 때, 그도 질문하려고 그리고 주위에 무슨 일이 생겼는지 보려고 일어났다. 그는 3분 동안 착석 세 번을 했다.

나머지 시간 동안에는 일어났다 앉았다를 반복했다. (실제 관찰에서는 교사는 무슨 일이 일어났는지 이야기를 기록해서 정확하게 무슨 일이 일어났는지 알 수 있어야 한다)

금요일, 그는 한 번에 1분 이상 앉아있지 않았다. (전환을 할 때뿐만 아니라) 하교시간은 ADHD를 가진 아동에게 매우 혼란스럽고 많은 자극을 주는 시간이다. 마지막으로, 월요일 아침 독서시간에,

Adam은 2분 착석을 네 번 했다. 독서시간 동안 선생님이 학급 아동들에게 책을 읽어 줄 때 선생님의 속도를 따를 수 없었다. 그는 선생님의 책 읽는 소리, 교실에서 나는 소음, 그리고 글자나 그림에 과한 자극을 받았다.

〈방 법〉 교사가 책을 읽어줄 때 Adam처럼 듣지 않는 경우에는 교사(또는 보조교사 또는 부모)가 학급 아동들에게 그 책을 읽어주기 전에 미리 책 내용을 알도록 해 주는 것이 좋다. 그렇게 하면 Adam은 등장인물과 줄거리를 알기 때문에 책 내용의 일부가 이미 "자기 것이 되었다고 생각하며" 듣게 된다. 그는 이야기를 알고, 그래서 더 흥미 있게 그 이야기를 들을 것이다.

"그가 이야기를 안다면 지겨워하지 않을까?"라고 당신은 의아해 할 수도 있다. 내 경험에서 보면, ADHD를 가진 아동이 지겨워하는 일은 생기지 않으며 그 이유를 말하겠다. ADHD를 가진 아동들에게 이야기를 들려줄 때 그들은 이야기의 부분만을 들을 수 있게 된다. 책의 전체 이야기를 50조각 퍼즐에 비유한다면, ADHD를 가진 아동은 20조각으로 퍼즐을 맞추려고 할 뿐이다. 왜냐하면 그들은 이야기의 한 부분에만 집중하기 때문에, 이야기를 다시 들음으로써 전체 퍼즐을 완성할 수 있다.

〈표 6.1〉 **착석행동의 예**

요일	월요일	화요일	수요일	목요일	금요일	선행 사건	의견
착석 시간 길이	2분	3분	1분	4분	1분		
시간	10:00–11:00	1:00–2:00	9:00–10:00	12:00–1:00	2:00–3:00		
빈도	4번	3번	4번	5번	1번		
학급에서 있었던 일	읽기	다른 아동들이 선생님에게 질문하려고 일어났다.	교사가 아침 조회를 하고 있었다.	아동들 모두가 점심을 먹고 있었다.	아동들이 하교준비로 자기 물건을 정리하고 있었다.		

교사는 Adam이 의자에 앉아있도록 하는 데 사용할 보상물이나 행동 강화물을 찾아야만 한다. 강화물을 찾기 위해서 교사가 해야 할 유일한 일은 그와 흥밋거리에 관해 이야기하는 것이다. 사실 그는 모든 종류의 동물을 매우 좋아했다. 그의 집에는 애완견이 있지만, 동물원의 동물 이야기를 듣는 것 역시 매우 좋아했다. 나는 여기서 사용할 수 있는 두 가지 방안을 제시하고자 한다. 첫째는 보상물로 동물이 들어가는 컴퓨터 게임을 이용하는 것이다. 둘째는 동물에 관한 유명한 텔레비전 프로그램인 동물의 행성(animal planet) 시리즈의 일부(DVD)를 그에게 보여주는 것이다. 예를 들어, 교사는 Adam에게 앉아있는 시간만큼 동물의 행성(animal planet)시리즈를 보거나 컴퓨터 게임을 하도록 허락할 수 있다. 그래서 그가 일 분 동안 앉아있었다면, 일 분 동안 동물의 행성(animal planet) 시리즈를 시청하게 한다.

만약 Adam이 시간을 모르면 당신은 무엇을 해야 하는가? 교사는 (앞에서 말한) 색깔 타이머를 (예를 들어, 빨강) 사용할 수 있다. 교사는 색깔이 1분, 2분, 그 외 시간에 밑으로 내려오도록 설정할 수 있는 타이머를 사용할 수 있다. 어떤 일이 생길지 알겠는가? Adam이 1분 동안 동물의 행성(animal planet) 시리즈를 시청하고 나면, 그는 더 긴 시간 동안 동물의 행성(animal planet) 시리즈를 시청하고 싶을 것이다.

그가 오래 착석하면 할수록 더 오랜 시간 시청할 수 있다는 것을 알 때, 그는 더 오랫동안 앉게 된다. 이 사회성 기술에서 다음 것으로 넘어가자. 그렇지 않으면 영원히 이에 관련된 이야기만 하게 될 것이다. ADHD를 가진 아동들이 더 사회적으로 바람직한 행동을 하도록 지도하는 좋은 방법으로 형제와의 상호작용을 들 수 있다. 형제들을 ADHD를 가진 아동들에게 사회성 기술을 가르치는 데 참여시킴으로써, 교사가 학교에서 지도한 사회성 기술들을 집으로 일반화시킬 수 있다.

사회성 기술 38: 형제들과의 상호작용을 통해 사회성 기술 배우기

교사가 ADHD를 가진 아동에게 지도한 사회성 기술들을 일반화시키는 데 부모가 도움이 될 수 있는 경우이다. (교사는 학교에서 또는 지지자로서 확실히 관여할 수 있다.) 나의 현장 연구에서 소개했었던 어떤 부모의 발언은 두 자녀의 상호작용을 활용해 그 부모가 어떻게 자녀에게 사회성 기술을 지도했는지를 알게 해 준다.

자녀들이 같이 있는 시간이 많기 때문에 나는 사회성 기술을 꼭 책을 보고 가르쳐야 한다고는 생각하지 않아요. 형제와 하루종일 떨어져 살 수 없다면 형/오빠나 누나/언니와 사이좋게 지내기를 배운다면 좋을 거라고 생각해요. 그래서 나는 자녀들 사이에 갈등이 일어날 때 사회성 기술을 지도했어요.

많은 때 부모들은 ADHD를 가진 자녀들에게 사회성 기술을 가르치고 싶어하지만, 그렇게 할 수 있는 방법을 모른다고 생각한다. 형제들은 그 방법이 될 수 있다. 이러한 형제들은 ADHD를 가지고 있지 않고 부모의 행동을 보고 사회성 기술을 습득했다는 가정 하에서다. 그래서 적절한 행동의 모델을 ADHD가 없는 형제가 제시하는 것이 바람직하지 않겠는가?

대부분의 경우, 아동들은 형제들을 존중하기 때문에 형제들의 행동, 특히 형제가 더 나이가 많을 때 잘 따라한다. ADHD가 없는 형제들이 어떻게 하면 도울 수 있을까? 자연스러운 장면에서 이러한 형/오빠나 누나/언니는 ADHD 형제들을 위해 사회적으로 적절한 행동의 모델을 제시할 수 있다.

〈예〉 이 예는 부모가 ADHD 형제의 형/오빠에게 ADHD 형제의 사회성 기술문제를 어떻게 다룰지를 지도한 것이다. (ADHD가 없는 형/오빠) John은 Eric(ADHD가 있음)을 데리고 극장으로 갔다. 어머니가 그들을 극장에 내려주자마자 Eric은 전속력으로 매표소로 뛰어갔고, John은 Eric의 아주 뒤에 남겨졌다. John은 Eric이 도로변으로 돌아 자기에게 오도록 유도하고 매표소까지 함께 (John이 Eric을 신체적으로 도와주어야 한다고 해도) 천천히 걸어가게 했다. (이 교훈을 배우기 위해 영화를 못 보게 되는 한이 있더라도 John은 그렇게 한다!)

John은 Eric이 매표소로 빨리 걷는 것을 보고 매표소에 도착해서 조용히 "나는 네가 도로가에서 매표소까지 천천히 걸어가길 바라"라고 말했다, Eric은 John이 말한 것을 진심으로 존중했다. 그러나 영화를 보기 전에 간이식당(snack counter)으로 가려고 할 때, John은 이미 Eric이 다시 간이식당(snack counter)으로 뛸 것을 생각했다. Eric이 뛰려고 하기 전에, John은 Eric에게 코치를 하고 Eric에게 "연석에서 매표소까지 천천히 간 것처럼 간이식당까지 천천히 걸어야 하는 걸 기억해"라고 말을 하여 단서를 제시하였다. 이 말을 듣고 Eric은 간이식당까지 천천히 조용히 걸어서 간식을 샀다.

John은 언제나 미리 Eric이 보여줄 사회적으로 부적절한 행동에 대해 생각해야 한다. 만약 그가 Eric의 잘못된 행동을 예상하면 그 행동을 못하도록 막을 것이다. John은 그의 동생을 적절하게 도와준 결과로 무엇을 받았을까? 내 생각에는 동생이 행동이 적절하게 행동하도록 가르치는 것을 도왔다는 이유로 기분이 좋았을 것이며, 좋은 기분 그 자체가 그에게 보상이 되었을 것이다. 모든 아동은 형제, 부모, 또는 할아버지 같은 다른 대가족 구성원들과 관련해서 가족 내에서 책임을 배워야만 한다.

사회성 기술 39: 짜증을 이용해 사회성 기술 배우기

이제 당신이 회의적으로 될 때이다. 그렇지 않은가? ADHD를 가진 아동이 짜증을 낼 때 도대체 어떻게 사회성 기술을 배울 수 있는가? ADHD를 가진 아동에게 사회성 기술을 지도하려고 할 때, ADHD를 가진 아동이 짜증을 낸다면 담임교사에게는 짜증은 좋은 기회가 된다. 교사는 학급에서 많은 아동들을 지도해야 되기 때문에 이 중재법의 실행이 어렵다면, 교사는 ADHD를 가진 아동이 짜증을 낼 수 있는 "안전지대(safe place)"를 만들어주어야 한다.

예를 들어, 때때로 체육관에는 덧댄 벽(padded wall)이 있는 구역이 있다. 희망적이게도, 내가 방문했던 일부 학교에서는 교사들이 협력하며 노력을 해서 비상상황에서는 어떤 교사가 다른 교사를 돕는 노력이 이루어지고 있었다. 만약 교실에서 교사가 보조교사나 조수를 데리고 있다면, ADHD를 가진 아동이 짜증을 낼 때 어떻게 반응해야 하는지를 교사는 보조교사나 조수에게 가르쳐야만 한다.

이 아동과 관계하는 모든 사람은 아동의 잘못된 행동에는 반응하지 않더라도 짜증에 대해 어떻게 반응해야 하는지에 대해서는 분명히 이해하고 있어야 한다. 교사가 아동의 잘못된 행동에 반응할 때는 의도적이고 계획적이어야 한다. 교사가 아동의 잘못된 행동에 반응할 때 감정적으로 행동하면, 흔히 그 아동의 행동을 부정적으로 강화하게 되어 그 아동은 자주 그렇게 행동하게 된다.

아동이 울분을 터뜨릴 때, 아동은 당신을 보는 것 또는 당신의 말을 듣는 것을 전혀 할 수 없다는 것을 당신은 잘 알 것이다. 그래서 당신은 기다려야만 한다: 실제로 당신은 기다리는 선택밖에 할 것이 없다. 당신이 아동이 울분 터뜨리기를 멈출 때까지 기다리고, 그리고 기다리고, 그리고 기다려야 한다. 그는 마침내 의자에 털썩 앉아 조용히 있는다. 이제부터 무엇을 할까? 첫 번째 할 일은 아동에게 말을 걸어 무엇이 짜증을 내게 했는지 찾아보는 것이다.

대부분의 경우 교사는 무엇이 울분을 터뜨리게 했는지 아동들은 모를 것이라고 생각한다. 그러나 아동과 대화를 해 보면 짜증의 원인이 무엇이었는지를 대개 조금은 알게 된다. 대화는 개방형 질문으로 시작해야 한다. 한 예로 내가 지도하고 있는 5세 소년이 무엇 때문에 짜증을 냈는지 소개한다.

〈예〉 내가 현관문을 Eddie와 함께 열고 들어갔다.

Eddie는 과잉행동형 ADHD로 진단을 받은 5세 소년이다. 우리는 같은 시간에 그의 집에 도착한다. 그는 즉시 장난감이 전과 같은 장소에 있지 않음을 알아챈다. 그는 처음에는 울기 시작하고 장난감의 위치를 알려달라고 요구한다. 실제로 그는 울고 소리를 크게 질러서 Eddie와 그의 여동생이 학교에 있지 않을 때 그들을 돌보는 사람이 화가 날 정도이다.

분명히 집안이 깨끗하도록 장난감을 치운 사람은 Eddie와 그의 여동생을 돌보는 사람이었다. 그녀는 분명히 해를 끼칠 생각은 없었으나, 어쨌든 돌보는 사람이 나쁜 짓을 한 것처럼 Eddie는 행동하였다. 그래서 그녀는 장난감을 처음 상태로 돌려 두었다.

나는 그의 집에서 사회성 기술을 가르쳤다. 솔직히 그가 울고, 비명을 지르고, 소리를 지를 때 그에게 준 장난감은 비합리적인 보상이라고 생각했다. 내가 Eddie에게 공손하게 말하면(Please라고 말하면) 장난감을 줄 것이라고 말했을 때, (당신이 현장에 있었다면) 세상이 폭발하는 것 같다고 생각했을 것이다. 그는 나에게 몇 개의 장난감을 던지기도 했다.

그의 짜증내기 행동은 거대한 회오리바람(full-blown)으로 확대되었다. 그의 어머니가 불쑥 끼어들어, Eddie를 어린애 취급을 하면서, 그녀의 무릎 위에 그를 앉히고 그에게 "누가 오늘 캠프에서 너를 못살게 굴었어?"라고 물었다. 어이가 없었다. 어쨌든 어머니를 설득하여 이 방 안에서 일어난 일을 나와 어머니가 같이 다루도록 하고, 결국 문이 열려 있는 동안 방 밖으로 어머니가 나가는 데 Eddie가 동의하도록 했다.

어머니가 나간 후, 나는 그에게 개방형 질문을 했다. 예를 들면

"무슨 일이 너를 화나게 했니?", "아니요", "누군가 너를 화나게 하는 말을 했니?", "아니요"와 같은 것이었다. 그리고 나서 나의 질문은 무엇이 그가 울분을 터뜨릴 만큼 화나게 했는지 알아내기 위해 세밀해졌다. "캠프에서 누군가 너를 화나게 했니?", "아니오", "캠프에서 누군가 너를 화나게 하는 말을 했니?", "아니요.", "집에 오는 길에 무슨 일이 있었니?", "예", "아, 이제 약간 진전이 보이는구나!"

그 후, 그는 나에게 (더 세밀한 질문에 대한 답으로) 학급 수학여행(class tour)으로 전체 학급 친구들이 곰돌이 인형 만들기(Built a Bear) 가게로 가고 나서 그의 어머니가 학교에서 자기를 차에 태우고 집에 왔다고 말하게 되었다. 전체 학급 친구들은 곰돌이 인형을 받았다. 학교에서 집으로 오는 길: 나는 믿을 수 없었다. 어머니는 운전하면서 핸드폰으로 평소와 같이 통화를 하며 시간을 보냈고, 그는 어머니에게 여러 번 말을 걸려고 했으나 어머니는 그의 말을 듣지도 반응하지도 않았다. 그는 어머니가 통화를 멈추고 곰 인형의 옷을 사주기를 원했다. 어머니에게는 드문 일로, 지금까지 처음으로 지금 시간이 없기 때문에 사줄 수 없다고 말했다. 어머니는 그를 집에 데려다주고 그의 학교에서 열리는 모금 행사에 참석하려고 했다. 어머니는 그 다음날 옷을 사러 그를 데리고 나가려고 했다고 말했다.

분명히, 그는 어머니와 차 안에서 말을 하지 못했을 때 첫 번째로 불만스러웠고 어머니가 그의 곰 인형 옷을 사주지 않는다고 말했을 때 두 번째로 불만스러웠고 **화가 났다**. 그 후, 불만으로 속이 뒤틀린 채로 집에 들어가서 그의 장난감들이 그가 놓았던 대로 있지 않은 것을 보고 **폭발했다**.

그가 진정하고 나서, 화를 어떻게 통제하는지를 그에게 말해주었다. 그는 나에게 화를 통제할 수 없다고 말했다. 그는 "나의 몸이 울분을 터뜨리는 것이고 내 몸이 내가 원하지 않는 무엇을 하는 것을 못하게 해요. 내가 아니고 내 몸이 울분을 터뜨리는 것이에요!"라고 말했다. 또한 그는 "터프한" 사람이기 때문에 화내기를 좋아한다고 나에게 말했다. 나는 그에게 사람은 터프한 사람이 될 수 있으나 화를 내어서는 안 된다고 말했으나, 그는 그 뜻을 이해하지 못했거나 받아들이지 않았다.

여기에서 나는 그가 내 말을 알아들을 수 없다고 판단해서, Molly Bang(1999)이 쓴 *When Sophie Gets Angry*(소피가 화날 때)라는 책을 그에게 읽어주었다. 불행하게도, ADHD를 가진 이 5세 소년은 이 책의 어린 소녀가 매우 화가 났다는 대목에서 웃어버렸다. 우리는 이 책 내용에 대해 대화를 했다.

지도를 함에 따라 화를 나게 한 대상에게 짜증으로 반응하면 역효과를 낳는다는 것을 조금씩 이해하기 시작했다. (나는 역효과라는 말을 그에게 사용하지 않았다 짜증은 그가 왜 화가 났는지 아는 데 그에게 도움이 되지 않는다고 말했다.) 그래서 나는 그에게 다음에 화가 나면 시도할 몇 가지 단계들을 제시해 주었다.

그의 몸이 매우 화가 나기 전에, 그가 그 자신에게 질문을 하라고 나는 말했다:

"나는 왜 매우 화가 났을까?"
"나는 누구에게 화를 내고 있을까?"
"나에게 일어난 무엇 때문에 화가 나 있을까?"

그가 이러한 질문들을 자신에게 물을 수 없다면(자기조절로 가는 하나의 단계로), 그의 "몸"이 매우 화를 내기 전에 세 번 깊은 숨을 쉬고 다섯까지 수를 세라고 그에게 나는 말했다. 우리는 같이 깊은 숨쉬기를 했다. 그 다음 지도 회기에 그가 짜증을 어떻게 통제할지에 관해 우리가 말할 때, 그는 깊은 숨을 쉬도록 노력하겠지만, "내 몸이 짜증을 받아들이면, 짜증을 받아준다"라고 말했다. 그 자리에서 나는 사회성 기술들을 배우는 수단으로 짜증에 대해 자기조절하기를 배우는 데는 긴 과정이 필요할 것을 깨달았다.

당신이 보았듯이, ADHD를 가진 아동들에게 사회성 기술들을 가르치는 것은 보기처럼 언제나 쉽지는 않다. 여기서 내가 제시한 예를 보았듯이, 아동이 사회성 기술을 배우고 사회적으로 부적절한 행동을 줄이는 데 있어 이 기술은 배워야 할 중요한 것임을 ADHD를 가진 아동들이 전적으로 100% "받아들이고" 이에 완전히 동의하지 않는 한, 교사는 지도에 진정한 성공을 거둘 수가 없다. 짜증을 이용해 사회성 기술을 배우는 것은 아동이 학습에 불만이 쌓일 때 어떻게 사회성 기술을 사용하는지를 배우는 것으로 이어진다.

사회성 기술 40: 학업에서 좌절했을 때 사회성 기술 배우기

당신이 이 부분을 읽으면, 당신은 나에게, "그래요, ADHD를 가진 아동이 학업에 어려움을 겪지만 그 결과로 무슨 행동을 하는지 모르겠어요"라고 말할 것이다. 교사가 아동이 어려움을 겪는 이유를 모른다면 아동에게 사회성 기술을 가르칠 수 없다. 교사는 자신에게 물어보아야 한다:

★ "이 아동은 왜 학업에 어려움을 겪을까?"

★ "언제 그는 학업에 어려움을 겪는가?"
★ "그가 학업에 어려움을 느낄 때 그는 어떤 행동을 할까?"
★ "그가 학업에 어려움을 느낄 때 그 아동은 어디에 있을까?"
★ "그가 학업에 어려움을 느낄 때 그 아동은 누구와 있을까?"

ADHD를 가진 아동이 숙제하기에 좌절하게 되는 것은 일반적으로 여러 이유 중의 하나로 인해서이다. 가장 분명한 이유는 아동이 해야 할 숙제가 너무 어렵거나 너무 쉬운 것이다. 아동에게 적절한 수준의 학업을 성취하도록 격려하려면, 아동에게 약간 어려운 숙제를 제시해야 한다.

이러한 아동들에게 너무 어려운 숙제를 주면, 아동은 학업에 좌절하게 된다. 이러한 좌절 때문에 그들은 사회적으로 부적절한 행동을 할 수 있다. 만약 아동들이 이미 학습했고 지겨워하는 숙제를 받게 되면, 그들은 사회적으로 부적절한 행동을 할 수 있다.

그들은 어떤 행동을 할까? 아마도 무단 이석을 함, 공부하는 다른 아동들을 건드리기, 아래 위로 뛰기, 학급 앞뒤로 뛰어다니기 또는 창밖을 응시하고 과제하지 않기를 할 것이다.

교사가 위의 질문에 답하려면 무엇을 하면 좋을까? 교사가 아동들의 요구에 맞춘 차별화된 교육과정을 사용하지 않는다면, 그 교육과정은 "획일화된(one-size-fits-all)" 교육과정이다. 나는 여기서 비판할 생각은 없다. 교사들이 오랫동안 지도를 하다 보면, 자신들이 가르치는 방식과 내용에 따르는 것이 편하다. 그리고 현실을 직면하자. 그리고 차별화와 같은 테크닉은 실행하기가 너무나도 버겁게 느껴질 수 있다.

그래서 교사가 아동, 학교, (미국의 행정 단위) 주의 기준에 맞추어 교육과정을 설계한다고 가정해 보자. 무엇보다도 먼저, 아동이 할 수 있는 공부와 하기 힘든 공부를 교사가 안다면, 아동을 지켜보고 아동이 좌절하는 때를 기다릴 수 있다. 또한 아동이 좌절하기 전에 그리고 사회적으로 부적절한 행동을 보이기 전에 아동이 자신의 상태를 알도록 지도할 수 있다.

그러면 교사는 무엇을 할 수 있을까? 교사는 구어(음성언어) 또는 비구어(nonverbal) 신호를 만들어서 어려움을 겪을 때 아동은 교사에게 그 신호를 보낼 수 있다. 만약 ADHD를 가진 아동이 어려움을 느끼기 전에 그 아동과 교사가 그 순간을 바로 "포착할" 수 있다면, 교사는 아동에게 사회적으로 부적절한 행동을 자기 스스로 금지하거나 막는 혼잣말(self-talk)을 어떻게 사용할지 지도할 수 있다.

혼잣말을 한다는 것은 무엇을 의미하는가? 당신은 여행 준비를 할 때 혼잣말(self-talk)을 한 적이 있는가? 당신은 자신에게, "스웨터를 챙겼는가?"라고 구어(음성언어) 또는 비구어(nonverbal)로 물은 적이 있는가? 아동들은 자기 자신에게 적절한 행동을 제시하는 혼잣말을 사용할 수 있다. 예를 들어, 아동은 자신에게 "자리에 앉자"라고 말할 수 있다. 이제 학교에서 아동은 다른 사람들을 방해하지 않고 가급적이면 내적으로 자기 자신에게 말할 수 있다.

아동들은 혼잣말을 사용해서 사회적으로 적절한 행동을 어떻게 하는지를 연습할 수 있다. 사인으로—예를 들어, ADHD를 가진 아동의 어깨를 교사가 치면 아동은 자기 자신에게 "조용히 앉아 있는다"라고 말하는 것—돌아가 보자. ADHD를 가진 아동이 어떤 행동을 그만두도록 돕기 위해서 다른 비구어(nonverbal) 사인을 사용할 수 있다. 창의적으로 생각하라.

예를 들어, 아동이 부적절한 질문을 너무나도 많이 한다면, 교사는 "지금부터 잘 들어"라는 뜻을 표현한 상징이 그려진 쪽지를 아동에게 줄 수 있다. 그리고 나서 아동은 자신에게 "Eric, 지금부터 잘 들어"라고 말한다. 아동이 지금 하고 있는 부적절한 행동을 강조하지 말고, 아동이 했으면 좋겠다고 기대하는 사회적으로 적절한 행동을 가지고 의사소통하는 것이 매우 중요하다.

〈방 법〉 당신이 할 수 있는 다른 방법은 좌절했음을 나타내는 신호가 들어간 종이를 ADHD를 가진 아동의 책상 위에 항상 두어서 그 아동이 학업에 좌절했을 때 그 종이를 이용해 교사에게 좌절했음을 알리도록 하는 것이다. 만약 아동이 글자를 읽을 수 있으면, 양면에 신호가 들어갈 수 있다. 이 양면의 신호는 마분지나 종이를 활용해 만들어서 탁구 라켓처럼 보일 수 있다. 한쪽 면에는 "멈추세요(stop)"라는 글자를 빨간색으로 쓴다. 이것은 ADHD를 가진 아동이 어떤 학업으로 인해 좌절하고 있을 때 도움을 받을 수 있도록 멈추어달라는 뜻이다(당신은 멈춤(stop)을 의미하는 그림을 사용할 수도 있으며, 이 경우는 글자를 못 읽는 아동에게 적용된다. 아동이 자기의 뜻을 나타내는 면을 정확하게 교사에게 보이는 것이 중요하다.).

반대 면에는, 아동의 입장에서 교사의 도움이 필요 없다는 것을 뜻하는 어떤 글자도 쓸 수 있다. 아마도 "아닙니다. 괜찮습니다(No Thanks)"를 쓸 수 있다. 그 외에도 당신은 "자신 있어요(cool)", "괜찮아요(fine)", "아무 문제없어요(No Problem)", (녹색은 교사가 아동을 도와주는 것을 멈추지 말 것을 의미한다) 또는 아동이 도움이 필요 없다는 것을 교사에게 보여주는 다른 단어나 문장을 쓸 수 있다. (글자를 읽지 못하는 아동들에게는 도움이 필요 없다는 것을 나타내는 그림을 사용할 수 있다.) 이러한 신호는 ADHD를 가진 아동들을 낙인찍지 않을까?

앞에서 말한대로, 교사는 아동들이 학교에 온 첫날부터 공정하게 수업을 해 나가야만 하며 그래서 각각의 아동들을 다르게 가르친다고 학급 구성원들에게 말해야만 한다. 아동들이 이 말을 이해하고 받아들이면, 그들은 각각의 학급 구성원들이 그들에게 맞는 최적의 수준에서 배우기 위해서는 각각 다른 기법, 도구, 그리고 전략이 필요하다는 것을 받아들일 것이다.

그래서 ADHD를 가진 아동이 학교 과제를 하면서 좌절을 느끼기 시작해서 도움이 필요할 때, 양면에 들어간 신호를 사용해서 교사에게 자기의 뜻을 알린다면, ADHD를 가진 아동에 대해 부정적이거나 낙인찍는 말을 생각하거나 말하지 않을 것이다. 지금의 기술은 아동이 공부하다가 좌절했을 때 방을 떠나지 않고 과제를 계속하기를 가르치는 것과 잘 연결이 된다.

사회성 기술 41: 학업에서 좌절했을 때 방을 떠나지 않고 계속 공부하기

ADHD를 가진 아동들은 때때로 내가 "탈출(flight)" 행동이라고 이름 붙인 행동을 한다. 그들은 공부를 잘 하고 있다가(예를 들면 수학), 좌절감을 느끼는 상황에 직면할 수 있다. 이 좌절은 ADHD를 가진 아동의 특징인 산만성과 관계있거나 공부의 어려움과 관계가 있다. 어느 것이든, 공부를 할 수 없기 때문에 짜증이 쌓이고 방을 나가고 싶은 충동이 가지게 된다. 분명히 방을 나가는 것은 어느 때든 적절한 행동이 아니다. ADHD를 가진 아동은 교실을 뛰쳐나가기 등의 행동은 수용될 수 없고 학교규칙을 어기는 것이라는 사실을 배워야 한다. 그렇다면, 교실 뛰어다니기 행동을 하는 아동을 돕기 위해 교사는 무엇을 할 수 있을까? 처음부터 도망행동(fleeing behavior)을 다루어서는 안 된다. 만약 부적절한 행동 그 자체를 먼저 줄이려고 한다면, 행동의 근본적인 원인을 찾아낼 수 없다. 우리는 왜 아동이 사회적으로 부적절한 행동을 하는지를 알아내야 한다. 당신이 어떤 아동을 관찰해야만 할 때 당신의 학급을 대신 지도해줄 누군가를 찾는 것이 매우 중요하다고 앞에서 말했다. 지금이 바로 그런 때이다. 교실에서 아동을 나가게 하는 원인이 되는 구체적인 이유나 목표를 알아낼 수 있을 만큼 그 아동을 긴밀하게 알 수 있는 유일한 사람이다.

아동이 산수 문제를 풀다가 좌절했는가? 그는 산만해진 이유는 몇 명의 학급 동료들이 너무 떠들어서 그의 과제를 끝내지 못했기 때문인가? 과제에 대한 설명이 너무 복잡해서 화가 났는가? 그는 좌절했는데 그 이유가 과제에 대한 설명이 너무 빨라서인가? 무엇이 아동을 화나게 했는지 어떻게 찾아내는가?

간단히 말하자면, 교사는 아동들이 화를 내게 하는 질문을 할 수 있다. 만약 질문이 화를 내게 하지 않는다면, 여러 과제 상황에서 아동을 관찰하고 그 아동을 좌절시키는 것이 정확하게 무엇인지 알아내야 한다. 만약 아동이 좌절할 때 그곳에 교사가 있다면, 아마도 교사는 아동이 그곳에서 도망가기를 시작하는 시점을 정확하게 볼 수 있다.

그래서 교사는 교실에서 아동을 도망치게 할 만큼 아동을 좌절시키는 문제를 해결하도록 노력해야 한다.

교사가 그렇게 한 후, 교사는 사회적으로 부적절한 행동과 동일한 기능을 가진 사회적으로 적절한 대체행동, 즉 우리가 대체기술(replacement skills)이라고 부르는 것을 아동에게 지도해야 한다. 이 대체행동은 방해하는 행동이다. 교사는 사회적으로 부적절한 행동을 방해하는 행동을 반복해서 실제로 사회적으로 부적절한 행동을 방해하는 행동을 대체행동으로 삼을 수 있다. 만약 방에서 도망가기 같은 문제행동이 더 이상 아동들의 입장에서 목적을 달성하는 데 유용하지 못하면 아동은 그 행동을 그만 둔다.

기억하라: 도망행동 그 자체에 관심을 가져서는 안 된다. (내게 이것을 설명하겠다) 도망행동을 중요하지 않게 하고, 성공하지 않게 하고, 비생산적으로 하게 하는 다른 행동을 사용해 문제행동을 그만 두도록 하여 교사는 이 문제를 해결해야 한다.

〈예〉 언제 좌절하는지 뿐만 아니라 무엇이 좌절하게 만드는 지를 아동이 그의 책상 위에 항상 있는 메모지에 쓰게 하는 것도 하나의 대체행동이 될 수 있다. 만약 그의 좌절을 메모지에 쓴다면, 메모지 쓰기가 방 밖으로 나가는 것을 방해하기 때문에 더 적게 교실 밖으로 뛰어 나갈 것이다. 만약 글씨를 쓸 수 없다면, 그를 좌절시킨 것을 그리거나 교사가 잡지에서 오려내거나 마이크로소프트 이미지에서 나온 그림을 고르게 할 수 있다.

〈예〉 아동이 좌절했다고 느끼면 작은 소리와 빛이 나는 것으로 아동이 누를 수 있는 버저(buzzer) 또는 버튼(button)을 이용하고, 교사가 즉시 그를 도와줄 수 있어 또 다른 대체행동이 될 수 있다. 내가 방문했던 일부 집에서 아동이 공부할 때 또 다른 대체행동이 사용되는 것을 보았다. 이 집의 부모들은 아이가 좌절감을 느낀다는 첫 번째 사인이 제시하면 즉시 아동에게 트램펄린에서 뛰게 했다. 분명히 교사는 교실에서 ADHD를 가진 아동이 트램펄린에서 뛰도록 할 수는 없지만, 복도에서 걷기와 같은 운동은 생각해낼 수 있다. 부적절한 행동을 간섭하고 대체행동으로 기능할 수 있으면 어떤 행동도 좋다.

〈방 법〉 ADHD를 가진 아동이 공부를 하다가 좌절했을 때 교실에서 도망가기를 멈추는 것을 돕는 데 있어 사용할 수 있는 마지막 방법은 또래 친구 제도(peer buddy system)를 사용하는 것이다. ADHD를 가진 아동 2명 또는 ADHD를 가진 아동 1명과 일반아동 1명으로 구성해도 된다. 각 아동은 다른 아동이 좌절감을 느끼면 다른 아동을 지원하는 것을 책임진다. 비록 가끔씩 일반아동이 좌절하기는 하지만 그들은 교실을 뛰쳐나올 필요가 없고 좌절을 다른 방법으로 표시한다.

ADHD를 가진 아동이 자리에서 일어나거나, 일반아동에게 가거나, 또는 손 신호(hand signal)로 일반아동에게 신호를 보내는 순간, 일반아동은 몇 분 동안 다른 어떤 것을 하도록 안내한다. 컴퓨터로 공부하기가 이러한 활동의 예가 될 수 있다. ADHD를 가진 아동이 다른 것을 하도록 허락해 주는 것이 보상처럼 보이는가?

ADHD를 가진 아동에게 보상도 처벌도 주는 것이 아니라는 나의 말을 믿어라. 사회적으로 부적절한 행동을 간섭하고 대체할 행동을 찾으려고 노력하는 것뿐이다. 컴퓨터를 하게 하는 것이 보상받음을 의미하지 않는다. 이 사회적으로 부적절한 행동으로 교사가 교실 밖으로 나가 아동을 낙인찍게 하는 필요가 없도록 다른 방향을 제시하는 것이다.

사회성 기술 42: 교사나 부모행동을 모델링하여 사회성 기술 배우기

우리는 앞에서 이 질문에 대해 의논했지만, 여기서 깊이 있게 다루고자 한다. 내가 지금까지 말한 것만으로 생각해 보면, 당신은 속으로 "ADHD를 가진 아동이 긍정적이고 적절한 사회성 기술을 행하는 부모를 모델링할 수 있을까?"라고 생각할 것이다. 이 질문은 내가 이 책을 쓰는 동안 계속 마음에 두고 있었다. 만약 ADHD를 가진 아동들이 부모의 긍정적인 사회적 행동을 모델링할 수 있다면, 일상생활 속에서 적절한 사회적 행동을 하게 될 것이라는 것은 맞는 사실이다. 교사가 올바르고 직접적인 지도를 한다면 ADHD를 가진 아동이 부모나 교사의 긍정적인 사회적 기술을 모델링하도록 이끄는 것이 가능할 것이라 믿는다. 이 지도법은 다음의 지도 모델을 따라서 실시하면 된다:

1. ADHD를 가진 아동에게 어떤 사회성 기술을 행하는 부모나 교사를 관찰하도록 지시한다. 그에게 말한다: "네가 선생님께 특정 색깔의 크레용을 주면 선생님은 너에게 좋은 말씀을 해 주실 거야." 그리고 나서 아동에게 물어본다. "선생님이 너한테 어떤 말씀을 해 주실까?" 만약 아동이 정답을 말하면 다음 단계로 넘어간다. 예를 들면, 이러한 사회성 기술 중의 하나로 ADHD를 가진 아동이 다른 아동에게 건네 달라고 부탁한 색깔의 크레용을 받았을 때 그 아동에게 "고마워"라고 말하는 것을 들 수 있다.

2. 아동에게 "선생님이 원하는 크레용을 네가 주었을 때 선생님은 너에게 뭐라고 말했지?"라고 물어보라. 만약 아동이 정답(고마워)을 말하면, 교사 또는 부모는 아동과 역할극을 할 수 있다. 부모 또는 교사는 "고마워"라고 말하는 것을 시연하여 학급에서 유사한 상황이 생기면 아동이 누군가에게 실제로 그렇게 말할 수 있게 한다.
3. 새롭게 배운 사회성 기술을 학급에서 발생하는 실제 상황에서 사용하도록 한다. 어떤 아동이 ADHD를 가진 아동에게 물건을 주었을 때 ADHD를 가진 아동이 "고마워"라고 말하는 자연스러운 상황이 생길 때 그 기회를 이용하라.

ADHD를 가진 아동이 정답을 말하지 않으면 2단계에서 당신은 무엇을 할 것인가? 나는 비디오카메라로 어떤 아동이 나에게 크레용을 주면 내가 그 아동에게 "고마워"라고 말하는 짧은 장면을 녹화했다. 이 동영상은 대략 1분 정도였다. 교사는 아동에게 이 동영상을 보게 하고 아동에게 위와 같은 질문을 했다. 그리고 나서 마지막 단계까지 계속 진행했다.

어떤 ADHD를 가진 아동은 빨리 배우고 그 사회성 기술을 기억하는 반면 ADHD를 가진 다른 아동은 빨리 배우고 즉시 그 사회성 기술을 잊어버릴 것이다. 그래서 교사는 그 기술을 다시 지도해야 할 것이다. 다른 아동은 많은 연습을 한 후에야 사회성 기술을 배울 것이다.

〈주의사항〉 만약 어떤 사회성 기술을 다시 지도해야 한다면, 사회성 기술을 전과 **다르게** 해서 다시 지도하라. 만약 전과 같이 다시 지도하면 아동은 당신이 가르치는 것에 흥미를 잃고 듣지 않으려 할 것이다. 사회성 기술을 다르게 가르쳐야 한다는 것은 무엇을 뜻하는가? 예를 들면, 당신은 다른 양식(modality)을 사용할 수 있다. 만약 당신이 시각적 지도 방법을 써 왔다면 청각적 방법을 사용해 보라. 만약 당신이 청각적 방법을 써 왔다면 촉각-운동 방법을 사용해 보라. 교사는 지도에 대한 접근법으로 시행착오 방법을 사용해야만 한다. 만약 그렇게 하면 이러한 접근법은 ADHD를 가진 아동들이 교사나 부모의 행동을 모델링하여 사회성 기술을 배우는 것이 가능하도록 도울 것이다.

사회성 기술 43: 아동 또는 성인과 대화하기

ADHD를 가진 아동들은 아동 또는 성인과 어떻게 대화하는지 모르지 않을까? 확실히 그들은 다른 사람과 대화하는 방법을 안다. 그러나 내가 말하는 대화의 뜻은 말로 다른 사람과 의사소통하는 것이다. 그들이 대화하는 방식은 언제나 사회적으로 적절한 것은 아니다. ADHD를 가진 아동이 아동과 성인들과 대화할 때 그들에게 세 가지 문제가 발생한다.

첫째, 그들은 말하고 있는 사람에게 주의 집중하는 것이 어려워서 다른 사람의 말을 듣는 것이 어렵다. 둘째, 대화 주제에 관련된 말들을 들으려 하지 않고, 순간적으로 생각나는 모든 것을 다른 사람들에게 말하고자 하는 욕구를 느낀다. 셋째, 그들이 다른 사람에게 반응하기 원할 때, 그들은 다른 사람이 말을 멈추기까지 기다리는 것이 어려워서 다른 사람의 말에 끼어든다.

이러한 문제들은 이러한 아동들이 경험하는 세 가지 주된 어려

움으로 요약된다: 그들은 다른 사람의 말을 듣는 데 어려움이 있다, 그들은 현재의 대화와 관련 없는 말을 장황하게 오래한다, 그리고 그들은 말하고 있는 사람의 말에 끼어든다.

첫 번째 어려움을 다루어보자. 당신은 ADHD를 가진 아동들이 다른 사람의 말을 듣도록 어떻게 지도할 것인가? 여기에 한 가지 방법이 있다.

〈방 법〉 아동이 학습을 할 때 어떤 학습 스타일이 가장 효과적인가? 달리 말하면, 교사는 ADHD를 가진 아동이 가장 효과적으로 배우는 양식(modality)을 평가해서 알아내야 한다. 예를 들면, 어떤 아동의 학습 강점(learning strength)은 청각이다. (아동이 초등학교 시기의 나이라면) 어떤 이야기를 좋아할까 알아내야 한다. 이야기를 읽어주는 CD를 구입하거나 더 좋은 것은 교사가 테이프에 자신의 목소리로 이야기를 녹음하는 것이다. 당신은 USB가 들어간 보이스 레코더(voice recorder)에 이야기를 읽고 컴퓨터로 다운로드할 수 있다.

아동에게 이야기를 들려주라. 아동에게 다음과 같은 질문을 하라: 네가 가장 좋아하는 인물은 누구야? 이 이야기에서 인물에게 생긴 첫 번째 사건은 무엇이지? 그 다음 생긴 일은 무엇이지? 이러한 질문에 대한 답은 이 아동이 듣고 있는지 아닌지를 알게 해 준다. 만약 아동이 질문에 대답을 못하면, 이야기를 다시 들려준다. 인물에게 첫 번째 사건이 생겼을 때 테이프나 CD를 멈춘다.

그리고 나서, 인물에게 무슨 일이 생겼는지 물어보라. 만약 이 방법이 여전히 효과가 없다면 듣기를 지도할 때 다른 학습양식(modality), 예를 들어 촉각-운동 같은 것을 이용해 다음 부분을 읽도록 지도하도록 한다.

〈방 법〉 예를 들어, 아동에게 그림을 그리거나 물감을 칠하되 두 가지를 그린다. 한 그림은 주인공이 이야기에서 첫 번째로 한 것을 나타내고 또 하나의 그림은 주인공이 첫 번째로 하지 않았던 것을 나타낸다. 만약 아동이 혼자 힘으로 그림을 그릴 수 없다면, 교사는 그를 도와서 그림을 그리게 하거나 그림에 색칠하게 한다. 당신이 읽어서 이야기를 다시 들려주고, 인물이 어떤 행동을 하는 장면에서 멈춘다.

그리고 나서, ADHD를 가진 아동에게 어느 그림이 주인공에게 생긴 사건을 보여주는지 물어봄으로써 주인공에게 생긴 첫 번째 사건에 대한 질문에 대답하도록 유도한다.

이제 마지막으로, ADHD를 가진 아동이 듣기를 배웠다는 것(당신은 여기서 100% 정확도를 기대하지 마라. ADHD가 없는 아동들과 성인들도 듣는 시간 내내 100% 잘 들을 수는 없다!)을 확인했다면 이제 아동들과 성인과 어떻게 대화하는지를 ADHD를 가진 아동에게 지도할 기회가 왔다.

〈방 법〉 기다림(다른 사람이 말할 때)

말하기 전에 다른 사람이 말하는 것을 멈출 때까지 기다리는 것을 기억하게 할 약자가 필요할 수도 필요하지 않을 수도 있다. 만약 그들이 약자가 필요하다면 두자문자로 WAIT를 만들어 사용할 수 있다. 약자인 WAIT는 When Another Individual Talks(다른 사람이 말할 때)의 머리 글자를 딴 것이다. 그러나 기다릴 시간을 그들은 어떻게 알까? 나의 말을 들어보면 당신은 알게 될 것이다.

여기에 아동들 또는 성인과 대화할 때 어떻게 해야 할지를 아동에게 가르치는 단계를 제시한다:

1. 다른 아동에게 관심을 가지고 다른 아동이 너의 관심을 끄는 주제를 가지고 말을 하고 있는지 알아보라.
2. 가능한 한 오랫동안 다른 아동이 말하는 것을 잘 **들어라**.
3. 말하기 전에 천천히 10까지 헤아리고 기다렸다가 다른 사람이 너의 말을 들으려고 말을 멈추었는지 확인해 보라.
4. 말을 하라. 그러나 다른 사람이 **너**의 말을 듣는지 의식해야(항상 의식해야) 한다.

> 힌트: 만약 아동이 당신에게 질문을 하고 당신의 말에 집중하는 것으로 생각되면, 당신은 ADHD를 가진 아동에게 아동들 또는 성인들과 어떻게 대화하는지를 가르치는 데 성공한 것이다.

〈방 법〉 ADHD를 가진 아동과 일반아동 사이의 대화를 격려하는 한 가지 방법으로 가상 놀이 구역을 사용하는 것이다. 가상 다과회나 가상 점심시간을 설정한다. 교사는 ADHD를 가진 아동이 무엇을 말하고 어떻게 말하는지를 모델로서 보여준다. 그렇게 하면 ADHD를 가진 아동은 아동의 동료뿐만 아니라 교사의 행동을 모델링할 수 있다.

사회성 기술 44: 윗사람 존중하기

언급한 모든 사회성 기술들 중에, 이 사회성 기술은 가장 중요한 사회성 기술들 중의 하나이다. 왜? 다른 사람과 상호작용할 때 공손하고 상대방을 존중하는 것은 모든 사람에게 중요한 사회성 기술이지만, 특히 ADHD를 가진 아동들에게 중요하기 때문이다. 왜 윗사람을 존중하는 행동을 ADHD를 가진 아동들이 배워야 할 만큼 왜 중요한가? 이는 무례하고 버릇없는 사람에게 우호적이고 상호작용하려는 사람은 없기 때문이다. 존중한다면 무엇을 해야 할까? 다른 사람을 배려하는 모습을 보여주어야 한다. 또한 존중에는 다른 사람에게 경의를 표현하는 것이 포함된다. ADHD를 가진 아동들은 다른 사람이 말하는 것, 특히 윗사람이 하는 말을 들을 필요가 있다.

나는 실제로 부모가 ADHD를 가진 아동의 무례와 존경 부족 행동을 지지해 주는 것을 때때로 발견한다. 어떤 경우에는 당신이 여기에서 보았듯이, 부모는 아동이 사회적으로 부적절하게 행동했다고 믿지 않는 데도 아동에게 사과하도록 시킨다.

할아버지에게 무례했던 2장에서 나왔던 예를 기억해 보라. 그의 어머니는 다음과 같이 말했다.

> *Aaron이 4살 때쯤 할아버지에게 말대꾸한 것을 기억해요. 할아버지와의 사이에서 벌어진 일이었기 때문에 그렇게 하는 것이 좋을 것 같아서 아무런 얘기를 하지 않았어요. 하지만 Aaron이 할아버지에 대한 태도나 말투 그리고 행동은 마치 "상관하지 마"라는 식이었죠. 태도는 잘못된 것이라고 말해주었어요. Aaron에게 너가 잘못했다고 말했어요. 비록 내 생각에 성인인 나도 같은 행동을 했겠지만, 더욱이 어린아이이고 그런 행동을 해서는 안 된다고 말해주었어요. 항상 잘못된 부분을 얘기할 때 힘들어요. 나는 그 점을 그에게 말했죠. Aaron, 네가 알다시피, 너는 사과를 해야 돼. 그건 잘못한 거야. 그건 사람들이 받아들일 수 없는 거란 걸 Aaron이 알게 했지만, 동시에 Aaron이 말한 것은 성인이 그 상황에서 말할 수 있는 것이란 걸 나는 알았죠. 그러나 문제는 Aaron이 성인이 아니라는 거죠. 그는 아이예요. Aaron은 그렇게 말하면 안 된다는 것을 미처 알지 못했죠. 그가 어떻게 생각하고 어떻게 대응하는지를 보여준 거죠.*

여기서 어머니는 내가 통제의 중심(locus of control) 또는 변명하기 게임(blame-excused game)이라고 부르는 것을 하였다. 어떤 부모들은 자녀가 부적절하게 행동한 것을 인정할 수 없거나 인정하지 않는다. 당신이 여기에서 읽은 것처럼, 자녀에게 사과하게 하여도 부모들은 막상 자녀와 상호작용을 한 사람을 원망한다. 자녀에게 사과하게 했어도 자녀는 실제로는 부모가 무엇을 생각하는지를 안다. ADHD를 가진 아동들과 그들의 부모가 이러한 행동은 무례하고 사회적으로 부적절하다는 것을 인정하는 것이 중요하다. 이러한 인정은 매우 중요하다. ADHD를 가진 아동들이 나이가 적을지라도 자신들의 행동에 대해 책임을 진다는 것이 중요하기 때문이다.

아동들이 자신들의 행동에 책임을 질 때 비로소 자신의 행동을 바꿀 수 있다. ADHD를 가진 아동이 누군가에게 특히 자신보다 나이가 많은 사람들에게 무례한 행동을 정당화할 수 있는 방법은 없다. 어떻게 다른 사람들을 존중하는 마음으로 대하는지를 주된 주제로 했고 ADHD를 가진 아동들이 읽기 좋은 책으로는 Cheri J. Meiner(2004)가 쓴 *Accept and Value Each Person(사람의 수용과 가치)*을 들 수 있다.

만약 다른 사람들이 ADHD를 가진 아동들에게 무례하게 대했다면 그들은 기분이 어떨지 물어보면, 사람들은 자주 "나는 상관 없어요"라는 반응을 한다. 하지만 사실은 상관이 있다. 그러나 그들은 방어를 잘 하므로 방어벽을 허물고 자신의 감정을 드러내기 시작하고 무례했다는 것을 인정하는 데는 몇 년이 걸린다. 또한 ADHD를 가진 아동들은 다른 사람을 어떻게 존중하는지 배우는 데도 시간이 걸린다.

이러한 사회성 기술은 사회성 이야기(social stories)를 활용해 가르치면 좋다. 다시 한 번 말하지만, 교훈은 교사와 아동이 같이 쓴 사회성 이야기에서 뽑아낸 것이어야 더욱 의미가 있다. 다른 사람 존중하기를 배우는 ADHD를 가진 아동이 직접 쓴 사회성 이야기(social stories)의 예를 소개한다.

★ 때때로 나는 윗사람과 이야기한다.
★ 내가 이러한 사람들과 말하려고 다가가서, 그들이 말하는 것을 듣는다.
★ 나는 언제나 윗사람에게 공손하다.
★ 나는 언제나 윗사람을 존중한다.
★ 나는 윗사람이 나보다 더 많은 경험이 있기에, 그들이 나를 가르치는 것을 존중한다.
★ 내가 그들에게 동의할 수 없음에도 불구하고, 나는 공손하게 그들이 말한 것에 관해 묻는다.
★ 내가 윗사람과 이야기할 때, 나는 언제나 연장자에게 공손하고 존경을 표한다.
★ 내가 윗사람에게 공손하고 존경을 표하면, 나는 나 자신을 긍정적으로 생각하게 된다.

사회성 이야기 쓰기에서 가장 중요한 것은 아동들이 자신의 관점에서 사회성 이야기들을 쓰도록 하는 것이다. 그래서 사회성 이야기를 쓸 때 교사와 협력해서 쓰는 것이 중요하다. 아동은 교사에게 자신의 생각들을 제시하고 교사는 종이에 이 생각들을 쓴다. 사회성 이야기를 처음으로 개발한 Carol Gray는 사회성 이야기는 개인에 맞추어져야 하고 4가지 기본 문장(기술문, 지시문, 전망문, 확인문)으로 구성되어야 한다고 설명했다. Carol Gray와 Mark Shelly가 제작한 전문가용 DVD 학교에서의 사회성 개념과 기술 제1편(Social Concept and Skills at School, Volume1)은 사회성 이야기를 소개하는 좋은 자료이다. 그들은 사회성 이야기의 예들과 사회성 이야기를 어떻게 쓰는지를 소개한다.

교사는 ADHD를 가진 아동들과 대화할 수 있다. 교사들은 ADHD를 가진 아동들이 다른 사람의 말을 듣는 방법을 배워야만 한다는 것을 인정하고, 무례한 행동의 긍정적 요소들과 부정적 요소들이 앞으로의 인간관계에서 어떻게 작용하는지를 ADHD를 가진 아동들에게 설명해야 한다. ADHD를 가진 아동들에게 동료들과의 상호작용과 윗사람들과의 사회적 상호작용에 대해 말하게 할 때 교사들은 능숙하고 창의적이어야 한다. 모든 아동은 아동들과 성인들 둘 다와 긍정적인 관계를 가지고 싶어하며, 공손한 자세는 성공적인 인간관계를 보장한다.

사회성 기술 45: 교사나 부모가 내린 지시 따르기

지금쯤이면 우리가 ADHD를 가진 아동들에게 가르치려고 하는 많은 사회성 기술들은 그들이 이미 습득한 사회성 기술들에게 달려있음을 당신은 알았을 것이다. 이미 습득한 사회성 기술들은 ADHD를 가진 아동들이 앞으로 새로운 사회성 기술들을 습득하는 데 토대와 같은 역할을 한다. 예를 들어, 우리들은 여기에서 교사나 부모가 내린 지시 따르기를 아동에게 가르치려고 한다.

이러한 지시 따르기를 위해 앞에서 언급했듯이, ADHD를 가진 아동들은 다른 사람의 말을 듣는 법을 배워야만 한다. 만약 ADHD를 가진 아동들이 어떻게 다른 사람의 말을 듣는지를 모르고 주어진 지시들에 집중하는 데 어려움이 있다면, 이러한 지시들에 따를 수 없다. 교사와 부모들은 어떻게 하면 ADHD를 가진 아동을 도와 지시 따르기를 배우게 할 수 있을까?

한 가지 방법은 어떤 아동에게 있어 어떤 학습양식(learning modality)이 가장 강점인지를 찾아내는 것이다. 만약 교사가 아이에게 적절한 특정한 학습양식(learning modality)을 사용해 지도했을 때, 아동이 지시 따르기를 더 잘 배울 수 있다. 만약 말로 내린 지시에 아동이 따르지 않는 것을 보게 된다면, 교사는 다른 양식을 이용해 지도할 수 있다.

〈예〉

★ 지시사항을 종이에 써라. 만약 아동이 글자를 못 읽으면 선으로 그린 인물(예를 들면 졸라맨 같은 것)이나 다른 아동이 정확하게 지시에 따르는 사진을 종이에 붙여라. 만약 부모에게서 동의를 받을 수 있다면, 아동이 적절히 지시에 따를 때 디지털카메라로 찍을 수 있다. 그리고 나서 이 사진들을 ADHD를 가진 아동이 볼 종이 위에 붙여라.

★ 지시사항을 테이프에 녹음을 하고, 지시 따르기를 위해 가능한 한 여러 번 듣게 하라.(요즈음은 앞에서 말한 대로 보이스 레코더(voice recorder)를 사용할 수도 있다.)

★ 그 아동이 좋아하는 곡조에 맞추어 지시를 노래로 부르게 한다. 예를 들면 "*Farmer in the Dell*(골짜기의 농부)", "*Ring Around the Rosy*(로지 주위를 돌아라)", "*London Bridge is Falling Down*(런던 다리가 무너졌어)"의 곡조가 사용 가능하다.

★ 컴퓨터에 지시사항을 저장해서, 아동이 항상 지시를 조회할

수 있게 한다. 이러한 지시들에 아동이 쉽게 접근할 수 있도록 데스크톱 컴퓨터에 저장한다.

★ 대근육 운동기능(gross motor skill)을 사용해서 지시 따르기를 가르친다. 벽화에 쓰는 큰 종이를 가지고 큰 발자국을 그린다. 컬러색 매직펜으로 각각의 발자국 안에 지시 내용(글자를 못 읽는 아동에게는 사진)들을 쓴다. 이러한 지시 내용들이 쓰여진 발자국들 간의 간격을 충분히 벌리고 아동이 지시 내용을 하나씩 하나씩 수행하게 하고, 끝난 지시 내용은 발자국에서 뛰어서 다음 발자국으로 간다.

★ 교사 또는 다른 아동은 지시를 실행하는 모델을 보여준다. 각 단계에서 멈추고 아동은 지시에 자동적으로 따르게 될 때까지 반복한다.

★ 아동을 격려하는 요소를 지도 과정에 넣을(다른 양식을 사용하는 것이 아님) 수 있다. 교사는 아동이 지시에 정확하게 따를 때 격려(incentive)수단이나 보상물을 제공한다. 예를 들어, 만약 아동이 컴퓨터로 공부하는 것을 좋아하면 컴퓨터를 격려수단(incentive)으로 사용한다. 만약 아동이 점심시간에 교사와 같이 있기를 원하면, 그것을 격려수단(incentive)으로 사용한다.

사회성 기술 46: 예의 바르게 행동하기

우리는 아동들이 좋은 매너를 가지기를 원한다. 좋은 매너를 가졌다면 한다면 어떤 행동을 할까? 대부분의 사람들은 다음의 행동들을 해야 한다고 생각한다:

★ 정중히 요청하는 표현(please)이나 고맙습니다(thank you)라는 말 사용하기
★ 다른 사람이 말할 때 방해하지 않기
★ 당신이 어떤 사람을 처음 보았을 때 인사를 하거나 다른 사람을 인정하는 행위를 하여 다른 사람의 존재를 인정해 주기
★ 사람들을 존중하기
★ 사람에 대할 때 또는 전화통화를 할 때 공손하기
★ 식사 예절을 바르게 하기
★ 다른 사람에 대해 나쁘게 말하지 않기
★ 친절하게 사람들에게 말하기
★ 다른 사람의 기분을 존중하기
★ 사과하기: 당신이 무례한 행동을 했을 때와 같이 부적절하게 행동했다면 미안하다고 말을 하라.

〈방 법〉 이 경우에, *Kelly Bear*(켈리의 곰) 책들의 저자인 Leah Davis가 2005년에 아동들에게 매너를 심어주는 24가지 방안을 썼다. 나는 Leah Davis보다 더 잘 설명할 수 없기에 여기에 Leah Davis의 글 일부를 가져온다. Leah Davis의 허락을 받고 여기에 제시한다.

사회성 기술 47: 책임감 갖기

만약 ADHD를 가진 아동이 공손해지기를 배워서 이 사회성 기술을 습득하면, 그는 더 강한 자신감을 가질 것이고 자긍심을 높이는 데 도움이 될 것이다. 책임감 갖기를 가르치는 것은 중요한데, 그 이유는 만약 ADHD를 가진 아동이 이 사회성 기술을 배운다면 그는 그

의 행동뿐만 아니라 그의 물건에도 책임을 질 수 있기 때문이다. 그러나 왜 책임지지 않기가 ADHD를 가진 아동의 특징으로 인정되고 있을까?

예를 들어, 학급 규칙에 따라 해야 할 일을 ADHD를 가진 아동들은 잊고, 자신의 책가방을 교실 어디에 두었는지 기억하지 못하고, 숙제 제출하는 것을 잊고, 교사나 부모가 준 일을 잊고, 조금 전에 했던 것을 잊는다.

ADHD를 가진 아동들이 해야 할 일을 잊는다면 어떻게 교사는 이 아동들에게 책임감 갖기를 가르칠 것인가? ADHD를 가진 아동들이 오랜 기간 동안 책임감 갖기를 하지 않을 때 교사들과 부모들은 ADHD를 가진 아동들이 책임감 갖기를 배우도록 어떻게 가르칠 것인가? (책임감 갖기란 앞에서 말했듯이 당신의 소유물뿐만 아니라 당신의 행동을 책임지는 것이다. 책임감 갖기를 배우면 자존감과 자신감을 느낀다.) ADHD를 가진 아동들에게 사회성 기술을 지도하는 요령은 의미 있는 지도를 하는 것이다. 그래서 책임지는 행동은 ADHD를 가진 아동에게 의미가 있는 격려수단(incentive)과 연결되게 해야 한다.

〈아동들에게 매너를 심어주기 위한 방안〉

Leah Davies, M. Ed. 씀

많은 성인들은 아동들의 불공손이 우리 사회에서 점점 커지고 있는 문제라는 데 동의한다. 부모가 자녀의 무례한 행동을 무시한다면 어느 정도는 책망을 받아야 한다. 일부 부모는 자녀의 문제에 대해 좋지 않은 스포츠맨십과 지각없는 태도를 보여주고 교사에게 책임을 돌린다. 대중매체에서 보여주는 무례한 행동에도 책임이 있다.

교육가들은 기본적인 예절을 보여줌으로써 아동의 발달에 중요한 역할을 한다. 공손한 태도를 모델링하기와 다른 사람의 권리와 느낌을 배려하도록 아동들에게 요구하는 것은 협력적 학습 환경을 만드는 데 도움을 준다. 사람들이 다른 사람들에게 공손하게 대하면, 자기 자신에 대해 더 좋게 생각하고 자신감이 발달된다. 교육가들이 공손한 행동의 모델을 제시하면, 아동들은 다른 사람을 배려하는 것을 배울 수 있다.

그 외 아동들에게 매너를 심어주기 위해 교육가들은 무엇을 할 수 있을까?

1. 가능하다면 아동들이 교실로 들어오면 맞이해 준다.
   또한 하교 때 안부를 전한다.
2. 아동들이 교사처럼 하는 것에 대해 즐거움을 가지면 아동들은 스스로를 값지게 여긴다.
3. 아동들에게 예의 바른 행동의 예를 말하게 하고 그것들을 게시판 리스트에 쓴다. 그리고 나서 무례한 행동의 예와 비교하게 한다. 아동들을 집단으로 나누어 바람직한 행동과 바람직하지 않은 행동들을 표현하는 포스터를 그리게 한다.
4. 수용될 수 있는 행동들에 대해 논의한다. 적절한 행동을 설명하는 『*켈리의 곰 행동(Kelly Bear Behavior)*』이란 책이나 다른 책을 읽는다.
5. 가르치고, 모델을 제시하고, "부디(please)", "고맙습니다", "천만해요", "미안합니다", "죄송합니다", "나는 네가… 하는 게 좋아", "…해도 될까요?"와 같은 공손한 단어를 게시판에 붙여라. 아동들에게 다른 공손한 말을 더 말하게 하고 리스트에 추가하라.

ADHD를 가진 아동의 입장에서 책임감 갖기가 자신의 생활과 어떻게 관련되는지를 정확히 이해하게 하는 것이 교사나 부모가 해야 할 첫 번째 일이다. ADHD를 가진 아동의 교사로서, 자신이 책임감 있다거나 책임감 있게 행동한다는 것을 ADHD를 가진 아동은 무엇으로 설명할지 생각해 보라. 예를 들어보자:

★ 그는 학교와 관련된 개인 물건을 잘 관리하는가? 내가 개인 물건이라고 언급한 것에는 책가방, 연필, 크레용 등이 포함된다.
★ 학교 물건을 다 쓰고 나면 보관 장소에 넣거나 해서 학교 물건을 잘 관리하는가?
★ 다른 사람의 물건을 빌리거나 사용하면, 빌릴 때와 같은 상태로 돌려주는가?
★ 숙제를 하면, 숙제를 학교로 가져와 선생님이 지정한 장소에 숙제를 두는가?
★ 선생님에게 노트를 빌렸는데 어떤 날 돌려주어야 한다. 돌려주어야 할 그날에 노트를 선생님에게 돌려주는가?

그러면 ADHD를 가진 아동들에게 책임감 갖기를 어떻게 지도해야 할까? 아동이 책임감을 가져야 할 구체적인 요소 한 가지를 당신이 정하라. 당신은 ADHD를 가진 아동의 책임감 있는 행동을 구체적으로 할 수 있도록 구조도(hierarchy)를 만들면 도움이 된다. 예를 들어보자.

〈예〉 Jim은 학교에 들어갈 때마다 책가방을 바닥에 집어던진다. 실제로 그는 학급 또래와 선생님이 말을 걸 때 너무나 흥분해서 자주 책가방을 던지고 짓밟는다. 그의 가방에 있는 도시락은 항상 으스러지게 된다. 여기에서 지도 목적은 무엇일까? 지도 목적은 Jim이 자기 물건들에 대해 책임을 지는 것이고 선생님이 정한 장소에 물건을 두자는 규정에 따르는 것이다. 나는 처음에 Jim에게 자기 물건들을 잘 관리해야 하고 가방은 관리해야 할 물건 중의 하나라고 설명했다.

당신은 Jim에게 여러 번 학급에 들어오면 가방을 자기 사물함에 붙어 있는 고리에 걸으라고 말해 왔다. 그가 가방을 사물함에 붙어 있는 고리에 건 후, 가방에서 숙제를 꺼내고 숙제 박스에 놓아야 한다. 마지막으로, 가방에서 도시락을 꺼내고 모든 아동의 도시락이 놓여있는 선반에 놓아야 한다. 당신은 Jim에게 따라야 할 요구사항을 말하고 나서, 그가 그렇게 하지 않으면, 다른 방법을 시도해야만 한다.

그가 요구사항의 전체 또는 일부분을 따랐을 때 그가 받을 특별한 격려수단(incentive)을 명기한 계약서를 아동과 함께 써라. 격려수단(incentive)은 무엇인가? 그의 흥미를 알아내기 위해, 당신은 관심사 조사라는 것을 해야만 한다. 이 흥미조사의 질문들에는 아동의 모든 관심사를 알아보는 질문들이 들어가 있다.

당신은 아동에게 그의 관심사를 묻거나, 부모에게 아동의 관심사를 묻거나, 또는 단순히 아동을 관찰하거나 아동의 관심사는 무엇이 있을 것인지 생각할 수 있다. 동기부여물(motivator)로는 컴퓨터 사용시간, 스티커, 야구카드, 음식(그래, 음식), 어떤 잡지책 읽기, 인형, 미니카, 비디오 게임 등을 사용할 수 있다. 일단 ADHD를 가진 아동의 관심사를 알아내면, 당신은 이 관심사를 동기부여물(motivator)로 사용할 수 있다. 당신은 Jim에게 지도하기 원하는 과제로 돌아가라.

Jim이 이 과제를 해내기 위해서는 다음의 단계들을 거쳐야 한다.

★ Jim이 그의 등에서 책가방을 내린다.
★ Jim이 자기 사물함에 있는 고리에 가방을 건다.
★ Jim이 자기 가방에서 숙제를 꺼낸다.
★ Jim이 숙제 박스에 숙제를 놓는다.
★ Jim이 가방에서 도시락을 꺼낸다.
★ Jim이 도시락을 도시락 선반에 놓는다.

비록 아동이 해야 할 여러 단계들이 있지만 이러한 단계들은 성공적으로 수행될 수 있다. 당신과 아동이 같이 쓴 계약서에 따라 당신은 실행에 옮긴 하나의 단계, 실행에 옮긴 일부 단계들, 실행에 옮긴 모든 단계들에 맞추어 격려수단(incentive)을 제공해야 한다. 나는 아동이 처음 몇 단계를 수행하면 보상물(reward)을 주고 그 다음에 다른 단계를 실행하도록 보상물(reward)을 주는 것을 좋아한다.

이 과제를 성공하는 가장 좋은 방법은 당신의 필요성과 요구와 아동의 필요성과 요구를 만족시키는 것이다. 그가 이 과제의 요구사항을 모두 따르면, 그는 틀림없이 이 사회성 기술을 습득했다고 생각하고 그는 학급에서 책임 있는 구성원으로 행동할 수 있을 것이다.

사회성 기술 48: 교사 또는 부모 코칭을 통해 상호작용하기

교사 또는 부모 코칭은 ADHD를 가진 아동에게 사회성 기술을 가르치는 데 가장 좋은 방법들 중의 하나이다. 당신은 당신 자신에게

“나는 코칭에 대해 잘 몰라요. 운동선수에게는 코치가 있지요”라고 말할 것이다. 당신이 한 말은 맞기는 하다. 교사들이 ADHD를 가진 아동들에게 긍정적 사회성 기술들을 행하도록 코치할 때는 그들이 사회성 기술들을 배우고 수행할 수 있도록 지도하는 것이다. 그러나 자연스런 장면에서 생기는 “지도할 기회”를 이용하거나 그 기회를 만들지 않으면 아동들이 사회성 기술들을 배우도록 코칭을 할 수 없다.

또한 코칭은 교사-아동 연대(bond)를 필요로 한다. 교사가 아동을 알아갈 시간이 있을 때 연대(bond)를 만들 수 있다. 물론 사회성 기술의 내용 자체를 가르치는 것도 중요하지만 그 아동 전체를 지도하는 것도 동일하게 중요하다. ADHD를 가진 아동과 친근해지는 것은 생각한 것보다 쉬울 수 있다. ADHD를 가진 아동들은 흔히 사회적으로 부적절한 말을 하기는 해도 대화에서 개방적이고 솔직하다. ADHD를 가진 아동들은 대화에서 그들이 하고 싶어 하는 말을 참지 못한다. 우리는 이것을 나중에 논의할 것이며, 지금은 교사가 아동에 대해 어떻게 더욱 친해질 수 있을지에 대해 언급하기로 하자.

아동을 잘 알기 위해서는 개방형 질문을 하라. 여기에 교사나 부모가 ADHD를 가진 아동들을 잘 알기 위해 물을 수 있는 질문의 예를 소개한다:

★ 학교의 어떤 면이 재미있니?
★ 학교의 어떤 면은 재미가 없니?
★ 너는 무슨 활동이 재미있니?
★ 너는 무슨 활동에 참여하고 있니?
★ 무엇을 할 때 재미없니?
★ 다른 아이들과 같이 하는 활동에는 무엇이 있니?

★ 다른 아이들과 지낼 때 무슨 어려움이 있니?
★ 네가 괴롭힘을 받거나 괴롭힘을 당하는 상황들을 설명해 줘.
★ 다른 아동들이 놀리거나 괴롭히면 너는 무엇을 하니?

당신은 위의 질문에 대한 답을 모은 후에 아동을 더 잘 알게 되었다고 느낄 것이며, 아동에게 사회성 기술을 코치할 준비가 되어 있는 것이다. 위의 질문들의 답들을 생각하며, 아동을 코치할 가장 좋은 환경이 어디인지 검토해 보라. 그 장면은 휴식시간, 학급, 점심시간, 체육시간, 또는 미술시간이겠는가?

당신이 아동을 코치할 가장 좋은 장소를 알았으면, 그 장소에 적절한 시간에 도착하라. 선택된 환경에서 아동을 관찰하라. 다른 아동들과의 상호작용의 질뿐만 아니라 다른 아동들과 상호작용을 하는지 안 하는지를 자세하게 기록하라.

〈방 법〉 다음의 질문들을 당신 자신에게 하라:

★ 그는 다른 아동들과 상호작용하고 있는가?
★ 만약 다른 아동들과 상호작용하고 있다면, 어떻게 상호작용하는가?
★ 그는 다른 아동 집단 모두의 아이들과 골고루 잘 놀고 있는가?
★ 단지 한 명 또는 두 명의 아동들과 어울리는가?
★ 다른 아동들이 그에게 말을 거는가? 만약 말을 걸면 그는 반응 없이 떠나버리는가?
★ 다른 아동들이 그에게 말을 걸면, 그는 "안녕"이라고 말하고 더 이상 상호작용이 없이 떠나가는가?

〈방 법〉 같은 장면으로 돌아간다. 당신 자신이 그 장면에 들어가 일부가 되어라. ADHD를 가진 아동이 다른 아동과 어떤 방식으로 상호작용을 하는 것을 보았으면 아동에게 다가가 아동이 어떻게 행동해야 되는지를 조용히 제안하거나 코칭하라.

〈예〉 예를 들어, ADHD를 가진 아동이 다른 아동과 자유 시간에 상호작용을 하고 있다. 다른 아동은 블록을 가지고 놀고 있다. 당신이 코치하고 있는 ADHD를 가진 아동은 그 블록을 가지고 놀기 원한다. 그는 다른 아동에게 다가가서 그 블록을 잡아 뺏는다. 이런 기회가 생기면, 즉시 중재에 나서야 한다. ADHD를 가진 아동에게 그가 다른 아동에게 블록의 일부를 가져가도 되는지 물어보도록 제안하라.

아동에게 무엇을 말해야 하는지 말하고, 그 말을 아동이 당신에게 반복하게 하라. 예를 들어, Sarah의 블록을 허락 없이 가져오는 것 대신 "Sarah, 이 블록들 가지고 조금 놀아도 돼?", "내가 이 블록을 가지고 너와 같이 놀아도 돼?"라고 말하는 것은 착한 행동이다. 만약 다른 아동이 당신이 지도하는 아동과 블록을 공유하고 싶지 않다면 어떻게 할까?

〈방 법〉 ADHD를 가진 아동을 지도 또는 코치할 다음 내용은 그가 원하는 것을 즉시 얻지 못할 때의 좌절을 다루는 것이다. 만약 Sarah가 블록을 공유하지 않겠다든가 또는 그와 놀지 않겠다고 하면, 당신은 그가 대체할 장난감이나 책이나 가지고 놀 무엇이든 찾도록 지도해야만 하고, 또는 같이 놀 다른 사람을 찾도록 지도해야만 한다. 안타깝게도, 많은 ADHD를 가진 아동들은 다른 아동에 의해 항상 계속 거절을 당해왔다.

아동이 다른 아동들과 상호작용하는 사회적 상황에서 아동들에게 촉진 자극을 제시하는 것은 교사나 부모가 사회성 기술을 코치를 하는 데 중요하다. 왜? 당신이 원하는 이상적인 것은 다른 아동들이 ADHD를 가진 아동에게 "나는 ADHD를 가진 아동과 놀고 싶지 않다. ADHD를 가진 아동은 나를 너무 괴롭힌다. ADHD를 가진 아동은 말이 너무 많다. ADHD를 가진 아동은 너무 나에게 너무 가까이 다가와서 말을 한다"라는 의미로 보내는 신호를 다른 아동이 말로 하거나 행동으로 표현하기 전에, ADHD를 가진 아동이 "알아내는" 것이다. ADHD를 가진 아동은 또래가 그의 주변에 모이기를 선택하도록 행동해야만 한다.

다음은 내가 연구 목적으로 방문했던 집에서 홈 스쿨 부모와의 대화이다. 그 부모는 부주의형 ADHD인 아들을 다른 아동들과 놀게 하기 위해 어떠한 코치를 했는지 말해주었다.

내가 추측컨대, 모든 부모가 자녀를 방치하는 문제를 가지고 있고, 때로는 상호작용을 보지 않는 것 같아요. 상호작용을 눈앞에서 볼 수 있다면 문제가 없고 가르칠 기회가 될 수도 있어요. 그러나 눈앞에 보이지 않을 때 내가 가르쳐 준 가치관대로 할 것이라고 믿어야지요. Carl이 기독교 학교(Christian school) 1학년 시절에 유치원 놀이터에 보냈을 때, 다른 아이들에게 다가가서 "같이 놀아도 돼?"라고 말하는 사회성 기술을 가지고 있지 않았기 때문에, Carl은 마치 늑대 한 떼의 무리에서 밀려나 죽든 살든 혼자서 알아서 해야 하는 늑대의 처지에 놓인 것 같았어요. 놀이터처럼 여러 아동이 모인 집단에서는 내가 조금씩 코칭을 해줄 수 있고 자주 그러는 것처럼 완전히 혼자 있는 것이 보이면 다가가서 격려를 해주기도 해요. 그리고 나는 누군가가 재미있는 것을 하는 것을 가리키고, 그를 격려해서 다가가서 "같이 놀아도 돼"라고 말하도록 시켰어요. Carl이

지금처럼 어린 나이 때부터 코칭을 받아서 남은 인생 동안 혼자 지내지 않도록 노력하고 있어요. 혼자서 알아서 하도록 던져 넣고 놀기 원하는 다른 아동들과 노는 방법을 배울 것이라고 방치하기보단, 나는 Carl이 상호작용의 각 단계들을 배워가도록 도와주고 있어요. Carl이 성장하기 시작하면 나는 물러나요. 점점 물러나요. 그가 성장할수록 그와의 관계에서 나는 점점 작아져요.

이 코칭에는 ADHD를 가진 아동의 사회적 상호작용의 질에 대한 교사의 인식이 항상 담겨져 있다. 아무리 당신이 지도해야 하는 아동이 많아도 이러한 아동들이 가진 특별한 요구(special needs)가 아무리 많아도, 당신의 지도와 코칭의 대부분은 이러한 아동들이 배워야 하는 사회성 기술을 가르치기에 집중해야 한다.

이 경우에, 교사는 사회성 기술을 어떻게 수행하는지를 아동에게 가르쳐야 한다. 교사가 ADHD를 가진 아동들을 성공적으로 코칭하기 위해서는 학급에서, 버스에서, 교과 수업에서 어떻게 지내는지 알아보거나 집에서의 생활을 부모에게 물어보거나 해서 ADHD를 같이 지도하는 모든 사람에게 도움을 요구해야 한다. ADHD를 가진 아동을 코치하는 모든 사람이 교사와 같은 방식으로 코치하는 것이 중요하다. ADHD를 가진 아동을 지도할 때는 일관성이 필수적이다.

사회성 기술 49: 약속 지키기

아동들에게 자신이 한 말을 실행하는 언행일치는 매우 중요하다. 아동들이 정직하고 일관성 있게 상호작용을 하면 다른 아동들은 그들을 믿고 친구가 되기 원한다. 아동이 약속을 지키면, 다른 아동은 그가 약속한 것을 지킬 것이라는 사실을 믿는다. 예를 들어, 어떤 아동이 ADHD를 가진 아동과 같이 놀기로 약속을 했다면, ADHD를 가진 아동은 같이 노는 것을 기대한다.

만약 갑자기 다른 아동이 ADHD를 가진 아동과 놀지 않겠다고 결정한다면, 그는 실망할 것이다. 만약 다른 아동이 처음부터 같이 놀기를 원하지 않았다면, ADHD를 가진 아동은 그 결정을 받아들일 것이다. 당신이 같이 놀 것이라고 말하고는 ADHD를 가진 아동과 놀아주지 않으면 ADHD를 가진 아동은 거절과 낙담을 느낄 것이다.

〈예〉 다음은 나의 현장 연구의 대상이었던 부모 중의 한 사람이 주의력 결핍 우세형 ADHD를 가진 자녀에게 약속 지키기의 중요성을 가르친 예이다.

면담자: 나는 예전에도 이런 일이 있는 걸 알고 있었죠. 나는 Carl이 William과 놀기를 원하나 William은 별로 그러고 싶지 않은 눈치였어요. William이 약속을 지키지 않았다는 것을 이해할 수 있도록 어머니께서 코치하고 있으셨던 거죠?.

어머니: 오늘 아침부터 일어난 일이에요. Carl과 William은 모노폴리 게임을 하고 있었는데 William은 자기 마음대로 "지금 이 게임하기 싫어" 그리고 "좋아, 나는 게임 다시 할래"라고 강요하듯 말했어요.

면담자: 어머니는 무슨 일이 생겼는지 몰랐군요. 제 생각에는 점토(Play Doh)가 부서지고 나서 둘 다 놀랐던 거군요. (웃음)

어머니: 오늘 아침 William에게 다른 사람에게 그렇게 억지로 대하면 안 된다고 타일렀어요.

면담자: William이요?

어머니: William은 자기가 마음대로 더 이상 놀기 싫다고 하고 떠났으니 자신이 그렇게 행동한 것을 알아요. 그래서 자기가 억지를 부린 것을 알게 해주었죠. 가끔은 억지를 부리면 속이 시원하지 않아요? 그래서 그것에 대해 이야기했지요. … 과연 그것이 진정한, 사랑이 가득 찬 우정의 관계인가? 그래서 앞으로 William이 할 수 있는 말을 함께 생각해 냈어요. "Carl, 이제 이 게임이 좀 지겨워지고 있는데 곧 멈추어도 괜찮겠니?"

면접자: Carl에게는 그 상황을 어떻게 다루어야 한다고 말했나요?

어머니: 조금 전 계단에서요? Carl은 오늘 아침 William이 어떤 시간에 놀기로 약속했지만 William이 약속을 지키지 않았다는 걸 알았어요. 하지만 제가 William에게 말을 한 후에야 올라가서 같이 놀았어요. William은 그런 식으로 약속을 지키지만, Carl은 William이 약속을 지키지 않았다고 계속 생각하고 있었어요. William은 그가 언제 놀겠다고 말을 하고서는 그 약속시간에 놀아주지 않았어요. 그래서 저는 이 상황에 대해 자세히 코치하고, Carl에게 "William은 오늘 아침 너와 놀아 주었어"라고 말했어요. 그러고 나서 저는 "William은 오늘 아침 너와 놀았니?"라는 질문을 하고 Carl이 대답하게 했어요. Carl은 "예, 그는 놀아주었어요."라고 대답했어요. 각자의 뜻대로 하는 것이 중요하지 않고 그들은 의사소통을 배우는 것이 필요해요. 그리고 그들은 놀기를 마쳤을 때 매우 놀라웠어요. 그들은 매우 어려운 게임을 가지고 잘 놀았던 거예요. 그들은 마음을 잘 맞추어 놀았어요. 당신이 알다시피, 6세 수준의 William의 주의집중력으로는 모노폴리 게임을 30분밖에 못 해요. Carl도 그것을 이해했어요. William과 Carl은 의사소통을 배우고 있어요.

이제 이 사례에서, 형제를 거절한 아동은 약속시간과 다른 시간에 놀았다. 내가 지도했던 Carl은 William이 그와 놀아주기는 했지만 약속한 시간이 아닌 시간에 놀았다는 사실에 집착한다.

여기에서 두 가지 이슈가 있다. 첫 번째 이슈는 ADHD를 가진 아동은 약속을 지키도록 배워야만 한다는 것이다. 두 번째 이슈는 ADHD를 가진 아동이 약속을 어겼을 때 실망한 다른 사람에게 적절하게 반응하기를 배워야만 한다는 것이다. ADHD를 가진 아동에게 약속 지키기를 지도하는 좋은 방법 중의 하나는 다른 사람이 어떻게 생각하는지를 알게 하는 것이다.

다른 말로 하면, ADHD를 가진 아동과 상호작용하던 아동이 약속을 지키지 않았을 때 ADHD를 가진 아동이 무엇을 생각하겠는지 알도록 교사나 부모가 도울 수 있다. ADHD를 가진 아동은 희망에 차 있고 다른 사람과 상호작용하기를 기대한다. ADHD를 가진 아동들은 또래들이 같이 놀자고 한 약속을 깨거나 같이 놀려고 하지 않을 때 실망감을 다룰 수 있어야만 한다.

ADHD를 가진 아동에게 약속 지키기를 가르치기 위해 첫 번째 할 일은 누군가 그와의 약속을 깬 적이 있는지 그에게 물어보는 것이다. 만약 ADHD를 가진 아동이 누군가 약속을 어긴 적이 있다고 말하면, 당신은 개방형 질문으로 그 때 무엇을 느꼈는지 물어볼 수 있다. 예를 들면:

〈예〉 Sam(ADHD를 가진 아동)은 그의 친구 Jamie와 야구 게임을 보러 가기로 했다. Jamie는 주말에 Sam을 데리고 야구장에 가서 야구 게임을 보겠다고 약속했다. 그들은 핫도그와 솜사탕을 먹자고 말했다. 또한 언을 사인에 대해서 이야기했다. 그들은 그 야구 게임에 가서 입을 야구 셔츠에 대해서도 이야기했다. 그들은 앉아있는 곳 근처에 야구공이 떨어지면 무엇을 할지에 대해 이야기했다. 심지어 그들은 어느 팀이 이길지에 대해서도 이야기했다! 그들은 일요일 오후에 야구장에 가기로 했다.

Sam과 Jamie가 같이 있을 때마다 수업 중, 점심시간, 휴식시간, 그리고 방과 후 그들은 야구 게임 구경을 갈 일요일에 대해 이야기했다. 금요일 오후, 두 소년이 학교 버스에서 내리면서 Sam이 Jamie에게 "야구 게임 구경까지 이틀 남았어!"라고 말했다. Jamie는 돌아보며 "아, 너에게 말하는 걸 잊었네. 나는 일요일 야구 게임에 너와 같이 갈 수 없어. 아빠가 이웃집 사람이 작년 여름에 우리를 데리고 야구장에 갔다고 말씀하셨어. 나는 이웃집 사람을 데리고 가야 해." Sam은 충격으로 버스에서 거의 떨어질 뻔했다. 그는 울기 시작했고 그의 집으로 그가 달리는 있는 최고의 속도를 내어 집으로 달려갔다.

다음은 Jamie가 Sam을 데리고 야구장으로 가겠다는 약속을 깼을 때 Sam이 느낀 실망감을 Sam이 다룰 수 있도록 돕기 위해 교사나 부모가 Sam에게 물을 수 있는 질문이다:

★ Jamie가 너에게 야구장에 데려가지 않겠다고 말했을 때 너는 어떤 기분이 들었니?
★ 너는 Jamie에게 화가 났니?
★ Jamie에 대한 화를 어떻게 표현할 수 있겠니?
★ 너는 마음이 상하고 실망했니?
★ 마음이 상하고 실망한 것을 어떻게 설명하겠니?
★ 네가 Jamie에게 화를 냄으로써 실망하는 마음이 줄어들었니?
★ 얼마나 오래 화가 나고 실망했었니?

★ 네가 덜 화가 나고 덜 실망하기 위해 너는 어떤 것을 할 수 있겠니?

★ 구체적으로 어떻게 해서 스스로 기분이 더 나아지도록 했니?

★ 다음에 Jamie를 보면 Jamie에게 어떻게 행동하겠니?

★ Jamie가 너와의 약속을 깬 사실에 대해 Jamie와 무엇을 토의하겠니?

이 같은 대화는 누군가 약속을 깼을 때 그 아동의 실망감을 그 아동이 이해하도록 돕는다. 또한 이러한 대화는 이 아동이 약속을 깰 가능성도 줄일 것이다.

사회성 기술 50: 매일 사회성 기술 가르치기

오늘날 사회성 기술은 학급에서 매일 가르쳐야만 한다. 왜? ADHD를 가진 아동이 적절한 사회성 기술을 실행하지 않으면 친구와 가족을 포함한 다른 사람들과 원만하고 균형 잡힌 생활을 할 수 없다. 나의 말을 오해하지 마라. 물론 학습 영역 지도도 중요하다. 그러나 만약 ADHD를 가진 아동들이 사회적으로 부적절한 행동을 하면, 그들과 상호작용하는 모든 사람은 그를 외면할 것이다.

내가 사회성 기술을 지도했던 어떤 ADHD를 가진 아동의 아버지가 어느 날 나에게 연락을 했다. 그는 자기 자녀가 너무나도 많은 활동에 참가하고 있는데 그 많은 활동에 질렸기 때문에 사회성 지도를 당분간 중지하겠다고 나에게 말했다. 또한 그는 그의 아들이 동료와 상호작용을 하지 않는다고 말했다. 나는 내가 들은 말을 믿을 수 없었다! 그의 아들이 사회적으로 부적절한 행동을 하는 데도, 사회성 기술훈련을 받을 수 없을 만큼 바쁘다니!

만약 아동이 적절한 사회성 기술을 행하지 않으면, 또래와 성인은 그에게 부정적으로 반응한다. 아동들은 그와 친구하기를 원하지 않으며, 실제로 그가 주위에 있으면 아동들을 그를 괴롭힐 것이다. 게다가 더 중요한 것은, 자긍심이 손상된다는 것이다. 나는 그 아버지에게 그가 만약 "빨간 깃발"을 보았다면("그가 짜증을 낸다면"을 의미함) 또는 그가 학교에서 화가 난 채로 돌아오면, 즉시 나에게 연락하라고 말했다.

나는 그의 아버지가 자기 자녀를 사랑하고 그를 위해 최고의 결정을 한다는 것에는 의심이 없다. 그러나 결정은 분명히 이렇게 되어야 한다: 이 아동은 사회적으로 적절하게 행동하기를 배워야만 한다. 교사로서 우리는 ADHD를 가진 아동이 학기 중에 매일 긍정적 사회성 기술들을 습득하도록 가르쳐야만 한다.

당신은 당신 자신에게 "학급 구성원 누구도 탈락하면 안 되는 시험에 학급 구성원 모두가 합격하도록 지도해야 하는 압박 속에서 사회성 기술을 어떻게 내가 지도한단 말인가?"라고 질문했음에 틀림없다. 내가 앞에서 말한 것처럼, 사회성 기술은 매일 교육활동 속에서 자연스럽게 지도할 수 있다. 예를 들어, 만약 당신이 읽기를 지도하고 있다면, 아동들에게 긍정적 사회성 기술들에 대해 쓴 책을 읽어줄 수 있다. 만약 당신이 사회과를 지도한다면, 사이좋게 지내야 할 다양한 사람들이 매우 많으며 어떻게 사이좋게 지낼 수 있는지에 대해 말할 수 있다. 만약 당신이 과학을 지도한다면, 당신은 학급 내의 아동들과 협력해서 공부하도록 도울 수 있다.

교사들은 가르치는 모든 장소에서뿐만 아니라 가르치는 모든 교과에 어떻게 사회적으로 적절하게 행동하는지를 넣을 수 있다. 아동들이 합격해야만 하는 시험에 대비해서 학급의 구성원들을 당신이 지도한다고 하더라도, 당신은 협력 집단을 만들고 그 집단을 활용해 시험보기기능(test-taking skills)들을 지도할 수 있다. 당신을 위한 정보: 일반아동들도 긍정적 사회성 기술들을 배우면 유익하다!

사회성 기술 51: 좋은 품성 가지기

좋은 품성? 좋은 품성은 어떻게 설명할 수 있는가? 물론 모든 사람이 각각 다르게 좋은 품성을 정의할 것이다. 사람들 사이에서 나는 다음과 같은 특성이 좋은 품성을 표현한다고 생각한다:

〈예〉

★ 다른 사람들을 배려함

★ 다른 사람들에게 친절함

★ 할 것이라고 말한 것을 하기

★ 정직하기

★ 믿을 만하고 신뢰할 만함

★ 자신의 요구를 충족하기 전에 다른 사람의 요구를 생각하기

★ 사회적 상호작용에서 다른 사람에게 공정하기

아동들은 어떻게 좋은 품성을 발달시킬 수 있는가? 한 가지 방법은 좋은 품성의 예를 부모가 보여주는 것이다. 그러나 ADHD를 가진 아동들은 산만하고 부모의 긍정적 행동의 모델에 집중하지 않는 것을 모두가 안다. 당신은 위의 특성이 반영된 행동이 들어간 사회성 이야기(social stories)를 ADHD를 가진 아동과 같이 쓸 수 있다.

당신은 또한 이러한 아동들과 역할극을 할 수 있다. 역할극을 하면 좋은 품성을 나타내는 긍정적인 행동을 하는 사람처럼 행동하는 기회를 제공할 수 있다. 여기에 ADHD를 가진 아동에게 개방형 질문하기가 포함된 당신이 시도해야 할 다른 방법을 소개한다.

〈방 법〉 ADHD를 가진 아동에게 어떤 시나리오에 근거해서 다음의 질문을 하라. 여기에 제시된 이야기에는 내가 앞에서 언급한 좋은 품성의 특징이 들어가 있다.

- **다른 사람들을 배려함**: 버스를 타고 여행을 하고 있다. 자리에 앉아있는데 나이 많은 여성이 앉지 못하고 서 있다. 이 여성에게 어떤 배려를 할 수 있을까?
- **다른 사람들에게 친절함**: 학교에서 어떤 아동이 큰 무리 아동들 중의 일부 아동들에게 같이 놀자고 요구했다. 일부 아동들이 발야구를 하고 있을 때 그는 아동들에게 다가갔다. 그가 발야구에 참여할 수 있는지 묻자 일부 아동들은 "우리는 벌써 팀이 다 짜여 졌어"라고 말했다. 외면당한 아동에게 다른 사람들이 더 친절하게 대할 수 있었음을 보여주기 위해 어떤 말을 할 수 있을까?
- **당신이 할 것이라고 말한 것을 하기**: 금요일 방과 후, 많은 아동들은 아동들이 함께 놀 수 있도록 부모들이 정한 약속이 있다. Sam(ADHD를 가진 아동)의 어머니는 방과 후 바로 Eric과 노는 계획을 잤다. 실제로 그들은 스쿨버스를 타고 Sam의 집에 갈 생각이었다. 학교에서 쉬는 시간에 소년들이 놀고 있을 때, Sam은 Eric에게 "나는 오늘 약속을 잡고 싶지 않아. 나는

나 혼자서 비디오 게임을 하고 싶어"라고 말했다. 앞으로 하려고 했던 것을 하지 못하게 되었을 때 그 상황을 어떻게 전달할지를 당신은 Sam에게 어떻게 가르칠 것인가? Sam이 어떻게 말하고 다음 번에는 무엇을 해야 하는지를 Sam에게 어떻게 가르칠 것인가?

- **정직하기**: 당신이 학교 복도를 걸어내려 오다가 바닥에 떨어진 5달러 지폐를 보았다. 정직하려면 어떻게 해야 할까?
- **믿을 만하고 신뢰할 만함**: Maria와 그녀의 어머니는 관절염 때문에 잘 걷지 못하는 15살 개를 키우고 있다. 그녀의 부모님은 늦게까지 일하지만 Maria는 매일 16시에 학교에서 집으로 온다. Maria가 믿을 만하고 신뢰할 만한 사람이 되려면 집에 왔을 때 매일 무엇을 해야만 할까?
- **당신 자신의 요구를 충족하기 전에 다른 사람의 요구를 생각하기**: 매일 Erin은 버스에서 내리면, 그녀의 집에 있는 컴퓨터로 달려가서 컴퓨터 게임을 한다. 그녀의 학급 동료인 Steven 또한 버스를 탄다. 그는 다리가 내반족(club foot)이어서 다리를 잘 쓰지 못한다. Steven은 버스에서 내리기가 어렵고 그의 어머니가 일을 하기 때문에 혼자 힘으로 집까지 걸어가야 한다. 그는 매우 천천히 걷고, 집에 다 왔을 때는 바깥이 거의 어두워져 있다. 이 상황에서 자신의 요구를 충족하기 전에 다른 사람의 요구를 생각한다면 Erin은 무엇을 할 수 있을까?
- **사회적 상호작용에서 다른 사람에게 공정하기**: Jim은 Phil과 모노폴리 게임을 하고 있다. Jim은 그의 형제와 오랫동안 모노폴리 게임을 해 왔다. 그러나 Phil은 모노폴리 게임이나 보드 게임을 많이 해보지는 않았다. 그들이 모노폴리 게임을 할

때 그들 간의 상호작용에서 Jim이 Phil에게 공정하게 행동하기 위해서는 무엇을 할 수 있을까?

사회성 기술 52: 공공장소에서 적절하게 행동하기

공공장소에서 적절하게 행동하기를 가르치려면 앞에서 언급했던 사회성 기술들의 중재법 전부는 아닐지라도 많은 중재법이 사용되어야 한다. 혼잣말 역시 중재법에 포함된다. 앞에서 언급했듯이, ADHD를 가진 아동에게 자신의 행동을 자기 조절하는 방법으로 혼잣말을 어떻게 사용하는가를 지도하는 것은 중요하다. ADHD를 가진 아동들이 너무나 많은 부적절한 행동들을 하며 어떻게 혼잣말로 상황을 해결해나갈 수 있을까 의아해 할 것이다. 행동을 하나씩 하나씩 스스로 제어할 수 있도록 배워야 한다. 아직까지 눈치채지 못했을 리는 없겠지만 긍정적 사회성 기술을 배우는 것은 아주 느린 과정이다.

첫째로, ADHD를 가진 아동들은 사회성 기술문제와 부적절한 행동을 한 후에 발생하는 결과에 대해 스스로 인식하거나 다른 사람들이 ADHD를 가진 아동들에게 인식시켜 주어야만 한다. 둘째로, ADHD를 가진 아동들은 사회적으로 부적절한 행동을 기꺼이 스스로 바꾸는 데 관심을 가져야만 한다. 셋째로, ADHD를 가진 아동들은 사회적으로 부적절한 행동을 사회적으로 바람직한 행동으로 바꾸어야만 한다. 그렇게 해야만 공공장소에서 적절하게 행동할 수 있기 때문이다.

나는 언제나 나의 자녀들에게 집에서 다투고 싸울 수 있지만 집 밖으로 나가서 공공장소에서는 바르게 행동해야 한다고 말한다. 만약 ADHD를 가진 아동들이 공공장소에서 부적절하게 행동하면, 다른 아동들은 ADHD를 가진 아동들을 외면할 것이다. 특히 다른 아동들은 ADHD를 가진 아동들에게 오명을 씌우고 그들이 부도덕하다고 생각할 것이다. 사람들은 ADHD를 가진 아동들의 행동을 자기와는 다른 별개의 실체(separate entity)라고 본다.

그들은 ADHD를 가진 아동이 하는 행동 뒤의 숨겨진 뜻을 찾는 데 관심이 없다. 앞에서 말했듯이, ADHD를 가진 아동들은 자신이 할 행동을 선택하지 않는다. 솔직히 그들이 산만한 행동, 수다, 접촉하는 사람들을 괴롭히기를 선택했다고 당신은 생각하는가? 다른 사람이 그렇게 ADHD를 가진 아동들을 평가하고 특징짓도록 의도적으로 행동하지 않았음을 내가 보장한다. ADHD를 가진 아동들이 공공장소에서 적절하게 행동하기를 배우려면 교사와 부모는 어떻게 도와야 할까?

교사와 부모들은 아동들이 자신의 행동으로 인해 ADHD를 가진 아동이라는 딱지가 붙는다는 사실을 일깨우도록 지도할 필요가 있다. ADHD를 가진 아동들의 행동으로 인해 그들은 다른 아동들과 분리된다. 모든 사람들에게 먼저 보이는 것은 성가시고 방해가 되는 행동이기 때문에 즉시 그들의 근처에 가고 싶지 않다고 결정을 내려버린다. 이러한 사람들의 편견에 맞서는 유일한 방법은 공공장소에서 적절하게 행동하기를 배우는 것이다.

여기에서 언급했던 사회적으로 부적절한 행동들을 ADHD를 가진 아동들이 줄이도록 지도하는 것이 교사로서, 부모로서 당신의 일이다. 지도방법들에는 역할극, 사회성 이야기를 읽고 쓰기, ADHD를 가진 아동과 사회적으로 부적절한 행동에 대해 대화하기, ADHD를 가진 아동이 한 행동을 자신이 보게 해서 행동의 결과를 알게 하기, 사회적으로 적절한 행동에 대한 강화계획 짜기, 그리고 자신의 행동을 자기조절하기가 있다.

만약 교사 또는 부모로서 ADHD를 가진 아동들의 행동을 바꿀 수 있고 바꾸고자 하는 긍정적이고 적절한 태도를 가지고 있다면, ADHD를 **가진 아동들이 긍정적 사회성 기술들을 하나씩 습득**하도록 지도해서, 공공장소에서 행동을 **바꾸도록 해야** 한다.

Chapter 7 기술발달을 지지하기

Chapter

7 기술발달을 지지하기

긍정적 행동지원이란 무엇인가

ADHD를 가진 아동들이 계획하고 실행하는 것을 배울 필요가 있는 것처럼, 교사들과 부모들 역시 사회성 기술훈련 계획을 발전시키고 실행하는 것을 학습할 필요가 있다. 이 계획은 사회적으로 부적절한 행동을 질문지로 물어보는 평가에서 시작해야 한다. 이 평가에서는 부적절한 행동에 앞서 발생한 사상(event), 즉 선행사상(antecedent event)을 쓰게 한다. 또한 행동의 결과뿐만 아니라 행동도 쓰게 한다.

이러한 정보를 일반적으로 ABC라고 부른다: 선행사상(Antecedent event), 행동(Behavior), 그리고 결과(Consequence)이다. "무슨 상황에서 어떤 행동이 발생할 가능성이 높으며(선행사상), 그 행동의 결과로 어떤 일이 생기며 그 행동은 무엇 때문에 유지되는가"를 아는 것이 중요하다(Steege & Watson, 2003, p.34).

누가 이러한 정보를 수집하는가? 모아진 정보에 근거해서 누가 가설을 세우는가? 아동을 위한 사회성 중재계획은 누가 실시하는가? 이것들을 실행하기 위해 팀이 정해져야 한다. 이 팀에는 아동의 교사(미술, 체육, 음악 등), 언어 치료사, 작업 치료사, 사회사업가, 아동을 지도하는 심리학자 등이 들어간다. 또한 보건교사나 버스기사도 이 팀에 들어가도록 요구할 수 있다. 이 구성원들이 들어간 팀은 운영하기 힘들 것 같지만, 나를 믿어라. 이 팀은 당신 학급을 잘 운영하기 위해서뿐만 아니라 아동의 안녕을 위한 것이다.

만약 이 팀이 아동이 부적절한 행동을 하는 이유를 찾아낼 수 있다면, 부적절한 행동을 제거하기 쉬워진다. 아동의 부적절한 행동의 이유를 찾아내는 한 가지 방법은 긍정적 행동지원을 사용하는 것이다.

긍정적 행동지원(Positive Behavior Support, PBS)은 "문제행동을 하는 이유를 이해하고 문제행동을 하는 이유에 근거해서 세워진 가설과 개인의 독특한 사회적, 환경적, 문화적 환경에 맞추어 포괄적인 중재를 설계하는 문제해결접근법"이다(Bambara & Kern, 2005, p.3). 앞에서 언급했듯이, 긍정적 행동지원은 아동이 사회적으로 부적절한 행동을 하기 전에 무엇이 부적절한 행동을 일으키며, 그 행동의 기능은 무엇이며, 그 행동의 결과는 무엇인지 알아보는 팀 접근법이다. 긍정적 행동지원은 모든 연령대와 모든 장애 유형의 아동에게 효과가 있다고 한다(Conroy, Dunlap, & Alter, 2005).

긍정적 행동지원의 목표는 문제행동 때문에 아동을 처벌하는 것이 아니고, 문제행동을 막고 적절한 행동을 가르치는 것이다. 그뿐만 아니라, 긍정적 행동지원을 사용함으로써 교사는 각 아동의 요구에 맞는 중재법을 만들어낼 수 있다. 긍정적 행동지원의 성공은 환경에 있는 사건들(events), 이러한 사건들(events)에 대한 아동의 반응, ADHD를 가진 아동들이 한 사회적으로 부적절한 행동의 기능 간의 관계를 알아보는 기능적 행동평가에 달려 있다.

기능적 행동평가

기능적 행동평가(FBA)는 "개인과 개인의 환경에 관한 정보를 모으는 과정"이다(Bambara & Kern, 2005, p.129). 기능적 행동평가는 부적절한 행동과 관련이 있는 사건들(events)을 찾아내는 데 도움이 된다. 이러한 사건들(events) 중에 당신은 "표적행동을 직접적으로 유발시키는 사건을 찾기를" 원할 것이다(Watson & Steege, 2003, p.35).

행동을 직접 유발시키는 사건(event)들을 찾은 후에 당신은 아동들의 입장에서 이 행동은 어떤 기능이 있는지 알아낼 필요가 있다. Bambara와 Kern(2005)은 가능한 기능들을 다음과 같이 제시했다:

주의/사회적 상호작용을 얻기 위해
물질/활동들을 얻기 위해
감각 자극을 얻기 위해
주의/사회적 상호작용을 도피/회피하기 위해
물질/활동들을 도피/회피하기 위해(Bambara & Kern, 2005, p.30)

팀 구성원뿐만 아니라 교사는 아동의 행동을 관찰한다. 이 단계에서는 누군가 당신의 학급 아동들을 지도하는 동안 당신은 관찰을 하며, 이 관찰을 통해 아동들이 사회적으로 부적절한 행동을 하는 환경적 이유를 포함해서 아동이 왜 문제행동을 하는지에 대한 통찰력을 얻는다.

당신의 학급 아동들을 지도한 사람에게 당신은 어떻게 질문할 수 있을까? 이것이 당신이 팀을 짠 이유이다. 아동과 관계하는 팀의 구성원에게 질문할 뿐만 아니라, 당신의 팀의 교사들도 그들이 평가하기를 원하는 학급 아동들에게 질문을 할 수 있다.

정보 모으기

팀은 어떤 정보를 모아야 할까? 첫째로, 아동의 학교가 각 아동에 대한 정보를 담은 파일이 있다고 하더라도, 이러한 파일들은 최신 정보를 담지 않을 수 있다. 당신은 아래의 질문들에 대한 답을 부모, 대가족의 구성원, 또는 전 교사들과의 면담을 통해 얻을 필요가 있다. 당신은 아래의 질문들을 사용할 수 있다.

1. 아동은 어디에 있는 학교를 다니는가?
2. 지금 다니는 학교는 다니기만 하는가?
3. 아동의 교육력을 알아보라. 학교에 여러 날 결석했는가? 그렇다면 왜 그런가?
4. 그 아동은 공식적으로 ADHD로 진단받았는가?
5. 그 아동은 개별화 교육 계획(IEP)으로 지도받았는가?
6. 그 아동이 서비스를 받았다면 어떤 서비스를 받았는가?
7. 그 아동은 건강한가?(가장 최근의 의사 진단을 알아보라.) 약을 먹고 있는가? 그렇다면, 그 이유는 무엇이고 얼마나 오래 약물을 복용했는가?
8. 집에서 그 아동의 생활은 어떠한가?
9. 형제는 있는가? 형제 관계에서 그 아동은 위치는(예를 들어, ○남 ◇녀 중에 □□ 어떠한가)?
10. 최근에 그 아동의 어머니는 아기를 낳았는가? 그렇다면 그 아기는 몇 살인가? 새로운 아기에 대한 이 아동의 반응은 어떤가?
11. 아동과 부모와의 관계는 어떤가?

12. 아동 부모의 결혼 생활에는 문제가 없는가? 문제가 있다면 이혼했는가? 만약 이혼했다면 두 사람의 사이는 좋은가 나쁜가?
13. 부모가 이혼했을 때 그 아동은 몇 살이었는가?
14. 그 아동에게는 살아계신 조부모가 계시는가? 그 아동과 조부모와의 관계는 어떤가?
15. 이웃집에 친구들이 있는가? 그 친구들은 연령이 비슷한가, 적은가, 많은가?
16. 그 아동은 지역 활동에 참여하는가?
17. 가족 중에 ADHD로 진단받은 사람이 있는가?
18. 학교와 지역사회의 사람들은 그 아동이 ADHD인지 알고 있는가?
19. 그 아동의 학업적 그리고 사회적 강점은 무엇인가?
20. 그 아동은 어떤 학업적 취약점을 가지고 있는가?
21. 그 아동은 어떤 사회적 취약점을 가지고 있는가?
22. 특별활동을 만약 하고 있다면 그 특별활동은 무엇인가?

이러한 질문에 대한 답은 교사가 그 아동이 왜 사회적으로 부적절한 행동을 하는지를 알아낼 수 있는 배경 정보를 준다. 또한 이 정보는 학교 밖에서 그 아동이 어떤 생활을 하는지에 대한 견해를 가지게 해주며, 이 견해는 가정생활 나아가 그 아동의 행동에 관해 그 아동과 이야기하는 데 좋은 출발점이 된다.

관찰

누가 이 아동을 관찰해야 할까? 긍정적 행동지원팀의 누구도 이 아동을 관찰할 수 있다. 관찰하는 사람은 표(엑셀을 이용하면 편리함)에 진행 중인 행동을 기록해야 한다. 간단한 체크리스트도 사용할 수 있다. 팀이 아동의 행동들을 표에 기록하는 것만큼 중요한 것은 아동의 환경에서 아동의 행동에 대한 사람들의 반응을 일화 기록하는 것이다.

내가 말하는 반응은 무엇을 의미하는가? 아동이 짜증내기 행동을 하면, 보조교사들과 교사들은 침착하게 반응하는가 또는 흥분하는가? 교사들은 ADHD를 가진 아동이 하는 짜증내기 행동에 대해 차분하고 체계적으로 대응하는가, 또는 불안하게 행동해서 아동의 행동을 악화시키는가? 아동이 부적절한 말을 하면, 그 말을 들은 성인이 그 아동에게 소리를 지르는가, 아동의 감정폭발을 무시하는가, 또는 그 행동을 일으킨 상황에서 아동을 벗어나게 하는가? 성인들은 ADHD를 가진 아동의 감정폭발을 말로 더 표현하지 못하도록 ADHD를 가진 아동에게 벌을 주고 아동을 안정시키는 방법으로 ADHD를 가진 아동을 다른 곳으로 보내는가?

관찰자는 무엇을 관찰하는가? 그들은 일상생활에서의 상호작용, 특히 부적절한 행동이 발생할 가능성이 높은 활동에서 그 아동을 관찰한다. 또한 관찰자는 사회적으로 부적절한 행동을 유발시키는 선행사건을 찾아야 한다. 그리고 관찰자는 행동의 결과뿐만 아니라 행동의 일화 기록도 해야 한다. 아동의 행동을 기록하는 것 외에도, 팀은 다음의 사항을 기록할 필요가 있다.

★ 그 아동이 사회적으로 부적절한 행동을 한 후에 무슨 일이 생기나?

★ 관찰자는 잘못된 행동에 반응하는가?

★ 이러한 사람들은 행동이 다시 발생할 가능성을 높이는 부정적 관심(negative attention)을 주는가?

★ 그들은 부적절한 행동을 무시하고 적절한 행동에 관심을 주는가?

★ 이 행동을 예상할 수 있는 신체언어(body language)는 무엇인가? 예를 들어, 눈을 굴리는가?

얼마나 오래 관찰하는가?

관찰시간은 어떤 환경에서 부적절한 행동이 일어나고 부적절한 행동의 목적 또는 기능을 정확하게 팀이 알아낼 때까지이다. 관찰은 문제행동을 일으키는 어떤 환경과 이러한 행동들의 기능을 알 때까지 계속된다.

사회적으로 부적절한 행동에 대한 가설 만들어가기

이 시점에서, 당신은 행동뿐만 아니라 당신이 모은 정보들을 살펴보기 원할 것이며 아동의 행동 이유에 대한 가설을 세우기 시작할 것이다. 어떤 사상들과 문제행동들 사이에 연관성이나 관련성이 있는가? 당신은 이러한 사건(event)들을 요약할 수 있는가? 팀이 세운 가설은 문제행동을 대체할 대체 기술은 무엇으로 해야 할지와 아동의 환경에서 어떤 측면을 바꾸어야 하는지를 결정하는 데 도움을 준다.

당신이 모은 모든 정보를 요약한 후, 당신은 아동 행동의 패턴, 특히 무엇이 처음에 행동을 발생하게 하는가, 어떤 상황에서 문제행동이 발생하는가, 더 중요한 것으로 사회적으로 부적절한 행동이 재발하는가에 관해 알 수 있을 것이다. 그 다음은 무엇인가?

팀원들이 자신들에게 물어볼 질문들

★ 바꾸어야 할 조건들이 있는가?

★ 대체행동들을 우리가 아동에게 가르칠 수 있는가?

★ 어떤 중재를 사용해야 하는가?

★ 다른 장면에서 다른 전략을 사용할 필요가 있는가?

★ 어떤 지지 전략을 사용해야만 하는가(예를 들어, 라이프 스타일, 교육과정, 사회성 등)?

★ 다른 장면들에서 다른 지지 전략들을 사용할 필요가 있는가?

★ 전략들은 유익하고 예방적인 것인가? 전략들은 문제행동의 결과에만 반응한 것이어서는 안 되며 결과 지향적이어서도 안 된다.(Bambara & Kern, 2005, p.59)

일단 팀이 선행 사상들을 알아내면 팀은 선행 사상들을 제거하거나 줄여서 사회적으로 부적절한 행동이 더 이상 발생하지 않도록 하기 때문에, 이러한 질문들에 대한 답들은 중요하다. 또한 팀은 긍정적인 사건(event)들의 도입을 시작하여 아동의 생활 스케줄에 사회적으로 적절한 사건(event)들을 넣도록 격려하기 시작하여 아동의 사회적으로 부적절한 행동을 줄이려고 할 것이다.

그러나 일화기록에 근거한 중재는 팀이 빨리 문제행동을 막으려고 하는 것이기 때문에 일시적인 해결이 될 뿐이다. 다른 말로 하면, 나의 연구 활동 중 관찰에서 알았듯이, 일화 기록에 근거한 중재는 단기적 해결방안이 될 뿐이다. 아동의 환경 수정은 ADHD를 가진 아동의 사회적으로 부적절한 행동을 줄이는 데 영구적인 해결방안이 될 것이다.

아동의 환경 수정

팀이 아동을 평가할 때, 팀원들은 아동의 환경과 생활에서 무엇이 문제행동을 발생시키는가뿐만 아니라 왜 문제행동을 하는지에 대해 알아낼 수 있어야 한다. 아동의 환경에서 무엇이 문제행동을 발생시키는지를 알아내는 것은 중요하다. 부적절한 행동이 아동의 입장에서 더 이상 유용하지 않게 하기 위해 긍정적 행동지원에서는 대체 사회성 기술뿐만 아니라 아동의 환경 수정을 강조한다.

나의 현장 연구에서 가장 흥미 있는 부분 중의 하나는 홈 스쿨 부모(homeschool parents)가 아동이 지도를 받는 환경을, 예를 들면 아동이 산만해졌다고 부모가 판단할 때, 얼마나 자주 바꾸느냐 하는 것이다. ADHD를 가진 아동들은 예를 들면, 책상에 앉아 공부를 하다가 시간이 지나면 밖에 있는 소파로 이동하고 나서 책상으로 다시 돌아온다. ADHD를 가진 아동은 활발하다. 나의 연구들에 등장한 부모들은 대부분의 시간에 아동이 돌아다는 것을 허락하고 아동이 공부를 시작한 하나의 환경에서보다 다른 환경들에서 공부를 하게 하는 것이 더 효과적이라고 말했다.

당신은 ADHD를 가진 아동의 학급 환경을 바꿀 수 없다고 자신에게 말할 가능성이 매우 높다. 당신은 학급 환경을 바꿀 수 있다.

교장의 동의를 받아 학교에 있는 넓은 공간, 도서관, 그리고 교사와 학생들이 같이 있기에 학생들이 편안하다고 느끼는 다른 교실 내의 작은 공간에서 아동을 지도할 수 있다. 확실히 학교에서 교사는 집에서의 부모만큼 융통성을 부릴 수는 없겠지만, 그렇더라도 융통성은 있다. 필요한 것은 약간의 창의성이다.

긍정적 행동지원은 교사가 아동이 잘못된 행동을 하는 이유에 대해 이해하는 것을 돕는 확장된 조사방법이다. 이 접근을 사용함으로써 교사들은 각각의 아동의 요구와 학습 스타일에 맞춘 귀중한 장기적인 중재법을 고안할 수 있다. 아동의 관찰 정보들을 정리한 후, 교육 팀의 팀원들은 사회적으로 부적절한 행동을 하는 원인에 관한 가설을 세울 수 있고 이 가설들에 근거한 중재법을 고안할 수 있다. 긍정적 행동지원은 아동이 사회적으로 부적절한 행동을 할 필요가 없어질 때까지 아동에 대해 대체 기술들의 제공뿐만 아니라 아동의 환경 수정을 강조한다. 이 책의 끝 부분에 제시된 참고문헌에 긍정적 행동지원에 관한 더 많은 정보가 있으니 참고하라. 또한 당신은 오늘날 교육에 있어 중요한 화제에 관한 더 많은 정보를 제공하는 http://pbis.org를 방문할 수 있다.

8 결 론

Chapter

Chapter

8 결 론

내가 당신에게 묻고 싶은 두 가지 질문이 있다:

1. 이 책에서 당신은 무엇을 배웠는가?
2. 당신이 배운 것을 어떻게 사용할 수 있는가?

나는 당신에게 ADHD의 정의를 설명했다. 지금쯤 당신은 ADHD가 실제로 존재하며 시험(testing)의 세상에서 경쟁에서 밀려난 사람들에게 주어진 변명이 아님을 깨달아야 한다. 당신이 보았듯이, ADHD는 오랜 역사를 가지고 있고, 분명히 합법적으로 장애이다. ADHD의 발전에 대해 잘 알게 하고 ADHD를 가진 아동이 그날그날 눈치껏 사회적 상호작용하며 어렵게 사는 것을 당신이 알고 이해하도록 설명했다. 당신은 ADHD를 가진 아동이 사회성 기술에 문제가 있음을 배웠다.

가장 중요한 것으로, 나는 사회성 기술문제가 ADHD를 가진 아동의 생활 예후(life's prognosis)에 있어 ADHD를 가진 아동에게 미치는 유해한 영향에 대해 설명했다. 만약 ADHD를 가진 아동들이 사회적으로 부적절한 행동을 자기조절하는 것을 배우지 않는다면, 추측컨대 그들은 성인이 되었어도 사회적으로 부적절한 행동을 한다는 사실을 반복해서 말하고 싶다. 사회적으로 부적절한 행동을 자기조절하지 못하는 ADHD를 가진 성인은 친구 사귀기, 배우자 찾기, 그리고 직장을 얻고 유지하기에 매우 큰 어려움을 겪는다.

ADHD를 가진 아동들을 위해 사회적으로 부적절한 행동에 대해 자기조절하기는 평생 배워야 한다. ADHD를 가진 아동들, 그들의 교사들, 그들의 부모들이 긍정적 사회성 기술은 장기적인 과정이라는 것을 더 빨리 이해하고 받아들일수록, 그들은 이러한 아동들이 사회적으로 부적절한 행동을 줄이는 데 걸리는 시간에 대해 더 많은 인내력을 가지게 될 것이다. 또한 우리는 ADHD를 가진 아동들의 사회적으로 부적절한 행동들은 사회성 기술의 결핍에 의해 생긴다는 것을 알았다.

나는 ADHD를 가진 아동들의 사회성 기술의 결핍에 대해 설명해 왔다. 사회성 기술의 결핍이 있는 ADHD를 가진 아동들의 실제 생활 경험을 읽음으로써 사회성 기술의 지도가 가능하다. 당신은 아동들의 사회적 상호작용, 특히 그들이 어떻게 행동하고 어떻게 다른 사람들과 상호작용하는지에 대해 읽어 왔다. 더 중요한 것으로 나는 사회성 기술의 결핍이 ADHD를 가진 아동들에게 실제로 어떤 영향을 미치는지, 특히 이러한 결핍이 긍정적 사회성 기술들의 습득을 막을 수 있음을 설명해 왔다.

ADHD를 가진 아동들의 사회적으로 부적절한 행동의 실제 생활에서의 예를 읽음으로써 당신의 학급에 있는 ADHD를 가진 아동들의 사회성 기술의 문제를 인식하고 이해할 수 있을 것이다. 또한 당신은 ADHD를 가진 아동들의 감정구성(emotional composition)에 대해 알았을 것인데, 이러한 감정구성은 자기통제의 결여, 전환에서의 어려움, 자기 행동에 대한 자기인식의 결여, 다른 사람이 보내는 사회적 신호의 오해, 괴롭힘을 당함, 성가심을 당함과 같은 특징을 유발시킨다.

교사로서 당신의 학급에 있는 ADHD를 가진 아동들의 사회성 기술들의 문제를 이해한다면, 그것으로 가르치기에 충분한 것인가? 아니다, 단지 출발일 뿐이다. 예를 들어, 나는 ADHD를 가진 아동들이 배워야만 하는 사회성 상호작용의 계열에 대해 설명했었다. 이러한 계열에는 아동이 먼저 눈 맞춤을 먼저 시작해서 서로 눈 맞추기, 다른 사람에게 인사하기, 대화를 먼저 시작하기, 그리고 활동에 참가하기가 있다.

나는 사회성 기술의 두 가지 리스트를 설명했다. 나는 Elliot과 Gresham's(1991)의 연구에서 하나의 리스트를 인용했다. 또 하나의 리스트는 나의 연구의 일부로, 홈 스쿨 부모를 관찰한 것을 활용해서 내가 만든 사회성 기술들의 리스트이다. 나는 연구자들이 지지한 이 사회성 기술 리스트에 교사의 입장에서 ADHD를 가진 아동들이 해야 한다고 기대하는 사회성 기술들을 포함시켰다. 또한 나는 연구자들이 지지한 이 사회성 기술 리스트에 교사들이 학교생활 성공에 중요하다고 평가한 사회성 기술들을 넣었다.

나는 사회성 기술지도의 토대를 놓는 데 있어 몇 가지 제안을 했다. 또한 ADHD를 가진 아동들에게 사회성 기술들을 가르칠 교사들과 부모들을 위한 테크닉들과 전략들을 이 책에 소개했다.

이러한 중재법들은 부모들과 교사들이 사용할 수 있다. 아동들에게 사회성 기술들을 지도하기 전에 교사들은 질문지를 사용하여 아동들을 평가하는 것이 매우 중요하다. 질문지를 통한 평가 후에 사회성 기술훈련 중재법들을 적용해야 한다.

나는 교사들을 가르쳐왔는데, 특히 많이 연구되어 왔던 긍정적 행동지원에 대해 가르쳐왔다. 어떤 행동이 왜 일어나는지 알아보는 데 있어 긍정적 행동지원은 문제행동을 이해하는 좋은 방법이다. 그러고 나서, 문제행동의 이유들에 맞추어 중재법이 설계되고 "아동만의 사회적, 환경적, 문화적 환경"에 맞추어 중재법이 설계된다(Bambara & Kern, 2005, p.3). 마지막으로 이것 역시 중요한 것이지만, 당신이 ADHD를 가진 아동들에게 사회성 기술들을 지도할 때 당신에게 도움이 되고 당신이 접근할 수 있는 자원(resource) 리스트를 주려 한다.

이 책이 당신의 학급과 가정 모두에게 유용히 쓰이길 바란다. 한 가지 마지막 제안이 있다. 당신은 ADHD를 가진 놀라운 아동들을 지도하고 있음을 가슴 속에 새기고, 이러한 아동들이 긍정적 사회성 기술들을 배우는 것에 대해 기쁘고 희망적이길 바란다. 당신이 긍정적인 관점을 가졌다고 ADHD를 가진 아동들이 느끼면, 그들도 긍정적인 관점을 가질 것이다. 내가 이 책을 쓰면서 즐겼던 만큼 이 책을 읽으며 즐거웠기를 바란다. 향후 독자 여러분들의 다양한 의견과 질문들을 아낌없이 부탁드린다.

해 설

〈서 문〉

1. "미국 교육부에서는 4천 7백만 학생들이 현재 공립학교에 등록되어 있다"(Hayes, 2002, XI. "주의력결핍 과잉행동장애의 출현률이 학령기 아동의 3~7%로 추정되는 사실을 고려할 때, 대략 3,290,000명이 ADHD를 가진 것"으로 보인다(APA, 2000, p.90).

〈머리말〉

1. http://www.ed.gov/policy/e;sec/leg/eseao2/107-110.pdf
2. 내가 ADHD를 가진 아동들에게 사회성 기술을 지도하지 않는 교사들을 언급할 때, 나는 일반화를 사용한다. 분명히 미국 전역과 외국에 ADHD를 가진 아동들에게 사회성 기술들을 가르치는 많은 교사들이 있다.
3. "이러한 목적들을 위해 아동의 목적들과 지도 절차를 진행 중인 활동들, 판에 박힌 일정(routine), 그리고 전환 장면에 각각의 상황에 맞게 넣을 때 시간과 활동들을 정하라. 목표를 가르칠 기회들과 이러한 목표를 달성하기 위한 지도 절차를 지도 다른 활동들, 판에 박힌 일정들, 매일의 전환 장면들에 적용할 기회를 나누는 것이 포함된다(Sandall et al., 2005, p.300)."
4. "(ii) … 과학적인 방법에 기반을 둔 연구에 근거한 효과적인 방법과 지도 전략을 사용한다(Public Law 107-110_JAN.8, 2002 115 STAT. 1473, 1111(b) (1) (D))".

〈제2장〉

1. "사회성 기술습득의 결핍은 어떤 사회성 기술들을 사용해야 하는 상황 임에도 사회성 기술 실용에 대한 지식이 없거나 어떤 상황에서 어떤 사회성 기술들이 적절한지 구분하지 못하는 것을 의미한다(Gresham et al., 2001, p.334)".
2. "사회성 기술 수행 부족은 학생의 행동 레퍼토리에 사회성 기술이 들어가 있으나 어떤 상황에서 수용받을 만한 수준만큼 이러한 사회성 기술들을 사용하지 못하는 것을 의미한다

(Gresham et al., 2001, p.334)".

3. Anastopoulos et al., 1993; Gonzalez, 2002; Pfifner & Mc Burnett, 1977; Sheridan, 1998.

인용 자료들

American Psychiatric Association (APA). (2000). *Diagnostic and Statistical Manual of Mental Disorders,* 4th ed. text revision. Washington, DC: Author.

Anastopoulos, A. D., Shelton, T. L., DuPaul, G. J., and Guevremont, D. C. (1993). Parent training for attention-deficit hyperactivity disorder: Its impact on parent functioning. *Journal of Abnormal Child Psychology,* 21(5), 581.

Bagwell, C. L., Molina, B. S. G., Pelham, W. E., and Hoza, B. (2001). Attention-deficit hyperactivity disorder and problems in peer relations: Predictions from childhood to adolescence. *Journal of the American Academy of Child and Adolescent Psychiatry*, 40(11), 1285 - 1292.

Baker, J. (2003). *The Social Skills Picture Book.* Arlington, TX: Future Horizons.

Bambara, L. M., and Kern, L. (2005). *Individualized Supports for Students with Problem Behaviors: Designing Positive Behavior Plans*. New York: The Guilford Press.

Bang, M. (1999). *When Sophie Gets Angry—Really, Really Angry.* New York: Scholastic.

Barkley, R. A. (1998). *Attention-Deficit Hyperactivity Disorder: A Handbook for Diagnosis and Treatment.* New York: Guilford.

Barkley, R. A., Grodzinsky, G., and DuPaul, G. (1992). Frontal lobe functions n attention deficit disorder with and without hyperactivity: A review and research report. *Journal of Abnormal Child Psychology,* 20, 163 - 188.

Bateman, B., and Golly, A. (2003). *Why Johnny Doesn't Behave: Twenty Tips and Measurable BIPS.* Verona, WI: IEP Resources.

Beebe-Frankenberger, M., Lane, K. L., Bocian, K. M., Gresham, F., and Mac Millan, D. (2005). Students with or at risk for problem behavior: Betwixt and between teacher and parent expectations. *Preventing School Failure*, 49(2), 10-17.

Berenstain, S., and Berenstain, J. (1998). *The Berenstain Bears Lend a Helping Hand*. New York: Random House.

Berry, J. A. (1998). *A Children's Book about Being Bullied.* Danbury, CT: Grolier Books.

Bradley, W. (1937). The behavior of children receiving benzedrine. *American Journal of Psychiatry*, 94, 577 - 585.

Brown, K. L., and Brown, M. (1998). *How to Be a Friend.* New York: Little, Brown and Company, 1998.

Brown, T. E. (2000). *Attention-Deficit Disorders and Comorbidities in Children and Adults*. Washington, DC: American Psychiatric Press.

Brown, T. E. (2005). *Attention Deficit Disorder: The Unfocused Mind in Children and Adults*. New Haven, CT: Yale University Press.

Brown, T .E. (2007). A new approach to attention deficit disorder. *Educational Leadership*, 64(5), 22 - 27.

Chess, S. (1960). Diagnosis and treatment of the hyperactive child. *New York State Journal of Medicine*, 60, 2379 - 2385.

Clements, S. D. (1966). *Task Force One: Minimal Brain Dysfunction in Children (National Institute of Neurological Diseases and Blindness, Monograph No. 3).* Rockville, MD: U.S. Department of Health, Education and Welfare.

Cohen, C. (2000). *Raise Your Child's Social IQ.* Washington, DC: Advantage Books.

Coloroso, B. (2004). *The Bully, the Bullied, and the Bystander: From Preschool to High School—How Parents and Teachers Can Help to Break the Cycle of Violence.* New York: HarperCollins.

Conroy, M. A., Dunlap, G., Clarke, S., and Alter, P. (2005, September 22). A descriptive analysis of positive intervention research with young children. *Topics in Early Childhood Special Education*, 157 - 166.

Cooper, S. (2005). *Speak Up and Get Along.* Minneapolis: Free Spirit Publishing.

Cummings, C. (1992). *Won't You Ever Listen?* Edmonds, WA: Teaching, Inc., 1992.

Curtis, J. L. (1998). *Today I Feel Silly and Other MOODS That Make My Day.* New York: HarperCollins.

Davies, L. (1998). *Kelly Bear Behavior.* New York: Kelly Bear Press.

Davies, L. (2005). 24 ideas for instilling manners in children. http:// www. kellybear.com/TeacherArticles/TeacherTip62.html.

De Pino, C. (2004). *Blue Cheese and Stinky Feet.* Washington, DC: Magination Press.

Derman-Sparks, L. (1989). *Anti-Bias Curriculum: Tools for Empowering Young Children (NAEYC No. 242).* Washington, DC: NAEYC.

Dornbush, M. P., and Pruitt, S. K. (1995). *Teaching the Tiger.* Duarte, CA: Hope Press.

Douglas, V. I. (1972). Stop, look, and listen: The problem of sustained attention and impulse control in hyperactive and normal children. *Canadian Journal of Behavioural Science*, 4, 259 - 282.

Douglas, V. I. (1980a). Higher mental processes in hyperactive children: Implications for training. In R. Knights and D. Bakker (eds.), *Treatment of Hyperactive and Learning Disordered Children.* Baltimore, MD: University Park Press.

Douglas, V. I. (1980b). Treatment and training approaches to hyperactivity: Establishing internal or external control. In C. Whalen and B. Henker (eds.), *Hyperactive Children: The Social Ecology of Identification and Treatment*. New York: Academic Press.

Doyle, T. E. (1991). *Why Is Everybody Picking on Me? A Guide to Handling Bullies.* New York: Wetherhill.

Duncan, T. K., Kemple, K. M., and Smith, T. M. (2000, Summer). Reinforcement in developmentally appropriate early childhood classrooms. *Childhood Education.*

DuPaul, G. J., McGoey, K. E., Eckert, T. L., and VanBrakle, J. (2001). Preschool children with attention-deficit/hyperactivity disorder: Impairments in behavioral, social, and school functioning. *Journal of the American Academy of Child and Adolescent Psychiatry*, 40(5), 508 - 515.

DuPaul, G. J., and Eckert, T. L. (1994). The effects of social skills curricula: Now you see them, now you don't. *School Psychology Quarterly*, 9(2), 113 - 132.

Elliott S. N., and Gresham, F. M. (1991). *Social Skills Intervention Guide.* Circle Pines, MN: American Guidance Service.

Elliott, S. T., and Gresham, F. M. (1993). Social skills interventions for children. *Behavior Modification*, 17, 287 - 313.

Feingold, B. (1975). *Why Your Child Is Hyperactive.* New York: Random House.

Frankel, F. (1996). *Good Friends Are Hard to Find: Help Your Child Find, Make and Keep Friends.* Los Angeles: Perspective Publishing.

Frankel, F., and Myatt, R. (2002). *Children's Friendship Training.* New York: Brunner-Routledge.

Frankel, F., Myatt, R., Cantwell, D. P., and Feinberg, D. T. (1997). Parent-assisted transfer of children's social skills training: Effects on children with and without attention-deficit hyperactivity disorder.

Journal of the American Academy of Child and Adolescent Psychiatry, 36, 1056 - 1064. Retrieved October 2, 2003 from http://ipsapp002.lwwonline.com/content/getfile/2600/70/13/fulltext. htm

Frederick, B. P., and Olmi, D. J. (1994). Children with attentiondeficit/hyperactivity disorder: A review of the literature on social skill deficits. *Psychology in the Schools,* 31, 288 - 296.

Gonzalez, H. T. (2002). The effectiveness of social skills training for children diagnosed with attention-deficit/hyperactivity disorder. Ann Arbor, MI: Proquest, *Dissertation Abstracts International*, 63(5) (UMI No. 3052646).

Goodman, B., with Ratey, N. (2008, October). Everything you ever wanted to know about AD/HD coaching (but were to busy to ask). *Attention*, 10 - 13.

Gordon, M. (1998). *Jumpin' Johnny: Get Back to Work!* New York: GSA Publications.

Gresham, F. M. (1981). Assessment of children's social skills. *Journal of School Psychology*, 19(2), 120 - 133.

Gresham, F. M. (1988). Social skills: Conceptual and applied aspects of assessment, training and validation. In J. C. Witt, S. N. Elliott, and F. M. Gresham (eds.), *Handbook of Behavior Therapy in Education.* New York: Plenum Press.

Gresham, F. M., and Nagle R. J. (1980). Social skills training with children: Responsiveness to modeling and coaching as a function of peer orientation. *Journal of Consulting and Clinical Psychology*, 48(6), 718 - 729.

Gresham, F. M., Sugai, G., and Horner, R. H. (2001). Interpreting outcomes of social skills training for students with high-incidence disabilities. *Exceptional Children,* 67(3), 331 - 44.

Guevremont, D. (1990). Social skills and peer relationship training. In R. A. Barkley, *Attention-Deficit Hyperactivity Disorder: A Handbook for Diagnosis and Treatment*. New York: The Guilford Press.

Hager, K., Goldstein, S., and Brooks, R. (2006). *Seven Steps to Improving Your Child's Social Skills.* Plantation, FL: Specialty Press.

Hensley, M., Dillon, J. C., Pratt, D., Ford, J., and Burke, R. (2005). *Tools for Teaching Social Skills in School.* Boys Town, NE: Boys Town Press.

Hoff, E. (2003). The specificity of environmental influence: Socioeconomic status affects early vocabulary development via maternal speech. *Child Development*, 74, 1368 - 1378.

Hubbard, J. H., and Newcomb, A. F. (1991). Initial dyadic peer interaction of attention-deficit-hyperactive disorder and boys. *Journal of Abnormal Child Psychology*, 19, 179 - 195.

Johnson, R. T., and Johnson, D. W. (1986). Action research: Cooperative learning in the science classroom. *Science and Children*, 24, 31 - 32.

Kinney, J., and Kinney, T. (2005). *Social Standards at School.* Verona, WI: Attainment Company. *Know the Code: Social Skills Card Games*. (2005). Verona, WI: Attainment Company.

Kowalski, R. M., Limber, S. P., and Agatston, P. W. (2008). *Cyber Bullying: Bullying in the Digital Age.* Malden, MA: Blackwell.

Lane, K. L., Wehby, J. H., and Cooley. C. (2006). Teachers' expectations of students' classroom behavior across the grade span: Which social skills are necessary for success? *Exceptional Children*, 72(2), 153 - 167.

Laufer, M., and Denhoff, E. (1957). Hyperkinetic behavior syndrome in children. *Journal of Pediatrics*, 50, 463 - 454.

Lester, H. (1998). *Tacky the Penguin.* Boston: Houghton Mifflin.

Lipson, G. B. (1995). *Manners, Please: Poems and Activities That Teach Responsible Behavior.* Carthage, IL: Teaching & Learning Company.

Ludwig, T. (2006). *Just Kidding.* Bel Air, CA: Tricycle Press.

Ludwig, T., and Marble, A. (2005). *My Secret Bully.* Bel Air, CA: Tricycle Press.

Maedgen, J. W., and Carlson, C. L. (2000). Social functioning and emotional regulation in the attention deficit hyperactivity disorder subtypes. *Journal of Clinical Child Psychology*, 29(1), 30 - 42.

Mannix, T. (1993). *Social Skills Activities for Special Children.* San Francisco: Jossey-Bass.

Mayer, M. (2002). *Helping Mom.* Columbus, OH: McGraw-Hill Children's Publication.

Meiners, C. J. (2004). *Accept and Value Each Person.* Minneapolis: Free Spirit Publishing.

Meiners, C. J. (2004). *Be Honest and Tell the Truth.* Minneapolis: Free Spirit Publishing.

Meiners, C. J. (2004). *Be Polite and Kind.* Minneapolis: Free Spirit Publishing.

Meiners, C. J. (2004). *Join In and Play.* Minneapolis: Free Spirit Publishing.

Meiners, C. J. (2004). *Know and Follow the Rules.* Minneapolis: Free Spirit Publishing.

Meiners, C. J. (2004). *Listen and Learn.* Minneapolis: Free Spirit Publishing.

Meiners, C. J. (2004). *Respect and Take Care of Things.* Minneapolis: Free Spirit Publishing.

Meiners, C. J. (2004). *Share and Take Turns.* Minneapolis: Free Spirit Publishing.

Meiners, C. J. (2004). *Talk and Work It Out.* Minneapolis: Free Spirit Publishing.

Meiners, C. J. (2004). *Understand and Care.* Minneapolis: Free Spirit Publishing.

Meyen, E. L., Vergason, G., and Whelan, R. (Eds.). (1993a). *Challenges Facing Special Education.* Denver: Love Publishing Company.

Meyen, E. L., Vergason, G., and Whelan, R. (Eds.). (1993b). *Educating Students with Mild Disabilities.* Denver: Love Publishing Company.

Miranda, A. Presentacion, J., and Soriano, M. (2002). Effectiveness of a school-based program for the treatment of children with ADHD. *Journal of Learning Disabilities*, 35(6), 546 - 562.

Model Me Kids. *I Can Do It.* Rockville, MD: www.modelmekids.com.

Model Me Kids. *Time for a Playdate*. Rockville, MD: www.modelmekids.com.

Model Me Kids. *Time for School*. Rockville, MD: www.modelmekids.com.

Morris, D. (2006). *Research Based Tips, Strategies and Activities for Dealing with Bullies.* Austin, TX: Comical Sense Company.

Moss, P. (2004). *Say Something.* Gardiner, ME: Tilbury House Publishers.

Naylor, P. R. (1994). *King of the Playground.* New York: Simon and Schuster Children's Publishing Division.

Oden, S., and Asher, S. R. (1977). Coaching children in social skills for friendship making, *Child Development*, 48, 495 - 506.

Pfiffner, L. J., Calzada, E., and McBurnett, K. (2000). Interventions to enhance social Competence. *Child and Adolescent Psychiatric Clinics of North America*, 9(3), 689 - 709.

Pfiffner, L. J., and McBurnett, K. (1997). Social skills training with parent generalization: Treatment effects for children with attention deficit disorder. *Journal of Consulting and Clinical Psychology*, 65(5), 749 - 757.

Polloway, A. E., Patton, J. R., and Serna, L. (2008). *Strategies for Teaching Learners with Special Needs* (9th ed., 398 - 423). Upper Saddle River, NJ: Pearson.

Rapoport, E. M. (2007). Seizing Opportunity: Homeschool Parents Teaching Social Skills to Their Children with ADHD. Dissertation, Ann Arbor, MI: Dissertation Abstracts International: Proquest. Rapoport, E. M. (Summer, 2007). Homeschool parents teaching social skills to their children with ADHD. *Private School Monitor*, 28(4), 1 - 14.

Ratey, J. J. (2008). *Spark: The Revolutionary Science of Exercise and the Brain.* New York: Little, Brown and Company.

Reif, S. F. (2005). *How to Reach and Teach Children with ADD/ADHD.* San Francisco: Jossey Bass.

Roberts, B. (1999). *Phoebe Flower's Adventures: Phoebe's Lost Treasure.* Silver Spring, MD: Advantage Books.

Romain, T. (1997). *Bullies Are a Pain in the Brain.* Austin, TX: www.trevorromain.com.

Rudolph, T. C. (2005, September). *The Effects of a School-Based Social Skills Training Program on Children with ADHD: Generalization to the School Setting*. Ann Arbor, MI: Proquest.

Sandall, S. R., Hemmeter, M. L., McLean, M., and Smith, B. J. (2005). *DEC Recommended Practices: A Comprehensive Guide for Practical Application in Early Intervention/Early Childhood Sspecial Education.* Longmont, CO: Sopris West.

Schneider, B. H., and Byrne, B. M. (1985). Children's social skills training: A meta-analysis. In B. H. Schneider, K. H. Rubin and J. E. Ledingham, *Children's Peer Relations: Issues in Assessment and Intervention*, New York: Springer-Verlag.

Schneider, B. (1992). Didactic methods for enhancing children's peer relations: A quantitative review. *Clinical Psychology Review*, 12, 363 - 382.

Schunk, D. H. (2008). Learning theories: An educational perspective. (5th ed.). Upper Saddle River, NJ: Pearson.

Semrud-Clikeman, M., Filipek, P. A., Biederman, J., Steingard, R., Kennedy, D., Renshaw, P., and Bekken, K. (1994). Attention deficit hyperactivity disorder: Magnetic resonance imaging morphometric analysis of the corpus callosum. *Journal of the American Academy of Child and Adolescent Psychiatry*, 33, 875 - 881.

Shaw, P., Eckstrand, K., Sharp, W., Blumenthal, J., Lerch, J. P., Greenstein, D., Clasen, L., and Evans, A. (2007). Attention-deficit/hyperactivity disorder is characterized by cortical maturation. *Proceedings of the National Academy of Sciences of the United States of America*, 104, 19649 - 19654. Retrieved from http://www.nimh.nih.gov/science-news/2007/.

Sheridan, S. M. (1998). *Why Don't They Like Me?* Longmont, CO: Sopris Press.

Sheridan, S. M., Dee, C. C., Morgan, J. C., McCormick, M. E., and Walker, D. (1998). A multimethod intervention for social skills deficits in children with ADHD and their parents. *School Psychology Review*, 25(1), 57 - 76.

Short, Cindy (Ed.). (2000). Character training and social development. *The Teaching Home,* 39.

Siperstein, G. N., and Bak, J. J. (1988). Improving social skills in schools: The role of parents. *Exceptional Parent,* 18(2), 18 - 22.

Siperstein, G. N., and Rickards, E. (2004). *Promoting Social Success: A Curriculum for Children with Special Needs.* Baltimore: Paul H. Brookes Publishing.

Smith, J. O. (1995). *Behavior Management: Getting to the Bottom of Social Skills Deficits*. Retrieved December 21, 2005, from http://www.ldonline.org/article/6165.

Steege, M. W., and Watson, S. T. (2003). *Conducting School-Based Functional Behavioral Assessments: A Practitioner's Guide,* 2nd ed. New York: Guilford.

Still, G. F. (1902). Some abnormal psychical conditions in children. *Lancet*, 1, 1008 - 1012, 1077 - 1082, 1163 - 1168.

Strauss, A. A., and Lehtinen, L. E. (1947). *Psychopathology and Education of the Brain-Injured Child.* New York: Grune and Stratton.

Stressball Sally Company, LLC. (2005). *Bullying: An Animated Series That Helps Kids Feel Better.*

Sugai, G., Simonsen, B., and Horner, R. (2008, July - August). Schoolwide positive behavior supports: A continuum of positive support for all students. *Teaching Exceptional Children*, 5 - 14.

Tomlinson, C., and Allen, S. (2000). *Leadership for Differentiating Schools and Classrooms.* Alexandria, VA: ASCD.

Turnbull, A., Edmonson, H., Griggs, P., Wickham, D., Sailor, W., Freeman, R., Guess, D., Lassen, S., McCart, A., Park, J., Riffel, L., Turnbull, R., and Warren, J. (2002). A blueprint for school-wide positive behavior support. *Exceptional Children*, 68(3), 377 - 402.

Turner, N. D., and Traxler, M. (2000). *Children's Literature for the Primary Classroom.* New York: Thomson Learning.

Tutti, S., Gephart, H., and Wurzabacher, K. (2003). Enhancing behavioral and social skill functioning in children newly diagnosed with attention-deficit hyperactivity disorder in a pediatric setting. *Developmental and Behavioral Pediatrics,* 24(1), 51 - 57.

Vaughn, S., and Bos, C. S. (2009). *Strategies for Teaching Students with Learning and Behavioral Problems (with MyEducation Lab),* 7E. Merrill Publishing Co.

Vaughn, S., Bos, C. S., and Schumm, J. S. (2007). *Teaching Students Who Are Exceptional, Diverse, and at Risk.* Boston: Pearson.

Vaughn, S., Kim, A. H., Sloan, C. V. M., Hughes, M. T., Elbaum, B., and Sridhar, D. (2003). Social skills interventions for young children with disabilities. *Remedial and Special Education*, 24(1), 2 – 15.

Viorst, J. (1987). *Alexander and the Terrible, Horrible, No Good, Very Bad Day.* New York: Simon and Schuster Children's Publishing Division.

Watson, T. S., and Steege, M. W. (2003). *Conducting School-Based Functional Assessments: A Practitioner's Guide.* New York: The Guilford Press.

Wender, P. (1971). *Minimal Brain Dysfunction.* New York: Wiley.

Werner, H., and Strauss, A. A. (1941). Pathology of figure-background relation in the child. *The Journal of Abnormal and Social Psychology*, 36(2), 236 – 248.

Willard, N. E. (2007). *Cyberbullying and Cyberthreats: Responding to the Challenge of Online Social Aggression, Threats and Distress.* Champaign, IL: Research Press.

Zentall, S. S. (2006). *ADHD and Education: Foundations, Characteristics, Methods and Collaboration.* Upper Saddle River, NJ: Pearson Education, Inc.

Zimmerman, T., and Shapiro, L. E. (1996). *Sometimes I Feel Like I Don't Have Any Friends (But Not So Much Anymore): A Self-Esteem Book to Help Children Improve Their Social Skills.* Plainview, NY: Sunburst Visual Media.

Zuna, N., and McDougall, D. (2004). Using positive behavior support to manage avoidance of academic tasks. *Teaching Exceptional Children*, 37(1), 18 – 24.

저자 소개

Esta M. Rapoport는 Boston University에서 특수교육학 박사학위를 받았다. 박사학위 논문 내용은 ADHD를 가진 아동의 부모가 그들의 자녀들을 대상으로 홈스쿨로 지도하는 것을 다루고 있다. 그녀는 현재 New York에 있는 The College of New Rochelle의 특수교육과 조교수를 역임하고 있으며, ADHD를 가진 아동에 대한 사회성 기술훈련을 연구하고 있다. Rapoport 박사는 New York University 대학원과 Teachers College of Columbia University를 졸업했다. 그녀와 남편인 Fred 사이에 세 명의 자녀 Mimi, Ian, Jake가 있고 달마티안인 Ruby라는 강아지를 키우고 있다.

역자 소개

■ 이 재 욱

- 일본 쯔쿠바대학교 심신장애학연구과 수료
  (교육학 박사학위 취득)
- 현재 강남대학교 초등특수교육과 교수
- 한국특수아동학회 이사
- 한국발달장애학회 이사

〈주요 저서/번역서 및 논문〉

- 자폐아 언어치료
- 임상동작법의 이론과 실제
- 에스퍼거 장애 아동에 대한 비장애 아동의 수용태도 조사
- 파워카드 전략을 사용한 아스퍼거 장애 아동의 스트레스 표현 행동 중재의 일반화에 관한 사례 연구
- 통합보육시설의 환경에 대한 예비 연구 외 다수

ADHD와 사회성 기술들

2014년 2월 28일 1판 1쇄 발행
2025년 7월 30일 1판 7쇄 발행

지은이 : Esta M. Rapoport
옮긴이 : 이 재 욱
펴낸이 : 한 정 주
펴낸곳 : 교육과학사

옮긴이와 협의하에 인지생략

경기도 파주시 광인사길 71
전화(031)955-6956~8/팩스(031)955-6037
Home-page : www.kyoyookbook.co.kr
E-mail : kyoyookbook@daum.net
등록 : 1970년 5월 18일 제2-73호

낙장 · 파본은 교환해 드립니다.
Printed in Korea.

정가 16,000 원
ISBN 978-89-254-0767-8